2017年河北省社会科学基金项目
河北省农村金融扶贫政策研究
项目编号：HB17FX014

基于金融发展权的视角看农村合作金融法律制度

■ 邢 琳 著

NORTHEAST NORMAL UNIVERSITY PRESS
WWW.NENUP.COM
东北师范大学出版社

图书在版编目（CIP）数据

基于金融发展权的视角看农村合作金融法律制度 / 邢琳著 .
-- 长春 : 东北师范大学出版社 , 2017.5 （2024. 8重印）
ISBN 978-7-5681-3110-0

Ⅰ . ①基… Ⅱ . ①邢… Ⅲ . ①农村金融－合作金融－法律制度－研究－中国 Ⅳ . ① D922.280.4

中国版本图书馆 CIP 数据核字（2017）第 120349 号

□策划编辑 : 王春彦
□责任编辑 : 卢永康　□封面设计 : 优盛文化
□责任校对 : 赵忠玲　□责任印制 : 张允豪

东北师范大学出版社出版发行
长春市净月经济开发区金宝街 118 号（邮政编码 : 130117）
销售热线 : 0431-84568036
传真 : 0431-84568036
网址 : http://www.nenup.com
电子函件 : sdcbs@mail.jl.cn
河北优盛文化传播有限公司装帧排版
三河市同力彩印有限公司
2017 年 7 月第 1 版　2024 年 8 月第 3 次印刷
幅画尺寸 : 170mm×240mm　印张 : 13　字数 : 204 千

定价 : 45.00 元

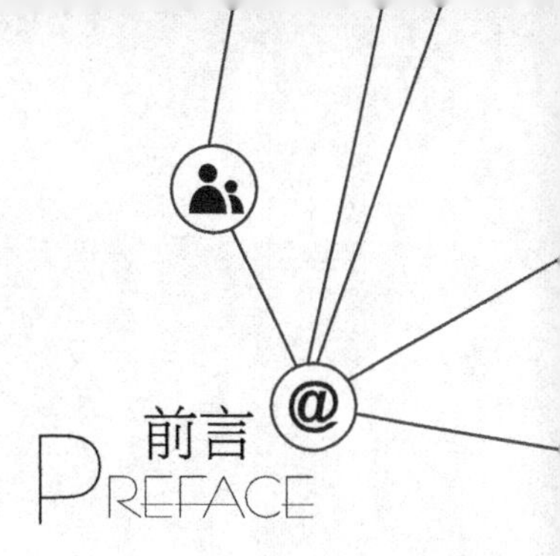

前言 PREFACE

“三农问题”的长期存在以及日益激化，提出了农民发展权的现实要求。普惠制金融理论的提出、运用，又与农民权益保障的现实需求相融合，共同酝酿“农民金融发展权”的产生。农民金融发展权是指农民对整个社会生活中金融发展状况和结果所应享有的权利。它既是对农民发展权这一理论概念的具体和深化，更是“全面发展农村”国家大政方针的核心要求和现实需要。改革开放30年来，中国农村金融制度发生了重大变迁，推动了农村经济的快速发展。但同时，我们也应看到，现行的农村金融制度还存在着一定的缺陷，如制度供求失衡、组织制度不完善、产权制度不清晰和监管制度低效率，等等。这些制度缺陷，制约了农村经济的进一步发展。因此，必须对农村金融制度进行创新。

基于金融发展权的视角，我国农村金融制度的革新对经济发展至关重要。国家是实现农民金融发展权的首要的义务和责任主体，而国家实现农民金融发展权的义务和责任内容主要体现在：对农民金融发展权的实现提供制度支持和央行保障农民金融发展权的具体实现两方面。寻求发展权入宪、构建农民保障法、完善金融制度、加强金融监管等法律保障机制的构建则是促进农民金融发展权实现的根本法律出路。本文运用新制度经济学等分析方法，对我国现行的农村金融制度以及存在的问题进行了全面剖析，在此基础上，提出了我国农村金融制度创新构想：构建多层次、广覆盖、全功能的农村金融组织制度，构建结构合理、边界清晰的农村金融产权制度，构建全面有效、科学规范的农村金融监管制度，加强配套制度建设、优化农村金融运行环境。

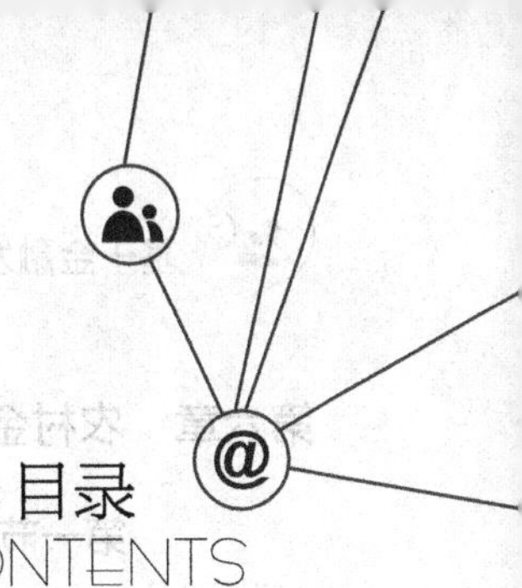

目录 CONTENTS

第一章　农村金融发展权理论基础探源

发展权属于一种新型人权，也是一项占据基础地位的人权，之所以会出现发展权，实际上想要对弱者的权利进行平衡。而发展权设置的核心思想在于通过科学合理的法制设置来平衡权利和义务，同时对社会资源进行优化配置，达到平衡的目标，从而能够有效突破现代法学当中的局限，真正进入后现代法学，有效践行人本主义精神。在我们国家，农民群体在社会资源占有方面非常薄弱，并且处于弱势地位，再加上政治制度建设当中仍然存在一定的障碍，这就使得农民边缘化的现象更加严重，农民权利受到侵害的问题时有发生。对此，发展权需要成为支持农民发展的保障，使得他们的发展需要得到满足，也让农民的切身权益不再受到损害。金融在国家的经济发展当中占有重要地位，也发挥着不可替代的战略价值，而农民在现实当中面临的金融排斥问题十分突出，这就要求应该将金融发展权作为整个农民发展全体系当中的核心内容，并且要求在今后的农村金融法制问题研究当中着重关注这一问题。

本次研究将站在一个独特的视角来研究多种问题，包括：农民的金融发展权在理论上能否真正成立？这一权利的理论渊源有哪些内容？权力的属性应该怎样界定？如何有效把控权利内容等，在分析和研究完这些问题后，也能够为今后的金融法制制度创新发展提供一个规范的标准以及价值判断的有力依据。

为了更好地对农民金融发展权的相关内容展开深入探索，首先需要认真探讨的一个问题是关于农民金融发展权的理论和实践是否充足。农民金融发展权有着怎样的权力基础？其逻辑依据包含哪些内容？其价值又将归依何处？

第一节　农村金融发展权的权利渊源探析

发展权是第三代人权的重要组成部分，与它并列的还有环境权、和平权等，同时也被称作连带的权利。在 20 世纪 70 ~ 80 年代，单纯地追求经济增长为人类发展带来了极大的困境，也使得人们不得不反思在这一经济形势下为人们带来的生态环境恶化、贫富差距加大、发展失衡严重等问题，认真思考工业文明为人类生活带来的巨大转变，而发展权也是在这一时期提出的。最早的在国际法当中确定以及受到保护的发展权是发展中国家提出的，这些发展中国家针对和发展相关的课题提出发展权概念，可以说发展权属于一种全新的法律理念，能够看出新旧秩序的巨大变化，从中也能够看到人类生活逐步趋于一体化。

在 20 世纪 70 年代，发展权的概念首次被提出，也经历了这样的经过：先是在国际法的条款当中出现了关于发展权的内容，之后，国内法律当中出现发展权，并且进一步发展成为法定的人权。之前的发展权只能够作为一种观念，没有制度的保障，在不断地变化和延伸之后成为一种制度。在 1979 年和 1986 年，又分别颁布了《关于发展权的决议》《发展权利宣言》，这两个法律制度具有一定的历史意义，真正在国际人权法律当中确认了发展权，而在之后发展权成为国际社会认可的一项人类必须具备的权利。《发展权利宣言》其中的第一条第一款就指出，发展权是不可剥夺的一项人权，更是其他人权得以实现的根本保障，同时也强调主体拥有享受发展成果的切实权利；第二条明确指出，发展权的权利主体是集体人权以及个体人权的统一，而这里强调的集体是个人以及个人构成的集体；第三、四、八条国家必须承担起保护公民发展权的义务以及责任，在法律制度的制定过程中明确发展权所处的地位，让广大公民都能够享受到发展权以及切实保护好发展权，同时在学理上凝结成发展权这一法律范畴当中的概念。第二届世界人权大会在 1992 年召开，大会通过了《维也纳宣言和行动纲领》再一次对发展权精神进行重生，从中能够看到国际上对于发展权实现一级保护的重视，同时也使得发展权的思想以及和发展权相关的制度不断丰富。联合国也同样在 21 世纪议程当中为各个国家提出了要求，也就是必须重视环境和发展的问题，并将这些内容上升到国家高度，加强对政策的管理和支持，切实制定和严格落实可实施的综合性的法律法规来保障其实现。我国作为最大的发展中国家，对于人民的发展权以及生存权有着较高的重视，同时也关注着其保护和实现的程度，于是积极响应政策要求，认真学习和领会《维也纳宣言和行动纲领》当中的精神，同时强调要把其中的要求和规定进行落实，因此 2009 年发表《国际人权行动计划（2009—2010）》，从中我们能够清楚地发现，发展权由原本抽象的概念变得更加具体化，而对于发展权的重视程度也逐步提高，并将其作为一种法定上的人权进行保护。在不久的将来，发展权也一定会成为一个有着丰富内涵的人权规范，并得到法律制度的保护和支持。

从国际范围上看，国际对于发展权的研究过程中，世界人权大会、联合国在其中起着非常关键的推动和促进作用；在我们国家，法学领域大量的专家和学者开始对发展权进行深入探索，其中侧重到的是国际法和法理学，法律研究代表人物有汪习根、姚建宗、姜素红等，他们在发展权的研究上已经比较成熟。吸收前辈的优秀思想，我提出自己的思考和认识，供大家批评和指导：第一，地位方面，发展权属于宪法性的权利，更是基本人权，和人权当中的生存权一样它的存在并不依赖于法律规定。与此同时，每个人都不能够放弃自己的发展权，同时也不可以将发展权让给其他人，无论是组织还是个人，都不能够剥夺任何人的发展权，而个人自身更是不能够随意放弃发展权。第二，沿革方面。发展权被称为一种新型人权，可以说是将生存权进行延展，更是生存权在实际发展当中必须经历的过程。个体拥有了发展权才能够充分地享有自己的生命尊严，积极发挥自身潜力，实现自我价值。第三，内容方面。发展权包含的内容非常复杂多样，有着综合性的特点，它包含了多个方面的权利，如果缺少了其中的一个方面，那么发展权都不能称之为完整的权利，拥有发展权的个体需要享有参与、促进以及享受发展成果的权利，这其中的任何一个环节都不能忽视，否则发展权不能称之为全面的权力。第四，性质方面。发展权是母性人权，将和发展权相关并且有着相同价值属性的内容进行概括以及综合，再加上发展过程中的不断丰富发展和派生，又有了其他新的内容。可以说，这是发展权变得完满的一个必经之路。第五，主体方面。发展权有着连带性的特点，无论是不发达的主体还是发达主体都是离不开发展权的，发展权会影响以及波及社会的各个层面。发展权的起点是国家层面的权利，而个人权利又成为发展权的重要落脚点，最后的实现需要是集体权利。综上所述，是发展权推动了与人权相关法律法规的不断健全，奠定了人权法制的根基。

人权法和国际法都重视对发展权的研究，并将其作为当前工作的重点。不可忽视的是，发展权概念的确定原则以及和发展权相关的内容都很繁杂，涉及的层面非常广泛，但是与发展权相关的法律救济制度还没有健全，这就导致发展权实践没有制度的支持和保障。在国家的国内法当中，如果没有明确地提出要将发展权是人类必须具备的权利，更没有采取相关措施来保护发展权的实现；在部门法当中没有将发展权涉及的具体内容进行表述，也没有对其内涵进行完善，那么实际上发展权的研究只是单一地在国际法领域进行抽象研究，不能够进行具体的研究和实施。在这样的情形下，广大公民对于发展权的认识将会十分模糊，甚至采用漠视的态度，将会直接影响到发展权理论的深入发展，动摇发展权实现的社会以及法治基础。因此，在国际法当中将发展权作为新型的研究对象，国内法也将发展权纳入到重点研究范畴中，而发展权也迫切地需求在部门法当中将发展权进行分型，并将发展权的相关内容进行具体概括。

无论是法理学方面还是国际法方面都对发展权展开积极研究，而且相关的研究已经非常成熟，而相反的，无论是国内法还是部门法领域当中研究略显不足，尤其是发展权具体类型化方面的研究。就国内学者的以往研究而言，站在发展权客体的角度对发展权进行具体类型化的研究更多地侧重在土地发展权方面，其中具有代表性的有刘国臻教授、臧俊海教授；朱谦、吴卫星教授提出环境权；王明远、杨泽伟教授经过研究提出碳排放权，同样也是发展权的一个组成部分，并研究这一权力分配当中涉及的法律问题；农民金融发展权理论和相关保障机制是王莹丽博士研究的重点。从主体角度展开发展权研究，并且强调要实现弱势群体发展权的确立和保护，代表人物是姜素红教授。对于弱势群体发展权的研究重点是农民发展权，代表人物有单飞跃等，在研究过程当中，对农民发展权的基础，发展权的实现和发展权的保护都进行了分析，涉及的内容非常综合，比如提到区域发展权、妇女发展权。从客体和主体维度展开分析，加强对发展权的保护都是应有之义。

农民是社会当中的一个特殊阶层，在我们国家有着极大的数量。在国家建设的初期，国家将经济赶超作为重要目标，一味强调经济的发展，强调工农要支持城市发展，这就使得农村和城市之间的差距越来越大，从而造成权力分配不平等的问题，接下来又在一系列的政治运动当中，农民的发展权被扭曲和侵蚀，严重影响到了农民发展权的进步。当前，我国在全面推进社会主义新农村建设，在这一关键时期，必须强调和坚持将统筹城乡发展，并将其放在新的高度。站在法学的角度分析，实现城市和农村的统一协调发展能够切实体现出保护农民发展权的意愿，也让农民发展权的实现可能性大大提高。金融在整个社会以及国家发展当中都起着关键作用，可以说是国家命脉，与金融相关的一系列经济活动为国家经济发展注入了极大动力，同时也是一种关键的战略资源。金融往往被称为资源配置的杠杆和对象，它参与和引导了资源配置。与此同时，金融是市场经济的核心和基础，能够推动资源的优化配置，增强经济发展的效果，进一步对各项资源进行合理的分配，最大化地进行资源配置，消除国家建设以及经济发展当中的难题。因此，有学者在研究当中指出，金融发展权是每一位公民需要具备的基本权利，处在生命线的地位。但是，农民属于弱势的融资群体，国家信贷、正规金融市场以及强势融资主体都在不同程度上给予农民排挤和冷遇。农民金融发展权属于农民发展权的核心内容，在实践当中更是

制约这一权利实现的关键要素。

农民发展权的主要内容是要让广大农民处在一个平等民主的地位来参加社会和国家方方面面的活动，享有各项活动成果，但是在发展权的子权利当中，各类权利的发展以及作用差异明显。上层建筑是由经济基础所决定的，毋庸置疑，其他权利之所以存在，是因为经济权利为它提供了基础条件。在停留于生存阶段时，需要解决的首要问题是满足物质性权力一样，要想切实保护好发展权，需要解决的首要问题是要满足物质经济，保护好经济权利是重中之重，在今后，无论是对发展权进行分析和深入的理解都不能够放弃对于经济权利的分析。

如今的社会是知识经济和资本经济的时代，在这样的时代背景下，实体经济的发展离不开金融给予的支持力量，而且金融让全球经济一体化以及全球经济的飞速变革进程大大加快。对处在国家弱势地位的群体和经济不发达的地区的金融权益给予更大的关注以及保护，更是金融行业深入发展必不可少的条件。在政策、体制等多种因素的影响之下，贫困地区在一定程度上让整个金融体系变得不稳定，甚至为金融体系发展带来阻碍。正如麦金农理论当中提到的要重视消除金融抑制，将重点锁定为放松在金融方面的管制，全面推进普惠制金融的实现。为了让经济欠发达地区的金融抑制问题完全消失不见，让大量受到金融服务排斥的农民群体享受到应有的平等的金融权益，就需要把普惠制理论作为重要指导，而这一理论也在国内外的实践应用当中获得了丰硕成果。

通过将我国城镇居民以及农村居民的金融权益发展状况进行对比能够发现，城镇居民的金融权益发展良好，而农村则是非常欠缺，甚至是根本不存在金融发展方面的权利。例如，我国在这方面做了一些统计，其中给出了这样的数据：平均每万名农民拥有银行业金融服务人员服务的人数是 15.89 人，平均每万名农民拥有银行业金融机构是 1.54 个，没有设置金融机构的乡镇数量在 2007 年末是 2 868 个。此外，有 2 个县、8 901 个乡镇只有 1 家金融机构。通过这些数据能够发现，农民在金融发展权方面非常欠缺，而且必须将这一问题纳入到国家法律管理的范畴，切实解决好农民金融发展权的问题。所以，按照发展权属于弱势群体发展权的理论，那么金融发展权实际上是属于农民的，并且可以说是农民的金融发展权。就当前而言，发展权在当下和今后的实践当中，不能够明显地看到它的必要性，但是站在发展的角度展开分析的话，就像金融是经济生活当中不可缺少的活动，保护农民的金融发展权更是一项关系国计民生的大事。在发展的角度看，金融发展的价值就能够凸显出来，而且切实发现农民金融发展权必不可少和金融发展权保护迫在眉睫在全面推动农村现代化方面的具体意义。

提出农民金融发展权的概念实际上将与发展权相关的内容进行深化，并将其进行具体的划分，以便更好地支持农民发展权的实现。在当今社会，需要把农民金融发展权放到新高度，使其真正成为一种人类的基本权利，提高对农村金融问题的重视程度，切实解决好农村金融的相关问题。从农民主体向度以及金融客体向度出发，作者提出农民金融发展权的概念。农民金融发展权是从发展权当中衍生而来，也是发展权在国内法以及部门法当中的具体化体现，符合发展权当中强调的要切实保护好弱者权利的理念，更是能够有效彰显金融社会化时代下发展权理论的品格。

第二节　农村金融发展权的价值归依分析

"正义是社会制度的首要价值，正像真理是思想体系的首要价值一样"。法律的核心就是正义，而且大量的专家学者从不同角度对于正义的研究都表明正义在追求一种平衡状态，强调逐步实现个人权利和社会公义之间的平衡。传统的法学主张要想实现个案的正义，必须把核心放在对于法律规则的逻辑分析和演绎方面。形式正义观会涉及司法和立法方面，最大的价值是要保护好市场主体，实现他们的平等和自由发展；避免政府滥用权力；尊重法律的权威和稳定等。但是，形式正义观在立法以及司法当中，如果不能够看到每一个市场主体在自身掌握的资源方面有着极大的不同，而这样的不同也会直接导致地位不平等，忽视甚至是对法律规则的滞后性特点采用回避的态度，也就是忽视了对社会整体利益的关注，从而会出现严重的利益失衡问题。后现代法学在上面的观点上有了较大的创新，其中的认识以及反思都比较深刻，提出的观点是要追求实质正义，提出的是实质正义观的内容。这一观点承认每一个人都应该享受到平等和广泛的权利，社会以及制度安排要为个人潜能的有效发挥和价值的实现创造有利条件。但是我们不可忽视的一点是，偶然因素都会带来事实上的不平等问题。此时，需要对最少受惠者给予相应的利益补偿，使其享受到清洁性的权力配置，以便更好地保障发展结果的相对平衡性。实质的正义观关注的是具体的人，强调结果的公平，除了在法律当中赋予人基本人权以外，还强调通过权利配置和矫正利益补偿的方法来进行调节，尽可能地消除由于历史原因造成的起点不公问题。

从实质正义观的理念出发，农民金融发展权的提出是对这一理念的践行，从中

能够体现出浓郁的人文主义精神，也能够凸显出对于农民群体金融发展权益的关怀，而这一行动的背后是要实现逐步缩减金融发展差距问题的目的。在社会金融的发展当中，受到自然天赋以及制度设置偏差的影响，农民群体成了融资的弱势群体，在金融发展当中受到了不平等待遇。但是农民发展权这个概念和以上的内容是相对的，也就是承认社会当中每一个主体都有着享受金融发展获得的利益的权利，意识到农民这一群社会底层的弱势群体在金融发展方面面临不公正的待遇，因此呼吁利用倾斜性的制度安排来保障这一基础权利的实现。在制度设计上，农民和城市当中的居民还是有着很大的不同的，因为农民受到国家发展战略影响力更大一些，并且更多地提出要发展城市金融和城市经济，那么城市里的居民在发展权方面是能够得到保护的，而且保护程度和发展程度都较高，但是以农民为代表的弱势融资群体却在金融发展权益方面受到了忽视，甚至是完全牺牲掉他们的权益；商业性金融机构受到利益的驱动，同时考虑到金融风险，而排斥农民金融发展权，使得农民的金融发展权得不到保护和实现；国有金融机构在实际的工作中，更多地关注保护好国家在金融发展当中的权益，当个人和国家出现冲突时会维护国家权益，那么在这一矛盾当中，就让农民金融发展权失去关注度。从自然禀赋和制度安排层面上分析，农民是最少受惠者，虽然农民并不愿意看到城乡居民的巨大差距，但是实际上他们在金融发展当中必须要看到差距的现状，必须要面对国家以及农民金融发展权之间存在的矛盾。因此，有效凸显农民金融发展权所处的关键地位，在农民金融发展方面给予倾斜和支持是当前工作需要把握的重点，是最为主要的价值追求目标。

农民金融发展权价值归依是实质正义，在构建相关的法律制度当中需要落实好以下几个方面的要求：第一，确立农民金融发展权的主体地位，使得他们与市民享受平等主体权利，同时必须强调和全面贯彻落实金融发展是要实现金融发展利益的共享，在这一层面全社会所有人都处在平等的地位，那么农民不能够成为牺牲品。第二，采用复权方法来扩充农民金融发展权，让农民相关的金融活动不被限制自由，将和农民生产生活相关的金融资源和国家的金融制度进行妥善安排和优化配置，让广大农民在参与金融发展活动当中拥有平等的资格和平等的能力，能够在金融发展成果当中取一瓢饮。第三，国家要重视发挥自身的宏观调控和引导作用，在法律制度的层面来恰当地引导金融资源的优化配置，有效补偿以及调节农民金融发展权，使其能够和社会金融的发展保持同步。突出对农民发展权的保护，让农民真正享有金融发展的成果，那么需要在实际的立法工作当中确立其主体地位，使得他们在金融发展全方面的权利内容得到增加和扩展，切实保护好每一位农民的金融权益。

第三节 农村金融发展权的伦理基础解析

一、农村金融发展权的伦理基础分析

金融包容是与金融排斥相对应的一个概念，站在包容性增长视角分析，它指的是提高对金融弱势群体的关注程度和重视程度，利用较为稳定的金融服务来满足自身经济发展的需求；S. Mahendra Dev对于金融包容的认识是让广大处在不利地位的人群能够负担起金融服务。除了上面提到的理论外，还有很多的研究理论出现，金融组织在研究当中投入了较大的精力，特别是在金融危机爆发后，与金融包容相关的理论和讨论变得更加热烈，以推动金融包容发展为宗旨的金融包容联盟成立，且提出《金融包容玛雅宣言》；二十国集团成立了专家组，热烈地讨论和金融包容相关的内容，并且重点就如何推动金融包容的实现展开激烈讨论。总而言之，金融包容侧重于保护弱势融资群体，这部分群体会受到强烈的金融排斥，那么他们的金融发展权就会受到损害，为了让他们的权利不受侵害需要体现在以下几个方面：第一，有效提升金融服务的可及性。第二，切实保障弱势融资群体能够有效负担金融服务成本。第三，对客户差异化的风险偏好进行了解，并以此为基础，以市场为导向来对金融产品和服务进行创新。第四，全面提高保护金融消费者的能力。从资源的角度来分析金融的话，金融属于重要的稀缺资源，而正因为金融存在着稀缺的特点，那么在使用和分配的过程中，不可避免地会出现竞争。再加上市场经济，是当前社会的经济体制，在分配金融资源时会处在市场大环境当中，那么对于资源的竞争会使得部分群体的金融需求得不到满足，其中主要是弱势群体。这不仅仅是金融方面的问题，也是社会大量存在的现实问题，是市场经济条件下不容忽视的问题。

在我们国家，金融发展速度较快，各行各业都在金融发展当中获益不浅，但是这其中我们不能够忽视掉的一个问题是农民很明显受到金融排斥，在国家金融发展当中处在不利地位，不能够正常地享受到金融服务。金融排斥的含义也是在市场当中有一部分人群不能够有效地享受金融产品和服务，但是涉及的这些内容也正好是人们满足生活必不可少的。站在金融资源和服务的可及性角度进行分析，我国在金融服务方面存在着很大的空白区域。这些空白区域都是在基层，在不发达的农村，农户承担着非常繁重的劳动，为农业以及国家的发展做出不可磨灭的贡献，但是却

也是接触金融服务最少的，连基本金融服务都得不到保证。站在金融资源和服务的可获得性角度进行分析，农民往往没有较为完善的信用体系，如果要想贷款的话也没有具有较高价值的担保品作为支持，那么就不符合部分金融机构设置的准入标准，不能够顺利地接触到金融产品，也难以享受其中的成果。另外，有很多的金融机构在提供金融产品和服务时会考虑到要规避风险的问题，同时也想要支出最低的成本，在这些因素的影响下，在为农民提供金融服务时，就会适当地提高成本水平，前来办理金融服务的农民会因为无法承受而不得不选择放弃。另外，金融机构在开展相关业务时会有交易成本的存在，而如果资金量过少的话，交易成本方面的支付会不合算，那么对于提供金融服务上就会侧重于较大的城市和较大的项目，以及大客户层面，在设计金融产品和服务的过程中也往往依据大城市、大项目以及大客户的需求展开，不能够让中小农户享受到他们本应该能够享受到的金融服务。而且，农民大多文化素质不高，更是没有系统性地学习和金融相关的知识和技能，那么受到农民主观因素的影响，他们会选择在非主流的金融市场来获得与金融相关的产品，即从非正规的金融市场获取他们所需要的金融服务。

金融包容理念的提出实际上是对金融排斥以及经济价值的反思，彰显了一种合理的金融伦理品格，也在以下几个方面为农民提供金融法律支持：确保农民能够平等地获得最为基本的金融服务；保障农民能够真实地享受到恰当的金融服务；增强农民享受完整金融服务的效率。因此，金融包容理念也为农民金融发展权的确立以及保护打下了坚实的伦理基础。

发展权理论在实质正义观以及金融包容观念之下衍生而出了农民金融发展权，如果从这个角度上看，从根本上提高对建立健全金融相关法律制度的重视程度，而且为了实现这一目标，来创新和改革当前的金融法律，深层次地研究法治方面的调整和改进措施，那么如何在国内法当中确立保护发展权，怎样为发展权提供部门法保护等等问题都能够得到解决，并且开创我国金融法律发展史上的先河。总而言之，在提出农民金融发展权后，传统金融法学观念受到极大冲击，原本的金融法律制度和金融法律体系也能够发现其中存在的问题和有待改进的内容，从而在农民群体呼吁金融当中产生的新的权利要求和制度供给。

二、确保农村金融发展权的国家责任

（一）国家是首要责任主体

《发展权利宣言》指出“所有的人单独地和集体地都对发展负有责任，这种责任本身就可确保人的愿望得到自由和充分的实现，他们因而还应增进和保护一个适当的政治、社会和经济秩序以利发展”，“各国应在国家一级采取一切必要措施实现发展权利，并确保除其他事项外所有人在获得基本资源、教育、保健服务、粮食、住房、就业、收入公平分配等方面机会均等。各国应鼓励民众在各个领域的参与，这是发展和充分实现所有人权的重要因素。国家负有对实现发展权这一母体性权利的首要责任，国家也当然负有对实现农民金融发展权这一子权利的义务和责任。”

保护农民金融发展权，让广大处在社会弱势阶层的农民平等地享受到金融产品和服务，并让农村金融的发展注入活力是国家的责任以及义务，而且这其中国家属于首要责任主体，其原因在于：

1. 国家之所以承担着给付义务，需要担当起自身责任主体的职能，主要原因是国家在金融发展当中受益，从中也能够看到权力有着受益性功能。这就使得国家必须充分发挥自身的作用，采用多样化的手段来保护好每一位公民的权利，并在目标实现过程中提供服务和支持。农民金融发展权是每一位农民应该享受到的权利，处于基础地位，那么在权利实现的过程中可以对国家提出请求，那么国家在接受请求后需要负担起积极的义务，强调国家应该在物质以及程序上对公民提供帮助和给付。农民金融发展权在发展权体系当中占有重要地位，是基本权益的组成部分和重要内容。因此，农民金融发展权需要国家承担起相应的责任和义务，尽最大的努力来提供支持和帮助。

2. 公共物品供给是政府必须要承担起的义务。私人公共物品供给方法会造成市场无效的问题，也会使得社会的整体福利大幅减少。因此，选择由国家政府进行，公共物品的供给是必然选择，并且要求政府能够将其作为首要义务和根本性责任，通过这样的方式，能够极大地提升市场经济发展水平，提高社会福利水平，也让公共福利等获得更加的稳定。政府承担的给付义务包括多个方面，有物质层面，也有非物质层面。另外，制度性的公共物品是农民金融发展权当中的重要内容，而这一部分的内容也在国家给付业务当中出现，并在其中扮演重要角色，同时使得国民享有充分的经济权利，获得平等的社会福利是宪法权利当中的重要内容，而为了确保宪法性权利的实现，就要求政府能够切实履行好自己的首要义务。

（二）国家实现农民金融发展权的责任

1. 政府的制度支持是公民权利实现的根本保障，那么这对于农民金融发展权来说同样如此，缺少制度支持的权利也会缺乏生命力。国家实现农民金融发展权是必须要承担的责任，这其中政府扮演重要角色，而政府的主要责任是提供制度保障。

更加具体的分析，金融是国家经济活动当中不可缺少的成分，是政府工作需要着重关注的一个层面。所以，在实现农民金融发展权这一方面，政府履行和承担制度方面支持的责任是不可推脱的。政府主要需要负责以下几个方面的制度保障责任：农民能够平等地参与到金融发展当中；农民能够为金融发展做出突出贡献，起到明显促进作用；农民能够充分享受到金融发展的成果。以上这几个方面的农民发展权内容都需要在国家政策以及法律制度当中明显地展现出来，在制定国家的方针战略以及国家未来发展计划等方面同样需要将农民金融发展权放在重要地位，为这一权利的落实给予指导。

2. 农民金融发展权的保护和实现是当前金融方面制度建设的重点，这样银行作为国家处在核心位置的金融机构更是需要其发挥重要作用，给予相应的保护和支持。在我国的整个金融体系当中，中央银行可谓是处在领导地位，需要对其他的金融机构实施科学化的管理，各项金融政策也需要及时监督实施。因此，中央银行要发挥统一领导的作用，为农民金融发展权的保护工作履行义务和承担责任。中央银行要对相关制度和政策的内容进行全面分析，了解其中的明确要求，积极领会了其中的精神内涵，并以此为依据来制定推动农民金融发展权实现的相关金融政策，为广大农民定制符合其需求的金融产品和服务，建立一个能够让农民需求得到满足的金融体制，也让金融体系和农村金融发展相适应，充分满足农民群体基本的金融需要，并为他们提供针对性的金融产品，让他们充分享受到国家金融发展和农村金融建设的成果。

第二章 农村金融发展权的权利分析

第一节 农村金融发展权的权利属性探析

一、农村金融发展权的概念

农村金融发展权是一个子概念，它存在的基础是发展权，同时发展权内涵的中心点是发展。《发展权利宣言》指出“发展是经济、社会、文化和政治的全面进程，其目的是在全体人民和所有个人积极、自由和有意义地参与发展及其带来的利益的公平分配的基础上，不断改善全体人民和所有个人的福利。从中可见发展是对基本人权状态的延伸，发展权是对基本人权的巩固和加深，是民众对社会各个方面的发展情况和结果所享有的一项权利。”金融发展权是公民在经济生活当中享受到金融权益和成果的一系列权利的总称，是发展权当中的经济权力体系中处在基础地位的成分。基于以上认识，那么农民金融发展权就是在社会经济生活当中农民享有的关于金融发展情况和结果的权利。通过对当今世界金融发展的状况进行考量和分析能够发现，农民金融发展权应该包含以下几个方面的权利：

1.参与金融发展的权利

要想准确地理解这一权利内容，可以从两个方面入手来展开细致全面的分析：宏观上，农民需要为了自身利益的实现来表达出自己在金融方面拥有的金融需求和迫切期望，同时，农民在这方面也是拥有权力的，他们提出的需求和期望都应该体现在立法和监管政策制定当中。比如，农民可以为国家提出相关要求，使得国家能够为农村提供专门的金融政策、法规以及服务，国家需要对农民的要求进行吸纳，并将其作为立法以及政策的内容。从微观层面分析，农民为了充分满足自身的生产和生活需求，拥有者参与一切金融活动来确保自身利益实现的权利，包括参与保险

业务、使用银行体系等。

2. 促进金融发展的权利

这一权利内容指的是农民拥有平等参与到国家金融和农村金融发展当中，而农民在其中积极组织农业生产和实施一些经济活动都能够创造一定的收益，可以说做出贡献，那么这对于金融发展来说是一种助推力量，有权利在金融发展中给予支持。另外，农民会不可避免地融合到金融实践中，在其中会根据自己的需求来发表自己的意见和建议，提出的想法和信息是十分宝贵的，更是对原有模式的补充和拓展。农民拥有着把这些信息补充到与之相关的金融立法中，将其变成一种常态化的制度。例如，农民在金融抵押品方面是比较缺乏的，那么农民提出可以把农产品作为抵押品的一个类型。如果这一建议有着可行性并且有着较大的可能性，就需要把这个建议采纳，并在相关的金融法律制度当中体现出来。

3. 享受金融发展成果的权利

这一权利是农民金融发展权的中心内容，而且这一权利也迫切需要在农民金融发展权当中体现出来，因为农民参与和促进了金融发展，那也理所应该地需要享受到其中的收益，虽然如此，这一权利在实现方面遇到诸多问题。这一权利是农民在参与和促进金融发展当中获得的成果，而且这一权利体现出来的价值内容有着独立性和巨大含义，突出农民能够享受金融设施为他们带来的便利，享受到金融制度为他们生活和权利的实现带来的保障，应享受金融交易为他们生产生活提供的帮助。金融事业正在如火如荼地发展，同时金融的创新力度不断增强，但是现实状况是农民要有机会享受到便捷的融资服务。金融服务行业存在着条件排斥声、营销排斥、准入排斥、农民自我排斥等情况直接造成农民在享受权利方面处在不利位置，和广大城市居民在享受金融成果等方面还存在很大一段距离。因此，让农民享受金融发展成果的权利真正得到保护，能够和广大城市居民一样平等享受金融是非常具有意义和价值的，更是当前农村金融发展权研究当中需要凸显的内容。

二、农村金融发展权属性

农村金融发展权可以称之为一项综合性和新型的直接关系到农民生存和可持续发展的一项权利，同时也牵涉到法律公平正义的实现。如何有效地把握农村金融发展权的权利属性？怎样正确地界定农村发展权的主体？如何恰当地安排农村金融发展权所包含的内容？以上问题的回答能够让我们更加全面细致地把握这一权利的本质含义，从而从农村金融发展权的角度出发，对我国农村的金融法律制度进行修正和健全。

公法和私法以及公权和私权有着明确的区分，这也是早期法律研究当中重点探讨的一个问题，之所以要做好权力的区分是要更加准确地确定权力的性质，找准制度设计的角度和出发点，准确地判断司法诉讼的相关程序以及救济选取的形式。公权有着明显的国家强制性，是从国家层面进行制度的设计和安排，保障权利实现或者是不受侵害。私权有着明显的私人自治性，和公权处在对立位置。但是社会经济的发展和社会关系的变革也让法律形态出现了一定的变更，对于私权和公权方面怎样界定和存在一个明显界限逐步消失，金融发展权就是其中具有代表性的一个例子。

从公权视角出发，之所以要对金融发展权进行清楚的界定，明确其属于公权的范围，主要的原因是要发挥好国家的作用和功能，也就是国家层面的金融资源分配和有效管理；能够清楚地看到，国家对于金融安全有着极高的关注度和重视程度，这也是金融市场稳定和谐的保障，从中能够看出非常明显的国家色彩；设计金融发展权制度的整体思路是从国家角度出发的，突出国家在资源配置、市场干预等方面的作用，从而保障社会全体能够充分地享受到金融权益，并且达到风险控制和资源优化配置的目的。将金融发展权划定到功法的性质范围当中，有这两个方面的作用，一方面是能够让金融杠杆的价值得到有效的实现，使得金融资源得到有效分配和合理配置，从整体上提高国家在金融收益方面的水平和效率，使得国家主体的金融权益得到保护和满足，这些作用都属于积极层面的作用；从消极层面讲，如果不能够正确地行使金融发展权当中的公权，或者是出现了权力错位问题，会在一定程度上让弱势群体本该享受到的金融发展权在实现之路上受到各种各样的阻碍。从事全视角出发，之所以要对金融发展权进行性质的界定，是要让金融市场当中的各个主体受到激励，从而自觉主动地来选择能够满足自身对于金融产品和服务的需求的方式，使得与金融相关的交易能够更加自由化和平等化，构建起完善的激励机制，并发挥激励机制的推动价值，使得整个金融市场的运行效率得到提高；能够清楚地体现个体追求效率的目标，使得个体的自由权利得到彰显；设计这一权利的主要思路是有效指导金融主体展开自主交易，以及利用市场资源配置功能来保障个体金融发展权利的实现。在金融发展权当中确定和行使私权性质有着积极以及消极两个方面的作用：从积极层面讲，能够提高金融资源配置的效率，推动整个金融市场的深入发展，切实维护和保护好个体的金融发展权；从消极层面讲，如果不能够正确地将金融发展权界定为私法，会极大地提升金融风险的发生率，让处在强势地位当中的金融主体得到进一步的壮大，而弱势地位的主体权利不仅得不到保护，很有可能会被挤出市场。由此可见，在对金融发展权进行界定时，无论是将其确定为公权还是私权，

都允许存在局限的。那么在界定这一权利时则需要从客观的角度出发，界定为兼具公法和私法并且属于经济法的一项权利。

农村金融发展权可以说是金融发展权当中分离出来的一个子权利，是其中不可缺少的组成部分，也是我们当前需要研究的重点内容。国家以及农村的金融发展权虽然在整个范围上存在着极大的差异，但是在地位方面却是平等的，二者之间有着密不可分的关系和亲密的互动，同时也会产生博弈；从农村角度出发，金融发展权是要让广大农民依法享有金融发展权，并且受到权利的保护，并且将实现个体金融发展作为根本落脚点。农村金融发展权的一个重要基础是内生性市场自我促进，但是仅仅有自我方面的努力是不够的，还需要政府的补充，这也让农村金融发展权拥有了二元化的结构和全面细致的分析。在构建金融法律制度当中，必须要关注以下几个方面的问题：第一，必须准确地区分农民金融发展权以及国家金融发展权，认识到二者是具有明显区别，并且相互独立的金融发展权需要，他们拥有着平等的地位，也需要平等地得到保护，那么必须要坚决禁止国家对于农民权利实现的限制问题发生。第二，农民金融发展权在原则性上被肯定为农民个体拥有的个人权利，但是在权利实现上农民金融发展权又属于一种集体权利，提到的这个集体指的是农民群体。第三，要切实保障农民金融发展权的实现，必须要充分发挥市场主体自我金融发展的促进权，在法律制度的整个框架当中融入共同信任纽带，为农民金融发展权的实现开辟路径，进一步推动金融法律在理论以及制度上的革新。

第二节 农村金融发展权的权利内涵分析

一、农村金融发展权权利内涵

对我国现行的立法以及政策性文件进行分析发现，其中并没有对农民金融发展权的相关内涵给予说明，而解释轮对于农民金融发展权给出一个定义“农民这一主体平等参与金融发展、促进金融发展并公平分享金融发展成果的权利。”

农民金融发展权主体是农民，但这里农民并不是简单指的是农民个体，其中也包括农村的经济组织以及中小企业。要想推动农民金融发展权问题的彻底解决，最为有效的途径是通过立法确立来使得农村地区市场内生力得到提高，并且努力提高农民参与到市场运营和发展当中的能力，彻底扫清农民金融发展权实现道路当中出现的一切影响因素。关于农民金融发展权益义务主体，国家不可推脱地成为义务和责任主体，并且要求国家能够利用自身职能的发挥，科学合理地设计制度，并对原有的制度进行调整和修正，使得农村地区的广阔金融市场得以完善，形成对金融资源的引导，向着农民也就是在金融市场当中，属于弱势金融主体的人群给予倾斜性的帮助和支持，并建立政府责任机制，执行保护和落实农民金融发展权的相关责任。将农民作为金融发展权利的主体，并且将其作为一种制度确立起来能够有效避免政府及其某些组织利用权力对农民金融发展权的实现设置阻碍或者给予干预；能够在农民的权利受到损害的情况下，扮演好权利主体的角色，对非法侵权问题进行严厉打击，并向承担相关义务和责任的主体问责；能够让其充分享有相应的发展权利，扩充其合理使用金融资源，为金融改革的推动提供支持力量和做出巨大贡献。

农民金融发展权权利的客体属于农民本应得到的金融资源和享受到金融发展的利益。李长健教授就在自己的研究当中划分了权力的客体，并将其分为制度性的和非制度性的金融资源这两种类型，另外这两种金融资源类型在关系上是相互对立又相互统一的。笔者站在这样的角度，并以此为基础来分析，认为金融发展权客体属于集合体，能够从三个角度来对这一集合体进行划分，分别是微观层次、中观层次以及宏观层次。从宏观上看，金融法律制度是客体。从微观上看，货币资产是权利的客体。从中观上看，金融市场体系是全力的客体。三个层次是相互影响和关联的，任何一个方面都不可或缺，也正是三者的融合，构成了整个金融生态环境。对于货币资产的供给和需求会影响到整个市场的发展，市场发展水平也会相应地对法律建设造成影响。相反的，法律建设和相关的设计会对金融市场的健康发展造成阻碍或者是发挥促进作用，并由此引发对于货币资产应用的影响。

农民金融发展权涉及的内容是十分复杂和多元化的，但是不少专家或者学者在研究这一权利时主要是从传统的理解层面出发，将金融发展权划分为上面论述提到的三个层次的内容，形成的是传统意义上的发展权的理解，在认识特征上是十分相符的，但是采用这样的归纳方法缺乏良好的操作性，归纳得不够具体深刻，在理解方面也过于抽象和笼统。另外这样的归纳很容易流于口头、政策性的文件等，要想进入实然的法律领域有着较大的难度；参与金融发展、促进金融发展，又享受发展成果的三个方面的权利是公民全体的共同诉求，因此有着非常广泛地进行应用，但是从另外一个层面上讲，这样的普遍适用是没有凸显出农民的特殊需求的，因为农民可以说是特殊群体，如果没有强调农民的特殊性，在具体工作实施当中也会造成工作针对性不强，工作实施质量不高等问题。通过上面对发展权的分析，又考虑到

农民的特殊金融需要，那么下面将对这一权力的主要内容进行阐述，切实体现出从农民角度出发的原则：

1. 金融发展主体权

金融发展主体权强调的是主体地位和资格，是农民在金融市场以及金融发展当中所处的地位。尊重农民参与、选择和控制农村金融组织以及内部管理的权利，让农民的金融发展权得到切实保护以及发展。主体地位和资格是农民作为人的基本特点，并且彰显出本质特征，具体是有着自治性、自主性。农民金融发展权包含的一系列权利当中，金融发展主体权是首要权利和内容，并且突出让农民在金融发展当中的主体价值和主体创造价值有效发挥出来，尊重他们权利的行使，并给予农民充分的信任，让他们能够充分运用自身的能力来推动农村金融市场的发展。同时，了解到农民在金融进步中的需要和在金融服务方面存在的需求，给予农民参与、选择和控制农村金融组织以及内部管理的权利，让农民的金融发展权得到切实保护以及发展。

通过对我国农村金融市场创新的过程展开研究，可以说农村金融市场的变革是政府主导的形式，自上而下展开，换句话说就是国家在农村金融制度设计和创新改革方面有着决定权，而这样的安排之下，农民成了牺牲者，只能够被动地接受一些不合理和不公正的安排。在全面实施金融管制情况之下，对于农村金融法制的设计更多涉及的是加强监管部门对于农村金融机构的限制和管理方面，这些规定当中提出了较高的市场准入标准，在机构设置方面也给出一定的安排，从中能够看到明显的金融公法的性质，而关于私法的权利义务却很少提及。从农村金融法律制度的安排上面就能够清楚地看到，在国家金融的发展当中，农民自治权和自决权得不到有效的保护。在推动法律和发展运动的过程中，法律精英以及政府是不可缺少的，但是这其中在设定议程以及具体实施项目的过程中都不能够少了农民群体的加入，因为它们都属于最少的社会群体，如果没有这一群体的参加，那原本的制度设置也将失去意义。农村金融发展的根本性目标应该是让广大农民充分受益，而不是让广大农民群体沦为发展的工具，由国家或者是城市金融把握生死大权的做法只能够让农民成为牺牲品，让他们的金融发展权大大受损。农民拥有金融发展主体权，他们在农村金融发展过程中起到关键作用，应该是名副其实的参与者和创造者，不能够成为其中的受压制者。

有关于农民金融发展主体权包含着多个层次的内容，其中主要体现在三个方面：第一，农民金融发展的权利，也就是农民的切身权益必须要得到肯定和保护，让他们在金融发展当中处在主体地位，拥有主体资格来为农村金融的发展做出应有贡献。第二，农民的自治权和自决权以及农村金融机构的自治权和自决权。农民是一个有着独立意义的个体，在金融发展当中应该是以个体的身份得到尊重，并且可以通过行使自治权和自决权来把自己的主体价值得到发挥。而农村的金融机构在处理各项金融事务、进行机构设置和组织安排等方面的内容时都必须要拥有自主权和自治权，可以进行自我的决断，而不受其他强制性干预手段的影响。第三，合理划分政府在金融监管方面的权域界限。政府在农村金融方面的监管需要在不侵害农民以及农村金融组织自治权和自主权的基础上进行，需要分清自身的责任和义务，缩小金融监管方面的过度限制和干预，让广大农民的金融发展主体权得到充分的肯定和实现。

2. 自由融资权

“自由是发展的首要目的，也是促进发展的不可缺少的重要手段。”自由融资权指的是农民能够自由地应用金融市场当中的各项资源，可以享受到金融服务和金融产品。而且农民不仅能够享有这一自由的权利，外界对于这一权力的反对或者干预都是得到制止的，不能够剥夺农民合法融资权利或者是对其给予限制。融资可以分成直接和间接融资两个部分，这就需要实现和保证的是农民直接和间接融资都需要被肯定和给予自由，直接融资强调要全面实现农民民间融资的法制化，真正从法律角度来给予支持和确定，在积极支持合法融资的前提下，严厉反对非法性的民间融资。国家在这一方面必须要建立完善的信息披露机制，对各类非法融资予以打击和消除。同时要避免过度管制民间的直接融资，使得资金拥有者和需求者达到信息获得的公平，并使得二者的自主协商和决策得到保护；间接融资的强调要让农村金融组织更加趋于多样化，将农村金融改革的思路进行逐步的转变，消除一味由国有银行主导的现象，进行管理权限的放权，在全面构建农村金融体系的过程中让多元主体都能够参与其中，无论是政策性还是商业性的金融机构，无论是何种所有制形式的金融机构都可以充实到金融体系当中，并在其中设置明确的分工，提高覆盖以及影响面积，营造和谐有序的市场竞争环境。在这一体系真正地得到建立和完善之后，虽然每一位农民的需求层次不同，但都能够从中得到需求的满足，彻底打破原有农村金融组织机构垄断性严重的局面，使得农民能够拥有多元化和广阔性的融资选择，最终确保农民自由融资权的实现。

自由融资权的确立能够让国家强化立法，并用立法确定的方法来逐步完善农村金融发展，设置合理的市场准入条件，对金融的合约格式进行标准化改革，推动农村金融组织的规范和独立发展。

3. 公平融资权

上面已经提到金融发展主体权是农村金融发展权的首要内容，而在里面也已经明确地提出要确立农民的主体资格和平等地位，而这里要提到的公平融资权就是赋予农民平等的融资权利和机会，并且可以让农民根据自己的融资需要来选择多种融资活动。这里提高主体拥有着平等的资格，但是不能片面认为主体融资能力相同，虽然融资的机会和平台是相同的，获得的融资结果不一定而且在很大程度上是不相同的。从这个层面上看，对于公平融资权的相关内容和内涵展开探讨是非常有必要的。

公平融资权是农民必须要享有的一项权利，拥有了这项权利，能够让农民在复杂多元的金融市场当中，用公平价格获得能够满足农民生产生活所需要的金融产品和服务的需要。通过对农村金融市场以及改革发展的态势我发现一个明显的特征，那就是两高一低态势：交易成本和系统风险高以及利润回报低。这样的发展现况在很大程度上会对农民金融发展权的保护带来不利影响，使得农民的主体资格受到极大威胁，甚至是逐步演变成为弱势主体。另外，农村金融机构在实际的运营和发展过程中，往往会考虑到金融风险，同时也想通过多种方式来减少信息成本，于是在为农民提供金融服务时提高价格水平，你让农民办理业务的成本大大提高，甚至超出农民可以承受的范围。细致全面地对公平融资权展开分析，能够发现该权利的主要内容是国家利用立法的方法来分担农村金融发展当中出现的风险，适当的补偿农民的金融权益，使得农民的融资权得到切实的保护。在具体的实践当中，要求国家要不断建立健全法律制度，建立系统化的风险分担机制，完善补偿制度，通过恰当有效的金融监管来使得农民的公平融资权真正实现和发挥作用。

4. 融资权

要想理解融资权，可以从动态和静态两个方面展开。融资权是每一位农民个体应该享有的权利，而且在动态上农民可以在自愿原则上来进行资金的融通，参与到各项资金融通活动中。如果从静态的层面进行理解，农民的融资权指的是按照法律制度和政策的规范，农民可以组建金融机构。

农民本身属于弱势群体，长期生活在社会底层，而在金融发展当中，农民是融资主体，但是仍然处在弱势地位，农民很难在主流金融体系当中获得能够满足自身需求的金融服务，而且在这一体系当中要想享受到相关的金融服务或者产品需要承担较高的成本，甚至超过农民可以承受的范围。对此，让每一位农民都能够平等地享受到融资权是尤为关键的。因此，要想让农民的融资权不受侵害，就要赋予农民融资权利，使得他们能够通过有效的资金运作和组织来构建一个属于农民自己的金融机构，为广大农民群体提供互助金融服务，切实解决金融发展当中遇到的阻碍，让农民的金融权益得到保障。换句话说，对农民融资权的保护，实质上是保护农民在金融当中的主体地位和主体资格，保护好农民的金融发展主体权，同时也让农民的资金体系顺畅自由地运转，让农村金融市场和金融事业得到进步与发展。农民的融资权和农民金融的发展息息相关，而且在具体的实践当中，要求政府能够承担法律责任和义务。

5. 金融发展救济权

权利的救济可以说是对权利实现水平的一个有效衡量，更是重要的指标。农民的金融发展救济权就是保护农民金融权益，为农民提供权利救济的一项保障。当农民应该享有的金融权益受到侵犯时，农民有权向司法以及行政上寻求救济，请求其保护自身合法权益，也使得农民的金融发展权得到圆满保护。

单列出来金融发展救济权的原因有以下两点：第一，到目前为止，对于金融发展救济权的研究还处在浅层次，并没有将这一权利内容进行明确的规定，更多的是从发展权出发，并且将其作为农民金融发展权当中的一个内容来对待。因此，在对农民金融发展救济权的司法性执行当中有着较大的困难。第二，农民是一个特殊的社会群体，在整个金融市场的运作以及发展进程中，农民有关于金融发展方面的权利受到威胁的情况时有发生，但是由于农民缺乏权利意识、接触到权利救济渠道不畅通等原因，使得他们的权利得不到有效保障。因此，严格明确农民金融发展救济权是十分必要的，并且应该将其作为能够进行司法问责的权利，让每一位农民都能够在自己权利受到损害时得到帮助，获得制度上的支持和救济。农民金融发展权内容非常复杂、综合，而且是动态性的，它的丰富程度也不是用几句简单的语言就能够描述出来的。

笔者以为，为农民金融发展权奠定坚实基础和提供有利的前提条件的是农民金融发展主体权，其他的三项权利都是融资权当中的内容，在我们目前研究的金融发展权当中处在核心位置，金融发展救济权则是保障农民金融发展权实现而存在的。根据这样的分析和判断，肯定和确立农民的金融发展救济权是完善农村金融法律制度的必经之路，更是立法建设当中的重点。总而言之，上面提及至的农村金融发展权当中的几项重要权利相互关联和影响，虽然在内容方面有很多交叉的内容，但是却在作用和功能方面形成有效补充，并且有着一个共同的目标，那就是让农民享有平等金融权益，让农村的金融市场获得飞速发展。

二、农村金融的现状和农民金融发展权的法律保障机制

“保障农民金融发展权的实现就是要在农村改革发展中实现和发展农民的金融利益，建立和完善以农民权益保障为主题的法律体系，建立和完善农民参与立法的机制，优化农民权益保障的立法技术，使农民的权利与利益在法律上清晰可见，建立和完善农民权益保障的行政执法机制、农民利益诉求的表达机制、农民权益纠纷的解决机制、农村群体性事件的协调解决机制。”在农民金融权益的确认方面，我国在立法上还有很大的欠缺，对于农民权利的保护还不够健全，为农民提供金融产品和服务方面有着几个亟待解决的问题，主要有：为农民提供金融产品和服务的机构较少，而且设施不够完善；没有建立起系统性的激励机制，使得在办理涉农业务时，金融组织往往提不起重视；金融组织的服务质量和效率还有待提升，不能够满足农民需求；过度提高成本的问题较为显著，超出农民可以接受的范围，甚至农民的金融权益受到歧视待遇，最终导致农民的金融权益得不到保障甚至是严重缺失。对此，为了确保农民金融发展权的实现，构建完善的保障体系，应该从以下几个方面着手：

首先，将营造发展权的诉求，直接正面地载入到宪法保障中，积极探寻农民金融发展权出发点的根源。要确立农民金融发展权，并在根本上寻求依据，首要途径就是将其纳入到宪法当中实现。只有将发展权这一权利纳入到宪法保护当中，关于农民金融发展权也将顺理成章地拥有根本法的依据，切实纳入到宪法保障当中。发展权作为基本人权的重要组成部分，同样需要被载入宪法，但是通过对世界各国宪法进行翻阅和研究发现，在法律形式上，迄今为止，发展权没有在宪法当中体现，而且从宪法的各个条款当中，也不能够看到对于发展权的重视，同时其他国家的宪法当中也没有将发展权概念纳入其中，要想追溯发展权的根源，只能够从规定其他人权形式的法律或者是宪法其他条款当中勉强推导出关于发展权的概念，这样的情况也形成了发展权在应然宪法中拥有较大优越性和在实然宪法当中存在空位性问题的矛盾。对此，为了更好地解决农民金融发展权的相关问题，最为根本的做法是真正树立起发展权作为基本人权的威信和理念，把发展权纳入到宪法当中，真正在具体的宪法条款当中对这一权利进行明确规定，这样才能够真正将发展权放置到最高法律地位上，在国家根本大法的保护之下来确保农民发展权不受威胁。

其次，加大农民权利保护立法的重视程度，有效营造农民金融发展权的法制保障线。农民金融发展权之所以存在，其意义及根本目标在于保障农民权益的实现。而提高对农民权益保障立法的重视程度，并将其付诸实践加大了对于农民金融发展权的法律保护力度，可以说二者的关系相互促进，也形成了良性循环的系统。都说农民是贫困的群体，而造成农民贫困的根本原因就是他们享受到的权利相当贫穷，也就是与农民切身利益和自身发展相关的一系列权利都没有得到有效保障。解决农民问题，其关键在于解决农民权利贫困的问题。因此，国家应该单独制定《农民权益保障法》，并且确立其重要性以及重要地位，最大化地减少农民发展权当中权利流失严重的问题，使得这部单独的法律真正成为推动农民发展权实现的基本法。强化农村社会保障中政府责任，选择“三支柱”型农民社会保障模式，建立完善的农村社会保障制度、保障管理体制以及监督机制，相对减弱土地保障的辅助保障功能。也在这样一部法律中，明确提出金融发展权，同时也把金融发展权划分到农民享受权利内容当中的重要组成中，具体全面地确定与农民金融发展权相关的概念、权利内容、责任方式、保障方式等；严格指出，对于侵犯农民金融发展权的行为，必须要严厉打击，并且制定相应的行政、民事甚至是刑事责任，使得农民群体能够平等地享受参与、促进金融发展，并且享有金融发展成果。

最后，建立健全相关的金融制度，有效提高金融监管力度，强化农民金融发展权的落实面。第一，积极构建多层次的农村金融机构体系，并且鼓励其展开全面的金融服务创新工作，对民间的金融发展进行规范和有效引导，从而推动其健康有序和可持续发展。第二，加大对农村金融机构的政策和经济支持，有效运用多种政策机制，如财政政策、支农再贷款政策等推动农村金融机构的全面发展。第三，创新农村金融监管制度，强化监管目标，并将消除贫困，并且为广大农民群体提供完善金融服务，纳入到监管目标当中，展开风险、激励等方式的监管工作，构建一个规范的金融市场，维护好整个市场的秩序，最终建立保护农民金融发展权的落实平台，强化农民金融发展权的落实面。

第三章　农村金融法律制度概念解析

第一节　农村金融法律制度梳理

我国在农村方面的金融法律制度建设方面存在着内容凌乱以及体系庞杂的问题，因此需要系统全面地对其进行梳理。一方面，是由于我国尚没有专门的《金融法》，而形成了分散立法的状况；另一方面，是由于我国金融体系本身的复杂性，以及立法者在“农村金融机构”“金融机构”“农村中小金融机构”“新型农村金融机构”等几个相近概念界定以及使用中的不当和混乱。作者对中国目前实行的关于农村金融法律法规的内容进行梳理，以便深入挖掘和发现农村金融立法以及农民金融发展权保护之间存在的关联。

一、我国农村金融制度的变迁

对我国农村金融制度的变迁进行分析，可以将其划分成以下几个阶段，接下来将对各个阶段进行大致梳理：

1. 建国初期（1949–1957 年）

建国初期的农村金融制度，实际上是延续解放区的一系列制度条款，而且建国初期也是国家逐步对国民经济进行有效恢复，并尽快恢复生产和推动国家富强的一个阶段。在这一时期，为了满足经济发展的需要，我国开始建立农村金融组织，并对其进行反复调整的工作。土地所有制改革工作全面实施之后，无论是农业的各项生产，还是农村经济和农民生活都发生了翻天覆地的变化，在这样的形势下计划经济体制形成，在有着集中性和集体性的特点。1952 年，公私合营的银行在实施了社会主义改造后建立和发展起来，而且所有制结构相当单一，可以说是银行体制的雏形。也正是在 1952 年起，针对农民在生产生活当中存在的资金缺乏的情况，政府积极实施与信用合作相关的任务，号召推行群众性的合作化运动，运动的规模较大，而且影响范围和涉及面较广。信用合作组织的形式多种多样，而且在全国范围内还处于试办时期，由于缺乏相应的经验和实践，不可避免地出现诸多问题，需要在实践当中进行反思和提升，以便做好相关的调整工作。

信用合作组织可以说是“国家联系群众的桥梁”，属于群众性资金互助组织，有着特殊性质，能够为国家银行的农村资金供给工作提供辅助作用，也能够为农户给予金融方面的帮助，让原本生活的较为分散和贫困的农户享受到应有的金融权益。大量的信用合作组织在农村地区建立，在这样的过程当中能够看到对我国农村经济问题的思考和反思，而同时这一系列的运动都有着明显的时代特点和中国特色，但是由于受到了体制和当时历史发展阶段的影响，受到了诸多阻碍，但尽管如此，这也是当时的最优选择。

2. 人民公社时期（1958–1978 年）

人民公社时期是国家发展历史当中一个典型性的时间段，当时国家属于经济发展的过渡期，在这一时期为国家经济的发展投入了诸多的力量和思考，也展开了大量的尝试，以便能够推动农村金融的发展。在新中国成立后，政府在全国范围内积极建立农村信用合作社，其目的在于打击以至彻底消除高利贷，因为当时高利贷的活动在农村是很普遍地存在的，直接影响到了农村金融发展的秩序，也让农村经济水平的提高和稳定水平的提升大受影响。在这一时期，由于存在一系列政治运动，为了更好地与当时农村经济的结构相适应，让人民公社体制真正在农村当中确立和发展起来，农村地区一直推行的是人民公社化，并建立与之相适应的经济体制。农村信用社原本是造福农民的农村金融机构，但是最后变成了国家基层部门的工具，利用农村信用社进行融资，接下来又相继出现“大跃进运动”和一大二公的运动，整个农村金融管理体制出现大的变动，造成发展停滞问题。为了解决农村金融发展的困境，我国在 1977 年出台《关于整顿和加强银行工作的几项规定》，让原本民办的农村信用社成了官办的信用社机构，其性质发生彻底转变。

3. 市场化改革初期（1979–1992 年）

市场经济也适应了国家经济体制变革的需求，同时也是符合中国国情的一项经济活动。1979 年我国正式迈向市场化经济发展之路，而此时农村地区为了响应国家号召和让市场化改革工作真正的贯彻落实也开始了金融方面的改革，以便为农村金融市场的建立和发展，为农村经济的进步创造有利条件。

我国是社会主义国家，那就需要走社会主义道路，在市场化改革的初期阶段，

是商品经济快速发展的阶段，而且经济体制改革也在如火如荼地进行，在这样的时代环境下旧的经济体制和经济组织形式，已经难以满足市场化经济改革需求，此时的首要任务是改革。十一届三中全会在1978年召开，这在我国的发展历史当中有着里程碑式的意义，并且首次在会议当中提出了经济体制改革的任务。可以说，十一届三中全会是具有深远意义的一次大会，更是我国历史的伟大转折点，让国家经济的腾飞之路迈出一大步，同时也带动和影响农村经济，农村地区的经济体制变革水平有了很大提升，而农村也开始了家庭联产承包责任制，形成了多种经济联合体的组织。此时的农村产业结构已经发生了根本性变化，由原本的单一形式变成了综合经营的新模式，农林牧副渔业和工商业都得到不同程度的进步。

在市场经济体制改革的背景下，在新思想和新政策的引导之下，农村金融法律制度开始了改革之路，而这一时期的改革和创新工作需要分成下面几个步骤：

第一，根据农村经济发展需要和具体的农村金融发展实际来调整以及重新构建农村的金融法律制度。1979年，中国农业银行被恢复和建立起来，由国务院领导，承担的重要工作任务是要扶持农村的商品经济发展，提高信贷资金的应用效率和质量，这里从传统的经营管理模式当中走出来，扩大业务的设计面积和影响范围，带动农村经济的发展。1990年，中国农业银行进行企业化改革，在中国农村金融发展过程中继续发挥自身作用。

第二，积极推进县级农村信用合作联社构建工作，进一步拓展农村信用社的业务和机构。农信社的原有格局是"既是集体金融组织，又是农行的基层机构"，在农村信用社体制经过不断地调整和优化后，原有的格局被打破，并且开始逐步恢复合作金融组织的地位。虽然农信社在业务以及机构设置上都有了飞速发展，机构的运营和管理工作更加灵活，独立性能力有了很大程度的提高。但是如果是从产权性质方面进行研究的话，农村信用社的产权是集体所有，可以说管理体制的实质性变化是没有实现的。

三是放开民间金融管制的力度逐步家长。除了农业银行以及农村信用合作社以外，让民间的自由借贷在农村金融市场当中出现和发展，同时也可以在农村当中存在不同形式的合作机构和财务公司，形成一个多元融资方式共存和共同作用于农村经济的局面。此外，我国的很多农村地区建立了多种不同形式的信托投资公司，建立合作基金会。其中值得一提的是，乡镇企业如雨后春笋般飞速发展起来，成为农村经济的支柱，用不可阻挡的势头获得了飞速发展，同时也是集合推动了农村经济的发展，也使得农村经济的货币化以及商品化程度大幅提升。

市场化改革时期，我国的农村金融制度当中将中国农业银行作为主体，担当统一管理的责任，而农信社是作为基层机构存在的，为农业银行提供辅助和支持，共同致力于推动农村经济的发展，并且二者相互分工合作，以便和家庭联产承包责任制相互协调和进步。市场化改革时期的突出特征是单一组织机构需要承担多个职能。

4. 农村金融体制逐渐完善阶段（1992 年至今）

1992 年，邓小平南方讲话极大地推动国家经济体制改革的进步。党的十四届三中全会通过《中共中央关于建立社会主义市场经济体制若干问题的决定》，提出我国金融体制改革思路和框架，指出改革方向、目标和基本原则。1992-1997 年，农村金融以建立“一个以合作金融为基础，商业性金融与政策性金融分工协作的农村金融制度”展开改革，而且整个改革的成效十分显著。1994 年，中国农业发展银行建立，其职能是为农业以及农村经济的发展提供政策性的金融服务，所开办的业务都是与农业生产和农村经济发展相关的业务。但是中国农业发展银行属于初步尝试，在实际的发展和运行当中还有着一些问题。比如：银行在很多项目的贷款期限设置当中与农作物的生产、经营周期以及投资的回收期不吻合，出现与实际发展脱节问题。在这一时期，中国农业银行开始了自身的商业化改革进程，努力向着市场化迈进，但是每前进一步都十分困难，其中最为主要的难题是需要承担多种政府性职能，不能够将服务三农工作融合起来开展。此时的农村信用社在农业以及农村经济发展进程当中起着重要作用，也做出重大贡献，但是在实际的管理当中推行了商业化的改革，与农村的发展不能够相适应和协调，也不可避免地出现负效应，让农村金融机构改革进程受到阻碍。在 1997 年之后，农村金融的改革经过了较长一段时间的深化发展，此时的主要工作任务有：第一，让带有营利性质的国有商业银行大大收缩。第二，对于涉及的农业政策性内容，农村金融机构需要在相关金融业务上进行改变和调整。第三，抑制非正规金融的发展。第四，将改革重点放在农村信用社的深化改革方面。

就当前阶段而言，农村金融改革目标是建立起现代化的农村金融法律制度。在十七届三中全会当中，已经相当清晰地指出了农村金融改革的思路和方向，要想让现代化的农村金融制度真正地构建起来，就需要对农村的金融体制进行创新和变革，引导资金流向经济条件较差的农村地区。农村金融必然要到达的一个阶段就是商业化发展阶段，但是就当前而言，强调商业化的发展是不现实的。因为我国农村方面的国情较为特殊，农业生产的进步，农村经济的提高，以及农民生产生活水平的提升都离不开政策性金融的帮助。对此，我国必须要将服务三农作为改革的宗旨，将推动三农的发展作为落脚点和根本目标，真正做到统筹兼顾，让我国农村经济的发展拥有无尽的生命活力，真正建立起与农村地区经济发展相适应的农村金融法律制度体系。

就目前而言，党的十七届三中全会确立的改革总目标正在逐步地实现和达成，而且实现的速度也在加快。在深化改革的进程当中，农村金融制度的改革正在逐步融入世界的金融制度改革当中，在不断的改革发展以及自我反思当中，进入自我提升的阶段。

二、农村金融体制变迁特点和启发

（一）正规农村金融组织制度变迁特征

按照制度变迁的相关理论，并且对我国农村金融发展的历程进行回顾分析，观察其中制度变革的路径，将会从以下几个方面来阐述我国农村金融制度变迁的基本特点：

1. 相悖性

相悖性指的是农村金融制度和经济制度在发展过程中存在路径相悖的问题。市场化改革是在1979年开始的，而我国农村经济制度的三次巨大变革都利用了自下而上的变迁方式。第一次变革是在农村积极实行和推广家庭联产承包责任制，这样的变革解放了劳动力，也让广大农民能够从高度集中经济体制当中走出来，提高了农民参与农业劳动和生产的主动性，也促进了其创造性的发挥，更是极大地推动了农村劳动生产效率的提升。第二次变革是乡镇企业以及农村的个体私营企业蓬勃发展，为我国农业和农村经济的发展做出突出贡献。这一次的变革从沿海地区开始，后来获得政府的支持和肯定。此次变革有着非常喜人的成就，也为国家和农村经济的发展带来了光明。乡镇企业如雨后春笋般发展起来，壮大了农村经济，推动了农村经济结构的调整，加快了农村劳动力转移速度，保障农民增产增收。第三次变革是推广农业产业化经营，这一次的变革实现了小农户和大市场的紧密连接，使得农业比较利益获得了极大程度的提高，而且这样的变革和农村的市场经济发展需要是相符合和相协调的，因而显示出巨大的生命力。

2. 强制性

强制性的特征与我国的国情有着密不可分的联系。在建国之后，积极推行和实施赶超战略，而此时的中央政府在国力财力方面都有着很大的缺陷，在这样的情况下，推动经济发展就需要政府在全国范围内推行大一统的金融体制，发挥人民银行的出纳作用，对国内的音容业务进行整顿，将社会的剩余资金配置到不同产业和部门当中。在农村地区，农村信用社仅仅属于人民银行的基层机构，由政府占据绝对的主导地位，而且政府的意愿和能力会直接决定农村金融制度变迁的一系列变化，而结果也导致金融抑制的问题。

政府扮演着金融制度主要供给者的角色，并在职能发挥当中设计和安排力求实现农村金融发展的制度，那么在实际的制度设计当中往往会把重点放在满足制度供给者需求的层面，而且也会考虑到生产者需要，但是这样的做法并没有尊重和体现出对于制度需求者需要的肯定，进而造成在制度供给上出现不足和错位的问题，甚至带来一系列的不良后果，造成市场收缩，整个农村金融市场供需失衡等问题。政府主导的强制性制度变迁具有同一性特征，虽然能够降低制度变迁的成本，但是这样的制度安排却与实际不符合，广大的农民群众只能够沦为制度的被动接受者，他们的自主权和得不到尊重，也不可能实现，这在一定程度上会提升改革成本，压缩改革效率和质量。

3. 渐进性

“诱致性制度变迁是指现行制度安排的变更或替代，或者新制度安排的创造，是由单个行为主体（个人或利益集团）在给定的约束条件下，为确立预期能导致自身利益最大化的制度安排和权利界定组织实施的自下而上的制度创新，是个人或群体在响应由制度不均衡引致的获利机会时所进行的自发性变迁。它以排他性的产权结构与分权型决策体制为制度条件。诱致性制度变迁是制度变迁的基础，它强调的是制度变迁的经济性原则。与此相反，强制性制度变迁是指政府借助行政、经济、法律手段，自上而下组织实施的制度创新，它可以纯粹因不同选民集团之间对现有收入进行再分配而发生。它以非排他性的产权结构和集权型决策体制为制度条件。强制性制度变迁是制度变迁的补充，它偏重于适应面较广的制度变迁。”总之，强制性、诱致性制度变迁都会具有渐进和激进这两种方式。

通过对我国农村金融制度的变迁轨道分析来看，渐进式的特征主要体现在以下几个方面：第一，对农村金融的利益关系以及制度体系进行改变，但是没有进行深层次的挖掘，没有涉及农村金融产权问题，只是在当前的制度框架当中来引导专业银行向商业银行的过渡和转型，注重对当前农村信用社的运营和管理进行一定的规范安排，推动农村政策性金融机构的建立和发展，稳定持续地推进农村证券和保险等相关业务，接下来再推动农村金融的综合性改革。这一行动和表现都能够体现出由易到难，稳步推进的原则。第二，我国改革开放的大门已经打开了多年，并且为

国家发展带来了可喜成果，但是关于农村金融的改革更多地侧重技术调整，制度改革的内核部分还是没有受到影响，或者是没有触及深层次的层面。总之，在推动农村金融发展中，采用渐进式的改革模式能够降低改革摩擦成本，但是这样的制度变迁会导致产权模糊不清问题的发生，影响到农村金融组织的可持续发展。

4. 滞后性

滞后性指的是农村金融制度的发展明显落后于经济制度的改革。我国在构建和改革农村金融制度的过程中，更大程度上是对农村经济制度的模仿，这样的模仿形式就带有较为明显的滞后性特点。随着改革开放的实施，农村经济制度实现了巨大变革，而且变革的方向是自下而上的，在改革当中起到重要作用的主体呈现出多元化，并且在情欲中起到了关键作用，也让农村经济和金融市场的改造有了明显的效果。有效实行和推广家庭联产承包责任制，使得农村劳动生产效率大幅提升，满足了农民发展的所需所求；乡镇企业和个体户蓬勃发展起来，能够对大量的剩余劳动力进行安排，推动了产业转移，也使得经济结构的调整目标能够实现，种种举措都让农村金融体制的改革进入黄金发展时期，并且逐步向深巷发展。从上面提及的信息能够看到，农村金融制度和农村的经济体制有着极大的区别和反差，金融制度制定当中政府发挥主导作用，而且展开的是有别于经济体制的自上而下的改革，这样的情况造成的一个最为明显的问题是出现管理错位。对此，农村经济制度变迁，让农村地区经济主体的产权关系逐步趋于明确化，但是金融制度变迁却让产权关系变得模糊，在二者的矛盾之下证明滞后性的问题急需解决。

农村金融制度改革的滞后性明显，而在滞后性的影响之下使得农村的金融抑制问题更加普遍，并且直接影响到农村经济的发展和进步。造成农村金融制度变迁滞后于经济制度变迁的原因可能有以下两个方面的内容：第一，在改革的初期阶段，我国农村的金融制度被国有金融垄断，这就导致农村金融体制内部缺少推动金融制度改革的利益团体，那么各项改革工作要想得到全面的贯彻落实就需要实质部门给予强制性的压力来推动发展。第二，金融制度改革创新的主体在制度改革和改革知识的掌握上有着明显的缺陷和不足。要想彻底从计划性的经济制度当中解放出来，形成与市场经济发展相适应的金融制度还需要很长一段时间，同时也需要过渡期和适应期。政府在这个工作当中受到计划金融制度的影响较大，在市场性金融制度改革和改革当中应该注意和把握哪些内容方面还没有较大的知识库存，这些限制导致制度建设难以脱离计划经济，并且仍然受到计划经济影响，无法彻底摆脱计划经济约束，从而形成了明显的滞后性。

（二）农村金融制度改革启发

1. 农村金融制度改革和农村经济发展相一致

社会经济总体目标的达成，必须要有相应的制度安排来提供保障，在制度安排发挥作用的过程中，差异化的制度安排产生截然不同的经济结果。需要认识到的一个问题是农村金融制度的改革进程必须与农村经济发展相适应和相协调。在设计制度的目标时，必须和市场当中经济人偏好相协调，尽可能地将公共和个人利益进行平衡，建立完善的激励机制来保障目标的达成，从而确保制度改革效果。从本质上讲，创新是一种支持力量和激励力量，那就需要在改革当中在保障微观主体利益的获得基础上，还需要切实保护公共利益，更是需要将这一内容作为改革工作的前提。

2. 发挥政府在农村金融制度改革中的功能

农村金融制度创新改革要想收到理想的效果，其核心内容是要转变制度改革的模式，将原本的政府主导变成充分发挥政府在制度变革当中的职能，同时要重视市场作用的发挥，将政府和市场协调起来，和农村经济发展相协调，并且满足农村金融发展的多方需要，也使得金融制度的整体性功能得到发挥和保护，从而转变金融制度非均衡的现状。政府是国家权力的中心，同时也是推动制度变迁的第一行动集团，无论是站在哪一个角度和位置政府都必须在推动农村金融制度变迁和改革当中注重发挥自身职能，承担管理的责任和义务，具有提高我国农村金融市场建立和创新发展的强大动力，具有可以对我国的市场经济体制和国家发展利益进行全面保护的要求，更是要担当社会责任。在市场经济体制深入发展的进程中，政府需要转变自身职能，善于发挥自身看得见的手的巨大效用，加大对农村金融市场的扶持，并在制度设计当中给予保障。比如，政府可以对农村的金融机构给予税收优惠政策的支持，使得这些农村金融机构可以在涉农业务的处理当中更加主动积极，此外更是需要注重发挥出市场这一只看不见手的作用，减少不必要和不恰当的行政干预，为农村金融改革营造良好的环境。另外还有一点需要引起重视，即农村金融制度的创新改革必须要尊重农民意愿，并且将农民的这些意愿和要求融合进整个金融制度体系当中，让农民群体的需求得到满足，也让他们的集体智慧获得施展。

3. 制定科学明确和合理的农村金融改革目标

农村金融制度改革目标的制定必须从整体上着手，站在全局的角度来关注农村金融市场的构建，完善和发展金融机构的功能，保障机构体系的整体运行水平，不能够单纯地整合或者是撤并金融机构，这样完成的只能是外在型的改变。农村金融改革目标的制定是否合理有效，能够在很大程度上反映出国家在推动农村经济体制改革和政策变迁当中所必备的能力和认识程度。很长时期以来，农村金融改革和制度的创新之路都将主要方向放在机构变革上，不重视对金融机构的功能进行保护和发展，主要的措施是整合或者是撤并机构，这些方面的机构改革和行动仅仅是进行形式上的改变，没有静心思考关于我国农业和农村经济发展实际的相关问题，也没有结合农村实际金融发展状况，更是影响到农村金融机构功能的有效发挥。在农村金融改革的过程中，实际功能的完善才是会带来实质上的改变。例如，在 1978 年前，我国的农业银行经过三起三落，而这一事件的背后就证明了促进功能完善对于农村金融改革的重要性。在一般情况下，金融机构可以进行自我管理和调整，而金融机构本身的内在功能是较为稳定的，进行功能的完善才是触及核心部分的举措。在农村金融改革工作的具体实施当中，需要从机构改革的观念和做法当中跳脱出来，从新的角度出发，深层次地来思考农村金融制度的变革，在系统功能层面来重新审视发展方向，牢牢把握住工作的核心那就是完善农村金融机构的功能，从根本上确保运行质量和效率，也使得统筹兼顾的原则得到践行。在这样的行动支持之下，相信我国农村金融系统当中出现的结构不平衡问题能够得到顺利的解决，各项金融资源的分配和利用水平也能得到提高，进而达到总体上的资源配置平衡和稳定状态。

4. 解决农村金融改革当中的主要矛盾

从总体角度出发，我国推动农村金融体制的改革需要与经济和金融体制改革方向实现一致，努力沿着市场化改革之路前进。例如，中国农业银行按照现代企业制度的要求，展开市场化以及股份制的改革，并对经营机制进行转换，从而确保金融运行的效率以及效益；农村信用社坚持因地制宜的原则，并根据自身发展需求和农村金融发展现状来探索多种产权制度，从而和地区经济发展相适应，并且积极构建与管理水平和经济发展水平协调一致的组织和运行机制。在市场经济环境和条件下，农村金融机构成为市场经济的主体，而为了最大化地保障自身利益，就必须严格依照“效益性、安全性和流动性”的原则，往往会将贷款投向于非农产业，或者是城镇地区。就我国现阶段的农村发展而言，农村地区的小农生产方式仍然广泛地存在，规模运营尚未形成，这造成了农业生产的利益低下，也使得农民群体处在弱势地位，而且农业生产要想从正规的农村金融机构当中获得金融服务和资金的支持，都有着较大的难度。这就是在农村金融改革当中无法回避的难题和急需解决的问题，必须有力改变二者之间存在的矛盾。在解决这一困境时，农村金融机构要全面展开制度创新工作，推动自身可持续发展，并对配套设施进行完善和优化配置，努力营造一个良好的金融制度环境。在形式以及内容方面的创新，还需要在具体的实践当中进行探究和解决。

三、农村金融法律制度内容梳理

（一）《中华人民共和国农业法》对农村金融的规定

《中华人民共和国农业法》这一法律制度当中对于农村金融有了原则性的规定。《中华人民共和国农业法》第45条规定："国家建立健全农村金融体系，加强农村信用制度建设，加强农村金融监管。有关金融机构应当采取措施增加信贷投入，改善农村金融服务，对农民和农业生产经营组织的农业生产经营活动提供信贷支持。农村信用合作社应当坚持为农业、农民和农村经济发展服务的宗旨，优先为当地农民的生产经营活动提供信贷服务。国家通过贴息等措施，鼓励金融机构向农民和农业生产经营组织的农业生产经营活动提供贷款。"给出的关于农村金融的原则性规定指出国家要建立健全农村金融体系，并且要求农村的金融机构要加强对涉农业务和对农民的资金支持，鼓励农信社充分发挥自身发展服务的功能，让三农都能够从中受益和获得发展。与此同时，其中也提及国家会采用多种方式来给予农村金融发展方面的支持，让它们少一些后顾之忧。上面的这些规定提供了非常稳定和实在的法律基础，使得农村金融在发展当中拥有一定的法律依据。

（二）构建确认农村金融机构主体地位的法律

商业性、政策性以及合作性金融这三种农村金融机构的类型都是农村金融体系当中不可缺少的部分，而每一种类型都有相关法律来肯定和确认它们的主体资格。

1.《中华人民共和国商业银行法》《农村商业银行管理暂行规定》确认农村商业性金融机构拥有主体资格。除了这两部法律以外，中国人民银行发布的《关于进一步规范股份制商业银行分支机构准入管理的通知》第4条规定："股份制商业银行不得在县（含县级市）及县以下设立机构，但因收购或兼并中小金融机构确需在县及县以下设立机构的除外。股份制商业银行因收购中小金融机构在县及县以下设立机构的，由人民银行各分行、营业管理部比照新设机构的条件进行审批，并事前向总行备案。"

2.对于农村政策性金融机构没有针对性的法律规定，确认农村政策性金融机构主体地位的规范性文件可以散见在国务院决定和通知中。1993年12月，国务院的《关于金融体制改革的决定》确定组建我国的三家政策性银行。1994年，国务院的《关于组建中国农业发展银行的通知》《中国农业发展银行组建方案》提出，关于农业发

展银行机构、业务、财务制度等层面必须要认真遵守的规章制度。

3. 农村信用社可谓是我国广大农村地区最为基本而且普遍存在的合作金融机构，但是对于这一机构的专门性立法是不存在的，确认农村合作金融机构主体地位的规范文件散见在《中华人民共和国中国人民银行法》《中华人民共和国银行业监督管理法》等国家较为重要的金融法律法规中。

关于农村信用社的规范文件主体是部门规章，而它的主管机关在整个历史变革当中进行了多次更换，而不同的主管机关也制定了大量相关的规范性文件来予以支持和管理，如 1995 年，中国农业银行是农村信用社的主管机关，并且颁布《农村信用合作社等级管理试行办法》；1996 年，国务院农村金融体制改革部际协调小组在对农信社实施管理时颁布《农村信用社与中国农业银行脱离行政隶属关系实施方案》；1997 年 9 月，中国人民银行作为农信社的主管机关颁布《农村信用合作社县级联合社管理规定》；2003 年，国务院颁布《深化农村信用社改革试点方案》，同时开始在今后实际的工作实施当中颁布其他相关的规范性文件。

对于新型农村金融机构来说，2006 年底银监会发布的《关于调整放宽农村地区银行业金融机构准入政策，更好支持社会主义新农村建设的若干意见》以及 2007 年 1 月颁布的《村镇银行管理暂行规定》《贷款公司管理暂行规定》《农村资金互助合作社管理暂行规定》等都能够为其提供依据。

（三）我国农村金融信贷信息共享机制方面的规范性文件

针对农村金融信贷信息共享机制，专业化文件非常缺乏，主要集中在中国人民银行在 1999 年以及 2005 年分别发布的《银行信贷登记咨询管理办法（试行）》以及《个人信用信息基础数据库管理暂行办法》。除此以外，2005 年 11 月，中国人民银行办公厅发布《关于规范商业银行取得个人信用报告查询授权有关问题的通知》，当中提出了限制商业银行使用个人信用信息的规定。

（四）农村金融担保机制方面的规范性文件

我国农村金融市场存在的实际风险较大，那么在农村金融业务当中的贷款担保工作就必须要考虑到抵押品的问题，从而有效地减少风险。关于农村金融担保机制方面的文件有《中华人民共和国合同法》《中华人民共和国担保法》及其解释、《中华人民共和国物权法》等。如《中华人民共和国物权法》第 180 条规定“以招标、拍卖、公开协商等方式取得的荒地等土地承包经营权”属于可抵押财产范围，但是拥有一定限制。“乡镇、村企业的建设用地使用权不得单独抵押。以乡镇、村企业的厂房等建筑物抵押的，其占用范围内的建设用地使用权一并抵押。”第 184 条规定

“耕地、宅基地、自留地、自留山等集体所有的土地使用权不得抵押，但法律规定可以抵押的除外”。另外，《中华人民共和国农村土地承包法》第32条：“通过家庭承包取得的土地承包经营权可以依法采取转包、出租、互换、转让或者其他方式流转。”第49条：“通过招标、拍卖、公开协商等方式承包农村土地，经依法登记取得土地承包经营权证或者林权证等证书的，其土地承包经营权可以依法采取转让、出租、入股、抵押或者其他方式流转。”

在整个农村金融市场尤其是正规的金融市场，关于信用担保的内容是十分少见的。我信用担保相关的农村金融业务处理更是缺乏文件和条款作为依据。针对农村信用社金融业务，最为主要的依据是。中国人民银行在1999年7月、2000年1月以及2001年12月制定和发布的《农村信用社农户小额信用贷款管理暂行办法》《农村信用合作社农户联保贷款管理指导意见》《农村信用合作社农户小额信用贷款管理指导意见》。银监会在2004年和2006年分别发布《农村信用合作社农户联保贷款指引》《农村信用社小企业信用贷款和联保贷款指引》等。另外，我国还开展中小企业信用担保实践虽然并没有取得显著效果，但是由于乡镇企业大多数都属于中小企业的范围，这一实践对其仍然适用。

（五）农村金融监管法律

第一，《中华人民共和国中国人民银行法》是关于金融机构监管的重要法律，而在这部法律当中也确立了中国人民银行拥有金融监管权力，并且在银行业金融机构运营风险发生或者经营困难事件发生后，可以在国务院批准下对其进行检查监督，从而维护好金融发展的秩序，提高金融发展稳定性。另外，在另一部法律也就是《中华人民共和国银行业监督管理法》当中也指出，银监会及其派出机构也需要承担相应金融监管的职责。

第二，农村金融监管对象包括商业银行、政策性银行和合作金融组织这三个类型，那么金融监管的主体在实际的监管工作环节需要具体问题具体分析，分别依照对应的法律法规来执行监管职能。农业发展银行要依据《农业发展银行章程》；农信社依据《农村信用合作社管理规定》《中国人民银行关于农村信用合作社农户小额信用贷款管理指导意见》；农业银行、邮政储蓄银行依据《商业银行法》等。

第三，按照《银行业监督管理法》，银监会能够按照法律、行政法规发布针对银行业金融机构各项业务活动的实施监管的规章、规则。如2003年9月，银监会发布《农村商业银行管理暂行规定》《农村合作银行管理暂行规定》等，银监会在开展具体的监管事物时，可以按照自身制定的规章规则展开实际的工作实践。

（六）建立农村金融法律制度与新农村金融制度构建关联

1. 新农村金融体系构建方向和进程

（1）新农村金融体系的建立完善方向、思路

十六届六中全会提出构建和谐社会决定，从这个时候开始关于新农村建设的问题被提上日程，并且作为构建和谐社会的首要工作任务。全面推进社会主义新农村金融体系的建立又是推动新农村建设，推动农村整体经济发展，切实保障农民切身利益的首要工作环节。因此，针对新农村金融体系的建立方向问题需要注重把握下面几个问题：

首先，树立科学的农村金融发展观，并在其指导下开展各项实践工作任务。农村金融发展观要求要实现农村金融机构的可持续发展，在这一观念的指导下需要进一步拓宽金融服务范围，增加涉农贷款。

其次，要尊重市场取向。几十年来党和国家都在积极探究农村金融改革之路，而且在改革当中也积极吸收其中的经验和教训，坚持和尊重市场取向，注重激发农村金融机构的自觉性和创造性，使得他们能够踊跃地参与到农村金融发展中，使得新农村建设的金融需求得到最大程度的满足。

再次，坚持分类指导的原则，综合性地分析城市金融以及农村金融在发展当中存在的差别，不能将针对城市金融发展的方针政策套用到农村金融发展当中，也避免将二者的金融体系建设混为一谈，必须全面贯彻落实分类指导原则。

最后，多项政策协同一致，共同支持。农村金融体系验收工作要想和农村经济发展相适应，并且密切贴近国家国情，需要一个长期努力的过程，是一项系统性和综合性的工作任务，涉及的金融工作任务和机构复杂多样。因此，在实际的金融体系构建当中，要做到多项政策协同一致，相互呼应和共同支持。

（2）新农村金融体系建设进程与弊病

第一，农村金融的组织体系。从2006年开始，带有行政许可性质的细则开始出台，并且在广大的农村地区进行贯彻落实，同时也得到了国务院的批准，应在全国的各个省来进行试点改革，同时将低门槛以及严管理作为根本性准则来推进与新农村金融改革相关的工作。在社会主义新农村金融创新发展当中，农村金融机构市场准入逐步降低标准，这也使得农村地区的金融体系日趋完善，取得非常显著的改革成效。也使我国逐步形成了“正规金融与非正规金融体制并举，非正规金融作用凸显；并以合作金融为核心，政策金融和商业金融共同发展”农村金融体系。

第二，农村金融产品、服务。在整个金融行业中，金融产品是最为有效的工具，那么要想积极推进社会主义新农村金融体系的构建，首先必须将着手点放在金融产品上。我国目前农村金融产品主要有贷款、汇款以及储蓄这几类，站在总体的角度分析，这几类的金融产品在具体的投入方向上面并不明晰，产品研发观念死板，眼界比较狭窄，从而导致综合性和高层次的金融产品较少，而且金融服务的情况也不是理想状态，可以说，农村金融机构发展缓慢，这也是一个无可争辩的事实，更是当前必须要面临的现状。还有很多经济水平较低的农村只拥有极少数的农村信用社以及邮储银行，而且这些农村的金融机构能够为农民提供的服务和所承担的职能都相当简单并且单一，在这一现状的影响之下，金融机构发展运营的资金缺乏，而农村经济要想获得飞速发展，所需的资金支持也难以到位。农村金融机构贷款门槛相对较高，而高门槛的设置就会让农户和中小型实力较低的企业望而生畏，他们到达不了准入标准，你也难以得到相关的贷款资金的帮助，制约了广大农户和农村地区中小企业的可持续发展，使得城乡差距逐步扩大。另外还有一些农村地区金融机构的业务人员缺乏较高的综合素质，其业务能力和职业素养有待提升，影响到了新型金融服务体系建立。

第三，农村金融监管体系。农村金融监管制度尚不健全，尤其是针对当前我国农村金融监管的立法更是少之又少，仅仅局限在《人民银行法》《商业银行法》《农业法》《金融违法行为处罚办法》等，当中都有与金融监管相关的问题，但是主要涉及的是原则性规定的相关内容，实际上则执行和规定的可执行性则有待探讨，在涉及具体的金融监管问题时，不能够利用上面的条款和要求来解决实际上的问题。当前农村正在进行社会主义新农村的建设，这也在极大程度上推动了金融的发展，并且使得新兴金融产品和服务用异军突起的姿态发展起来，那么上面这些原则性的条款在贯彻落实和实际应用当中，就会显得力不从心。涉及民间金融监管，比如说农村地区较为严重的高利贷问题时，往往不能够按照法律规定当中的具体条款来对其进行监管，此时只能够按照社会道德约束，降低了管理的效率，也难以发挥真正的约束力。就当前金融监管结构而言，大部分属于部门规章，在实施过程中缺乏权威性，那么农村金融监管体系建立的目标得不到实现，而且监管效用得不到切实发挥。

2. 农村金融体系发展现状二维分析

（1）横向：正规、非正规二元金融并存，非正规金融突出

根据法律约束进行分类的话，农村金融体系能够分成正规和非正规这两种主要类型，二者有着对立性的特点。正规金融包括的是按照国家的相关法律政策建立，

并且符合相应准入条件，受到法律约束和其他部门监管的金融机构。非正规金融则与之相反，主要包括的是民间借贷，在性质上属于自发民间信用方式。在当前的金融法制工作中，关于农村金融体系的法制仍然存在明显不足，而且金融机构在信用机制的构建方面过于死板，在双重作用下，非正规金融获得飞速发展，而且和正规金融相比，也有着明显的优势：第一，非正规金融机构处理业务时的手续正在趋于完善，服务的质量和效率大大提升。第二，贷款的程序步骤非常简单，能够满足需求较为紧急的贷款需要。第三，借款期限非常灵活，能够让广大农户灵活机动的来选择适合自己的金融产品。第四，非正规金融机构的覆盖面及呈现逐步扩大的趋势，覆盖和影响范围极广，能够让多个地区都能够有效地享受到金融服务产品。第五，有着极高的本金收回率，能够保障用户的资金安全。通过对以上优势的总结，能够清楚地认识到非正规金融能够极大地推动我国农村金融体系的发展，也通过发挥其优势来为农村金融体系的构建提供有力保障。

（2）纵向：合作金融为核心，政策与商业金融多层次协同发展

我国的金融机构分为商业性、政策性和合作金融机构三个大类。商业性金融机构是国有独资的商业银行——中国农业银行，另一种是农村商业银行。

农村政策性金融机构主要是农业发展银行。“农业发展银行是国家重要的政策性银行之一，由各国政府建立并所有，用来发挥促进农村发展和反贫困的作用。它们在政府政策指令下，将稀缺的政府财政资金和接受的捐赠资金以低于市场水平的利率输入到农村部门。”

农村合作性质的金融机构包括下面三个类型，接下来将对其进行简要概述：

第一，农村信用社。农村合作金融当中，农村信用社是其最为主要的组织形式，也是在全国法人机构当中机构数量、从业人员以及分布范围最多最广的金融机构，同时与其他农村正规金融机构对比，农村信用社是唯一一个直接与农户和农业展开业务往来的金融机构，在农村以及农业经济的发展当中给予丰富的金融服务和支持，并逐步发展成为中坚力量和主力军。

第二，农村合作银行。它是农村合作金融的另外一种组织形式，也是农信社改革进程当中出现的一种金融机构，往往出现在经济发展水平相对较高、贫困幅度下降明显，以及农户行为商业化程度较高的地区。

第三，新型农村金融机构，如农村资金互助社。新型农村金融机构承担着非常重要的工作任务，需要通过新型机构的建立也来让金融机构网点覆盖不充足的问题得到有效解决，让生活在不同地区的农民都能够同等地享受到金融服务，还需要提

高金融资金的供给水平，解决供需失衡的相关问题。另外，纵观以上三个大的类型，农村合作金融机构在农村的发展中起着关键性作用，而且也是唯一能够和农户以及农业生产展开直接性金融业务往来的机构，它也注定将会成为农村金融发展坚不可摧的支持力量。

3. 农村金融发展历史遗留问题

（1）非正规金融法律地位含混不清

法律规定："民间借贷的利率可以略高于银行利率，但最高不可超过同类贷款利率的四倍。"除了上面给出的规定以外，也有一些与金融相关的法律当中明确地指出是先把利息扣除的行为属于不合法行为。在这方面有硬性规定，并且给予严格的限制，但是很多不合理行为包括高利贷、现扣利等在某一特殊情形之下，呈现合法化发展趋势。如，如果借款人急需资金，但是在短时间内或者是不符合正规金融机构准入条件当中的标准和要求，在资金紧急的情况下只能够选择民间借贷这种方式，那也只能被迫地接受高利率。为了快速得到资金支持，借款人会在借款合同当中写下自己能够接受现扣利或者是高利贷。当双方出现纠纷后，即使是将纠纷诉讼至法院，也存在着现扣利或者是高利贷行为，但是在借款书面合同当中有着直接证据来证明这份借款书面合同是双方协商并签订的，有着合法性，那么其实这一事件的实质违法行为不能够在这一方面清楚地体现出来。法院在审理案件时，会把借款合同作为主要根据，那么借款人的实际权益得不到保护。针对这一问题，大量的学者在研究中提出，法院在查处相关违法行为时必须从实质和深层次的问题分析着手，而不是把握貌似和基本上的公平，要看到在这个事件当中借款人实际上处在不利地位，而且他也是在被迫的情况下来签订了这一借款合同，合同的实质也体现出不公平的内容。在对借款合同的公平性进行查明时，需要耗费大量的人力对双方情况进行综合审定。但是就当前司法资源而言，还没有担当这一重任的能力。也因此，传统非正规金融的法律地位存在含混不清的历史遗留问题，这也是需要在今后的农村金融发展探索中需要着重努力的方向。

（2）农村合作基金会探索有偏差

随着人民公社的解体，农村金融发展需求得不到有效的满足，并且制约到金融行业的发展，而农村合作基金会就是在这样的情形当中应运而生。乡镇企业的兴起和飞速发展的过程中，农村合作基金会发挥着积极促进作用，为农村各项产业的发展提供资金贷款，而在这一过程中，新镇政府也采用直接贷款或者是提供担保的方法来兴办起一大批乡镇企业。但是这样的美好局面没有持续很长的时间，从 1995 年

之后的三年紧缩让整个农村金融市场的环境发生翻天覆地的变化，环境的变化也为中小企业的发展带来了极大的挑战，同时再加上企业经营不善以及管理等问题，大量的农村中小企业出现破产，而且这样的现状在全国范围内都是非常普遍的。在这样的形势下，地方政府的债务负担加剧，地方政府债务的极大部分都属于农村合作基金会。一直到1999年1月，国务院正式宣布取消农村合作基金会，这一决定得到了快速的贯彻实施，但是由此引来的问题更是非常棘手。大面积的坏账得不到有效处理，同时没有做好风险防范和处理工作，缺少风险准备金的支持，使得乡镇政府面临着巨额负债，进而造成政府信用破产的严重后果，更是出现资金运转困难的问题，这在很大层面上加剧了民间高利贷等违法行为的发生情况。

第二节　农村金融法律制度的立法缺陷探析

一、农村金融立法的综合技术缺陷

要想扩大新农村的金融市场，并积极推动市场改革，对我国农村的金融法律制度进行完善和创新是当务之急。透过上文的研究能够发现，通过对我国农村金融法律的发展现况进行分析可以了解到，与农村金融发展相关的制度没有发挥其应有的扶持和监督功能，相反的是由于制度的不完善和立法的缺陷造成农村金融发展受到不良影响的问题。因此对我国当前的农村金融法律法规的建设现状展开分析是十分必要的。农村金融法律制度的立法缺陷客观存在，主要集中在以下几个方面：

1. 农村金融法律位置偏低，缺乏信服力

前面的内容已经做了很多论述，《中华人民共和国农业法》属于农业基本法，在这部农业基本法律当中没有和农村金融市场和金融机构相关的规定，而且这些内容出现在农业法律当中往往也很难实现。对此，为了确保立法的完整性，就需要选用和其位阶相同的立法将农村金融相关事宜进行明确的规定。很显然，当前现有的农村金融法律位置偏低，不具备良好的信服力，而且也没有权威性，不能够达到农村金融法律体系建设的实际要求。

2. 立法数量严重不足，存在立法空白

农村金融事业的进步离不开法律制度的保障，而且制度性的保障是其根本。但是从我国目前存在的基础性立法分析，只是在农业基本法当中粗浅地提出要建立农村金融体系。其中提及的这部分内容可以从三个方面进行理解：第一，农村金融机构要加大对现在工作的支持，对相关的金融服务和产品进行完善，为三农提供资金充足以及服务完善的信贷支持。第二，农村信用社必须将服务三农作为根本性宗旨，体现出为三农提供优先性服务和支持的内容，充分发挥支农功能。第三，国家在政策上采用贴息等综合措施，来鼓励农村地区的广大金融机构能够多多地支持三农发展，并为其实际经营活动提供贷款支持。

《中华人民共和国农业法》是农业基本法，也是农村扶贫金融体系建立和完善的法律保障，但不可忽视的是其中存在一定弊端：缺乏相关金融立法的支持，在很多的领域还存在着较为显著的立法空缺问题，而且法律条款较为笼统，并没有提出适合农村金融发展之路的框架，并且没有提及农村金融市场主体的内容。只是在《中华人民共和国商业银行法》当中提到了农村金融市场主体问题，但是没有对金融主体进行明确的法律定位。

当前法律还存在很多不完善的内容，其中一个非常突出的问题是没有准确地定位农业，发展银行的性质和法律地位，那么农业发展银行在农村金融市场的实践过程中就不可避免地出现角色冲突问题。透过《中国农业发展银行章程》可以看出，在对中国农业发展银行进行性质定位时，展开了两次定位，包含了政策性以及商业性两个方面的性质："中国农业发展银行是直属国务院领导的政策性金融机构"，"中国农业发展银行为独立法人，实行独立核算，自主、保本经营，企业化管理"。这两个方面论述了一个非常矛盾的性质，这也使得农业发展银行属于商业性还是政策性金融机构的问题成了一个急需确定的问题。1998 年 3 月，国务院把原本属于中国农业银行承担的农业专项贷款业务、附营业务贷款等划转给中国农业银行之后，中国农业银行履行的主要职能仅仅是棉粮油收购资金封闭管理。2004 年 5 月，我国国内的粮食流通体制发生了巨大转变，并且逐步向全面市场化方向过渡，这样的转变对中国农业银行发展来说有着巨大的冲击力，也使得其在这一领域的业务量呈现明显下滑。为了改变这一现状，在 2004 年之后，中国农业发展银行展开了商业性业务的探索，并且获得了银监会的批准。这些现象都非常明显地体现出农业发展银行所处的尴尬地位，以及它不得不面临的角色冲突。

3. 立法技术与农村金融差序格局矛盾尖锐，立法缺乏可操作性

健全农村金融市场就我国目前农村金融发展条件来说，存在较大的难度，其主要原因在于在贷款担保以及农村金融的信贷信息共享机制等方面缺乏完善的法律规范，这就使得农村金融市场的构建得不到完善法律法规的支持。就现行的规范性文

件来说，与这两个方面相关的规定在法律位阶上过低，难以满足现实情况的需要。

我国目前对与农村正规金融市场、农户贷款担保等规章制度很缺乏。仅仅有《中华人民共和国合同法》《中华人民共和国担保法》《中华人民共和国物权法》分别在借款合同、担保工具、可抵押与不可以抵押财产范围给出规定。真实的现状却远远不够理想，农民拥有的具有较高价值的担保物可以说是承包土地权、宅基地使用权等内容，也可以说这些都是农民能够贷到相关资金的主渠道，而同时也是农民的财产权利。但是现有法律对这些内容给出限制，让农民有效贷款的目标实现有了巨大阻力，也难以实现农业的快速进步。如《中华人民共和国物权法》规定不得作为抵押的财产有"（一）土地所有权；（二）耕地、宅基地、自留地、自留山等集体所有的土地使用权，但法律规定可以抵押的除外；（三）学校、幼儿园、医院等以公益为目的的事业单位、社会团体的教育设施、医疗卫生设施和其他社会公益设施；（四）所有权、使用权不明或者有争议的财产；（五）依法被查封、扣押、监管的财产；（六）法律、行政法规规定不得抵押的其他财产。"

其次，《中华人民共和国农村土地承包法》32条规定："通过家庭承包取得的土地承包经营权可以依法采取转包、出租、互换、转让或者其他方式流转。"49条规定："通过招标、拍卖、公开协商等方式承包农村土地，经依法登记取得土地承包经营权证或者林权证等证书的，其土地承包经营权可以依法采取转让、出租、入股、抵押或者其他方式流转。"

4. 农村金融的监管机制有待完善

就我国当前农村金融监管机制的发展而言，还存在金融监管机制不完善和不健全的问题，在与之相配套的法律制度当中，涉及金融监管方式和内容等方面的规定不够完善，也没有对监管部门的金融监管标准进行统一，那么不同的监管部门在实施监督和管理工作时不能按照统一标准来进行严格要求，同时也不能够做到有效协作和信息的共享，影响到了监管质量。

农村金融以及城市的商业金融运用的是同样的法律，并且共同由银监会负责监管，在金融业务以及管理方式上还存在较为显著的混合状况。农村金融是一个相对特殊的金融体系，但是银监会却是否定了相同的监管目标，这一问题则值得商榷和考量。《银行业监督管理法》中规定银监会的监督管理目标要包括以下内容：第一，确保整个银行业稳定运行，提高广大人民群众对于银行行业的信心。第二，促进银行业的良性竞争，提高行业整体竞争水平以及发展水平。银监会提出的金融监管目标是用于城市的金融体系，如果将同样的监管目标应用到农村金融监管当中，就会出现一定的错位问题，而且也会出现监管不合理的情况。因为农村的金融行业在性质以及功能方面都明显地区别于城市金融。银监会必须要认识到二者的本质区别，在农村金融的监管当中侧重于服务，制定明确的服务方向，并不断扩展金融服务领域。将城市和农村金融混为一谈的做法，会直接造成农村金融功能弱化，更是难以发挥农村金融体系在服务国家经济发展当中的巨大效用。

二、我国农村金融立法缺陷的具体表现

1.农村金融机构立法缺陷

法律是农村金融赖以持续稳定发展的依靠，而且法制基础是最为坚实可靠的。从基础立法的层面看，仅仅在农业基本法律当中规划了农村金融体系建设的长远目标，在法律条款当中强调农村金融机构要给予三农良好的信贷支持，并为其设置相应的工作任务。另外，国家还指出采用国家优惠政策的方法来对农村金融体系的构建和完善给予干预。站在理论层面上分析，这一文件，对于农村金融体系的发展来说，给出了相关依据和基础，可以说奠定了较为坚实的与农村扶贫金融相关的法律保证。但是不得不提的是条款的实践指导性差，不能够在农村金融体系建设当中针对具体的实践活动来给出指引，而且还需要后续文件的出台来提供支持，关于农村金融监管的规定仍然是立法空白，整体的法律框架和根基都没有形成。同时，有关于农村金融的法律条款不能够清楚地确定农村金融主体的位置，其性质也没有做好定位，大量的法律条款只是有所涉及，但是并没有做出非常详细的说明。而且，条款当中没有明确指出农村商业银行在整个农村金融体系当中所承担的特殊职能，那么在探究农业商行是否能够适应当前农村金融体系发展仍然是一个问题。按照上文的描述，我国在法律上并没有对与农村发展相关的金融机构的金融层次、法律层次等给予明确的说明。与此同时，在立法方面，针对民间金融存在着排斥和保守的态度，自然也不会对其提供相应的法律依据。这样的立法存在明显缺陷，忽视民间金融发展的现实需求和发展状况，而且对于民间金融的排斥态度会导致我国的农村金融市场出现大规模和性质严重的竞争不平衡现况，那么农村金融市场要想建立和稳定下来难度相当大。

中国农业发展银行是我国与农业和农村相关的重要机构，但是中国农业发展银行并没有法律框架作为有效支持和保障，也使得其在法律地位方面存在不明确的问题，《中国农业发展银行章程》指出，农业发展银行是直属国务院的政策性金融机构即拥有政策性的身份。但是在《中国农业发展银行章程》中又规定："中国农业发展

银行为独立法人，实行独立核算，自主、保本经营，企业化管理”，这样的说法毫无疑问地指出了中国农业发展银行的商业性职能和身份。通过将二者进行对比能够发现，在对中国农业发展银行进行角色定位时，产生了非常明显的矛盾，而这样的矛盾性角色定位也引发了后续的争论。1998 年 3 月，国务院重新划分农业发展银行职能，并把原本由中国农业银行所承担的农业专项贷款业务、附营业务贷款等划转给中国农业银行之后，中国农业银行履行的主要职能仅仅是棉粮油收购资金封闭管理。2004 年 5 月，国内粮食流通体制发生变革，号召要向着市场化发展目标过渡，这样突然的转变和经济体制的变化为农业发展银行带来了巨大冲击力，也使得其在这一领域的业务量呈现明显下滑，甚至出现银行业务瘫痪问题。对此，农业发展，银行不得不进行自身的改革和创新，并学习其他的政策性银行，拓展商业性的业务，并且获得了银监会的批准。可以说在法律上，对于中国农业发展银行的商业性业务探索做出的默许态度非常明显地体现出中国农业发展银行在商业性以及政策性角色当中的冲突，并且加剧了角色冲突的严重性，也让很多的争论出现，那就是农业发展银行还应不应该拥有政策性银行的定位。

2. 农村金融产品、服务立法缺陷

我国当前有关于农村金融服务和产品并没有提出一个非常完整的法律制度，那么金融机构在提供服务和产品时就不能做到有法可依，可见其中明显的立法缺陷：农户小额信用贷款是一个重要的金融产品，而且也是农民生产生活需要的一种金融服务，但是在这一方面的法律规定当中有着明显的疏漏和偏差，并没有对小额贷款的区间和范围给出明确说明，在实际的执行当中，很容易出现操作标准和监管标准不统一的矛盾；关于中小企业信用担保机制这一重要的农村金融服务内容并没有在国家立法方面给出制度构建的框架，而出台的相关内容大多是地方性的政策和文件，那么立法的层次和执行效率都得不到保障，要想形成对中小企业以及乡镇企业信用担保的服务保障的目标是很难实现的。除此以外，还存在农业保险立法空白的问题，这是一个非常严重的制度缺失，而且是关系到农村金融市场稳定和农民发展的核心内容。透过农业发展的模式，我们能够清晰地看到农业发展抵御自然灾害的能力较差，那么与之相对应的农村金融市场发展和金融体系的建立仍然会受到自然灾害的制约，而且受到的影响力较大，针对这一情况来设置农业保险的相关金融产品和服务显得十分必要，并且对其进行明确的法律规范是十分重要的，尤其是在整个农村金融市场的发展当中更是不可或缺。但是现实状况是只有在《中华人民共和国保险法》155 条当中指出了这一内容：“国家支持发展为农业生产服务的保险事业，农业保险由法律、行政法规另行规定。”此外，关于农业保险的法律持续的处在半空白的状态当中，至今仍然没有对其展开专门立法。

3. 农村金融监管立法缺陷

农村地区金融监管难度较大，而且监管部门较为混乱，而且农村金融法律当中并没有和农村实际相符合的监管准则。按照上面的分析，我国农村金融市场的发展并没有完善的农村金融制度来给出规范，当前已经在法律当中存在的条款大多属于硬性规定，实践性不强，而且法律位阶较低，在实际农村金融监管当中还是根据《银行业监督管理法》。这些依据在很大程度上是对其他金融系统的生搬硬套和照抄照搬，那么农村金融市场的发展受到严重制约的问题更是不可避免。在对待这一问题的认识上，银监会本身有深刻体会，也因此积极出台相应的应对措施来进行工作的改进。银监会颁布《关于调整放宽农村地区银行业金融机构准入政策，更好支持社会主义新农村建设的若干意见》，在这个意见当中指出要放宽农村金融机构的准入标准，对于新设置的银行业法人机构实施监督和引导，同时要对农村金融机构进行考核，评价其在金融服务体系建设方面的成绩。但是我们不得不认清的现实是，对于农村金融的探索仍然处在初步阶段，距离完善监管体系的构建实现还需要很长的一段路要走。

第四章 农村金融法律制度建设理念探究

第一节 农村金融法制建设重点的转变探究

自改革开放以来，农村金融法制的改革没有停歇。十六届五中全会通过《中共中央关于制定国民经济和社会发展第十一个五年规划的建议》指出新农村建设工作的长期性和复杂性，具有较广的涵盖面积，而且持续时间长，涉及的社会关系错综复杂。这决定了新农村建设中的金融问题不可能完全靠政策来解决，更需要将法制作为保障。因此之所以要彻底转变农村金融法治理念是因为要找到推动我国社会主义新农村金融法治发展的明确前进方向，以及更加符合当代世界发展的价值追求。

自从改革开放以来，我国农村法制逐步地走向健全，并且初步形成以《农业法》和《村民委员会组织法》为核心，包括《农村土地承包法》《农民专业社法》《农业技术推广法》和《农业机械化促进法》等在内的符合我国农村金融法律制度完善和发展的法制体系建设框架，并且成为推动农村经济发展的重要基础，但是在农村金融的立法方面仍然较为缺乏，而且有关农村金融的法律拥有明显的局限性，存在着明显的金融法律制度供给失衡状态。总结改革开放 30 多年来我国农村金融法制建设的基本特点，可以清晰地看出，农村的法制一直以稳定、保障、政府主导和社会经济非均衡发展为基本理念。这四个基本理念在改革开放以来的 30 多年里发挥了重要的作用，为农村经济发展和进步提供了有效保障。但是在全面推进社会主义新农村建设的时代环境下，传统理念虽然非常注重实用性，但缺少现代价值观所包含的进步理念，已经不能适应农村经济社会发展的需要。面对新的历史条件和社会矛盾，农村金融法制建设应当首先更新理念，转变建设的重点，使农村金融法制更加科学和文明。

一、农村金融法制建设重点的转变的必然性

在我国全面推进农村金融法制建设的过程中，还存在着以下问题：我国的正规农村金融产品在地位上不够明确；相关金融服务呈现单一化的发展趋势；金融机构占据着垄断性的地位；非金融机构在法律上的地位尚不确定。这些问题对于我国农村金融市场的健康和谐发展来说有着明显的阻碍，更是难以形成对农村经济发展的金融支持。结合以上问题，以往学者在探究问题解决路径和提出解决方案时主要是站在经济学的视角，但是随着我国农村金融改革以及金融制度深化发展的推进，大量的专家和学者达成一致，并且深刻地意识到农村金融改革所要面临以及急需解决的最为主要的问题就是金融法律制度不完善的情况，在上述提出到的农村金融相关问题当中，也对法律缺失问题有了一定程度的体现。对此，最为合理和有效的问题解决方法就是构建完善系统的法律体系，并在法律当中对这些问题进行规范化和明确化，进一步健全农村正规金融市场的法律设施，规范正规金融市场的发展方向，并且为我国农村金融改革的深入发展营造和谐的信用环境以及坚实的法律支持。

1. 弱化农村金融在政策指导、管理等方面的依赖性，规范农村金融秩序

如今我国金融市场的混乱是由于法律制度的不完善导致的，主要体现在以下几个方面：第一，农村合作社组织有待完善，组织程度明显参差不齐，纵观大量的农村合作社，在分配以及组织制度方面极大地偏离了合作制的本质。第二，农村经济管理组织以及地方政府存在着任意干扰农村金融组织运行和发展的问题，影响到农村金融组织的独立性发展，而这样的指导和干预也偏离了政府以及监管组织原本的政策指导职能。地方政府以及农村的经济管理组织本来应该对农村金融组织起到辅助作用以及推动作用，在这样的混乱指导下将正向的职能变成了阻碍农村金融发展的消极力量。第三，部分农村的金融机构在金融管理制度执行方面过于机械化，这就造成农村发展养分不足，严重制约农村经济和金融市场的发展。为了让以上情况大大改观，我国必须全面推进新农村建设工作，为农村金融的现代化发展营造一个健康和谐环境，并且将建立和完善农村合作金融法律制度作为根本措施，规范我国农村金融的发展秩序。

2. 把农村金融从商业金融法律体系中独立出来自成体系

对我国经济的现代化进程轨道进行分析发现，走的是一条坚持以国家为主体，以法律为根本手段的强制性制度变迁道路。在这样的现代化经济发展进程中法律并不能一味地对社会正常秩序进行维持，但是在大方向上，法律起到的是助燃剂的作

用，能够加快现有秩序的重建以及改造，也因此在国家发展中坚持采用立法的方法来推动现代化的发展进程。当今的银行金融行业处在一个非常平衡和安全的发展环境当中，其根源是从1995年的“四部”银行金融法以及2004年先后颁布《银行业监督管理法》带来的结果。因此，我们应该反思和深入思考，当今我国的农村政策性银行以及信用合作社在金融市场的发展当中面临着非常混乱的局面以及多个问题，其根源就是缺乏系统科学的法律制度来发挥它的规范和指导作用。因此，为了更好地推进农村金融体系的完善和构建工作，有必要把农村金融从商业金融的法律和监管体系当中独立出来，自成体系，以便更好地发挥金融在农村领域的独特作用。要想实现农村金融的独立，需要首先对经济立法进行考虑，尤其是要考虑到金融立法的发展历程和独特发展模式，并且努力吸收金融改革当中的经验教训，通过反思和创新的方式将农村金融立法和金融改革工作有机结合起来，通过发挥立法的规划引导以及保障监督作用来构建一个和谐的农村金融发展环境。

3. 明确找出农村金融问题解决思路，推进新农村建设进程

努力构建符合农村金融发展的金融法律制度具有极大的现实意义，能够推动我国农村金融机构的良性发展，加快农村金融市场的规范化发展进程，切实推动农村金融市场的可持续发展。站在世界的角度分析，世界上发达国家的金融发展有着符合自身国情以及农村金融行业发展现状的较为稳定和健全的农村金融法律制度。从发达国家的农村金融行业国家法律制度当中能够发现，大多数的国家都会选择从法律的形式上对金融机构的支农服务功能进行明确规定，而且毫无疑问的是，健全完善的农村金融法律制度是确保农村金融作用发挥的制度性支撑和保障。无论任何形式的法律制度在历史发展以及构建当中都遵循着共同规律：在法律的创制时，需要对国情进行客观全面的分析，并且要将本国经验作为有力基础，同时也要善于吸收借鉴或者从其他国家、地区法律发展当中获得有利因素。通过上面对于其他国家农村金融法律制度的分析和考察，及其在相应国家农村金融市场当中起到的作用分析，能够让我们更加明确，构建符合我国国情的农村金融法律制度有着极大的必要性。

二、农村金融法制建设重点转变的策略

1. 从重点维护稳定转向重点促进可持续发展

改革、发展与稳定的关系一直是贯穿我国改革开放和现代化建设进程的基本矛盾。在改革开放初期及以后的一段时间里，为了保持改革开放的顺利推进，我国一直将稳定作为法制建设的重点。尤其是经济不发达的农村，在新农村建设当中坚持

循序渐进的原则，突出稳定这一前提条件，而且在政策方面更是强调要保持稳定。农村和谐发展不仅强调政治稳定和社会稳定，而且强调良好的社会秩序。这一思路反映在农村金融法制上，主要表现为强调法律和政策所调整的社会关系变革的渐进性，长期对农村金融市场采取抑制性的制度安排，限制民间借贷，从而形成了以稳定为核心的金融发展理念。

在以稳定为核心的金融发展理念的指导下，我国在对农村的法律制度进行安排和设置时也坚持以稳定双层经济体制、土地承包关系、农业生产以及农村建设等作为核心工作内容。在稳定理念指导下所建立的农村金融法律制度虽然有利于农村经济社会的稳定发展，但是这样的行为在很大程度上没有全面落实农村金融可持续发展的需求，也由此出现了大量不合理和不公平问题的发生，难以保障农村经济社会的可持续发展。更重要的是，农村金融长期被视为农村经济社会稳定的重点领域，长期存在以下四个突出问题：

第一是农村土地的融资功能没有释放出来。从经济发展的角度理解，在农村生产当中，土地是其中最为基本的要素，也是最为关键的财产，因此在对土地进行利用时必须严格遵照资源优化配置的原则，有效发挥土地的融资功能，进一步发展农村经济。让土地承包的关系稳定下来是其中非常主要的目标，同时也为了实现这一目标，相关的制度没有完全建立起来，融资功能难以发挥，严重影响农村优势资源的汇集。

第二是土地承包经营权影响公平性的实现。《农村土地承包法》当中的条款在事实上确立在三十年的土地承包期限内必须严格执行和落实好“增人不增地、减人不减地”。农业部在《关于稳定和完善土地承包关系的意见》表示了对其的肯定和提倡，从而导致农村土地权利分配和保护普遍存在明显不公平的问题。一方面，有的老人去世 20 多年了，其承包地依然存在；另一方面，在农村首轮土地承包责任制后出生和结婚的人，始终没有取得承包地，丧失了生存的基本保障。采用这样的方式进行制度设计会让一部分农业人口的生存权利受到侵犯，同时还会形成农业人口土地承包权分配不平衡，这样的做法与可持续发展的要求大相径庭。农村集体土地融资功能一旦释放出来，将会进一步加剧分配的不公平性。

第三是现行土地经营方式限制了土地作为资源要素应有的融资功能。为了推动整个农村和农业的稳定发展，我国对于土地制度的安排采用和实施的是土地的均田承包制度。即将集体土地根据质量，按人口或劳动力平均分配到户，由农户独立经营，这样的做法虽然在一定程度上能够保证农村人口基本生活功能的实现，维护好

农村社会的稳定和谐，但是这样的做法会加剧土地零碎化的程度，导致土地粗放经营的发生，同时也会影响到土地融资功能的发挥。例如，一户的承包地往往分散在多个地方。这种土地的零散分割不仅阻碍了土地的集约化、机械化经营，不利于农业循环经济的发展，而且不利于土地作为资本要素在农村市场经济中的合理流动和土地资源的优化配置，成为制约农村经济社会发展的重要因素。

第四是农村金融市场长期在制度上处于被压制状态。基于稳定的考虑而长期对农村金融市场进行压制，对民间融资管制过严，不合理地限制了农村金融市场自由配置资源的作用。

从我国改革开放的时代背景分析，在改革开放的初期，农村金融的法制建设针对当前的发展要求和现实状况提出了稳定的目标，但是在我国社会经济转型的过程中，仍然将稳定作为核心的金融法制的理念已经不再是恰当的。由于农村金融法制长期坚持稳定理念，并且将稳定理解为“不出事”，简单强调将稳定作为根本目标，就不能够更好地发挥农村金融法制的作用，在农村金融资源合理配置的过程中会出现实施困难的问题，造成不良影响和巨大阻碍，也会对现有制度下的农村经济社会发展带来不利影响，难以达成发展可持续性的目标。因此，要想建设好社会主义新农村，首先需要将农村金融法治理念进行创新作为核心工作任务。进行理念的创新实际上是深层次的探究新的历史条件和时代背景下怎样正确应对和处理新农村建设稳定和发展关系的问题。我国的农村地区有着非常庞大数量的人口，环境问题突出，而且资源十分缺乏，以上这些因素都是造成农村难以实现可持续发展的原因。要想消除不利因素的不良影响，必须要树立正确的发展观，将可持续发展作为理念的核心来全面推动社会主义新农村的金融法制建设，彻底从稳定的理念转变为以可持续发展为核心支持的发展理念。这就要求我们能够将可持续发展理念作为根本出发点，全面性地评价现行法律法规，并且使其能够向着可持续发展目标进行转变，让金融法制建设的可持续发展得到实现；从战略性的法律制定着手，将可持续发展作为制度创新和制度建设的核心。可持续发展并不是空洞的文字，而是血肉丰满，并且具备深厚内涵的概念，无论是在国内还是在国际社会当中，都有着极高的认可度。“可持续发展是既满足当代人的需要，又不损害后代人满足需要的能力的发展。”其也为我国农村金融法制除了要满足当代人以及后代的需求以外，还要兼顾我国整个社会、经济以及环境，在确保发展的前提条件下来实现长久的稳定，注重在发展基础上的长久稳定，注重回应社会现实不断变化的需要，尤其强调满足新农村建设中农业现代化、农民持续增收和生活质量不断提高、农村长久稳定和繁荣的现实要求。

具体而言，可持续发展理念下的农村金融法制建设应重点着眼于以下几个方面：第一，对《农村土地承包法》部分条款实施修正，遵循“增人增地、减人减地”原则，对新增人口必须要按照规定预留专门的承包地，同时在这部法律法规当中强调要是违背条款要求就需要承担法律责任，而且要清晰地点明承包土地承包经营权需要遵循哪些程序和满足哪些条件。另外，修改现行土地管理制度，建立并完善土地抵押制度，实现土地的融资功能。第二，修改《农业法》，完善现行农业补贴法律制度，将除种粮直补、农机具补贴和良种补贴之外的农业发展客观需要的农业贷款补贴等法律化，规定农业补贴的程序和责任机制，同时改变以往那种为了补贴而补贴的做法，将农业补贴与农业生产和环境保护直接挂钩，建立适合农村及农业可持续发展的融资制度，引导和保障农业的生态平衡。第三，当前我国农村在抛荒、围湖造田、侵占江河滩地等问题上非常明显，因此必须要注重完善《农业法》的相关法律条款，一方面对于环境污染的问题，必须予以严厉处罚；另一方面，必须提高政府的责任意识，承担起针对这些问题的治理和监管责任，完善专门的资金支持制度。这方面可以积极学习欧美国家在这方面的立法经验，并从中获得启发。第四，考虑制定《农村金融促进法》，专门制定促进农村金融发展的法律制度，推动政府更加积极地改革农村金融制度，从而释放制度红利。第五，修改现行法律制度，放开民间金融市场，让更多的民间资本进入农村金融领域或其他领域。第六，依据《循环经济促进法》制定《循环农业促进条例》。我国已出台的《循环经济促进法》对于循环农业只有3条规定，尚不足以涵盖循环农业的全部内容，因此有必要根据《循环经济促进法》所确立的再利用和资源化原则，出台金融支持政策，制定具体促进循环农业的金融措施。第七，建立农业生产者遵守环境保护法律规范的激励制度。尽管理论上对于遵守保护环境法律规定是否应提供财政支持，存在不同的看法，法国对于认真遵守农产品环境标准的生产者给予积极的财政支持和补偿，并且运用立法的方式将这一行为规范化。而我国农民对于由遵守环境保护法而增加的成本有着较低的承受能力，以及我国目前普遍存在的过度施用化肥和农药造成土壤污染等农业环境污染问题，可以借鉴法国的做法，在法律上明确规定对使用有机肥以及达到其他环境标准的农业生产者提供一定的国家补偿或者税收减免，以减少农业环境污染。

在这里需要强调，可持续发展概念实质上属于新型社会发展观，在这一理念的内涵当中包括稳定的需求，那么在农村金融法律制度建设中把稳定理念转变为可持续发展理念，并不是不要稳定的表现，而是强调在今后的农村金融法制建设当中，要彻底摒弃传统的稳定观念，也就是忽略发展的稳定观、单纯强调稳定状态、为了

实现稳定目标而强制性稳定等错误的做法，全面贯彻落实包含稳定需求和稳定内涵的可持续发展观，努力构建与农业现代化发展相适应的农村金融制度体系。

2. 从重点发挥保障功能转向重点发挥统筹城乡发展

改革开放以来，为了迅速发展经济，在工农城乡关系上，我国实行的是“先工后农、先城后乡”战略，并延续了1958年所确立的城乡“分而治之”的经济社会二元结构。与此相适应，法制的发展也呈现出城市和农村“分别立法”的特征，而且长期以来，我国农村的金融法制以及政策都坚持的是城乡二元体制支持下的为城市发展提供保障的理念，这一理念主要包含两个方面的要求：第一是在产业政策的安排上强调优先保障工业发展；第二是在区域发展政策的安排上强调优先保障城市发展，兼顾农村发展。这种差别性制度安排形成了我国城乡二元法制体系，而且金融制度长期维护着城乡二元结构下的资源配置体制，导致农村金融资源长期以来大量流入城市，农村发展严重缺乏资金。

首先，有相当多的法律制度虽然在全国范围内适用，但是究其实际主要是为推动城市发展而设计的，对于农村发展的特征和需求有着较少的考虑，甚至是完全忽略的，这也使得这些法律制度的设置难以充分发挥其对农村经济社会发展的促进作用。比如说国家在贷款担保制度的设置中，相关的法律规定当中要求借款人要提供一定担保，并将此作为获得贷款的前提条件，而在与担保相关的法律当中规定农民不能将不动产作为担保抵押品。按照这样的方法进行制度的安排和实施会形成对农民融资权极大的限制和阻碍，在三农发展的过程中难以获得必要的资金支持，那么大部分的金融资源以及借贷资金都会向着城市地区倾斜，三农的发展就得不到支援的支持。采用如此的制度安排和设计方法会直接导致农业发展和农村经济滞后，让农民面临着贷款难，让农村经济发展出现止步不前的问题。

其次，相当多的法律制度本应实现统一化，但是在实际上却只适合于城市，那么农村金融发展就这样被无视以及忽略。比如《城市房地产管理法》，该制度对城市房地产开发、权属登记等实施了非常细致的规定，而且这些条款体现出对于城市房地产行业的大力支持。但是对于农村房产交易可能性登记和抵押却没有完善的立法作为支持。形成的立法缺位问题造成了大量地区出现小产权房的原因。

再次，在农村的金融立法当中存在着过度注重发挥集体用地生存功能，严禁对集体建设用地进行充分利用，从而对城乡统一的建设用地市场构建带来了巨大的阻碍，也难以真正发挥出土地市场的汇集和资金引导功能。《土地管理法》第43条、《城市房地产管理法》第8条规定指出，只有三种情况能够直接地对农民集体所有土地进行使用，从而禁止了农村集体建设用地使用权直接进入市场交易。这样的规定实质上极大地限制了集体用地使用权流转以及充分合理的应用，那么农民原本可以在国家城市化建设的过程中利用土地来获得增值收入的梦想被打碎，不能够实现集体用地的价值，而且客观上使集体土地不能和国有土地一样享有同等权益，造成了城乡二元建设用地市场。从现实的情况来看，一方面，随着农村经济发展水平的提高，大量的企业逐渐兴办并且发展起来，那么这些工商企业要想逐步扩大自身的规模，提高经济效益，就需要进行厂房的扩建以及企业的扩大，那么在农村建设用地方面就会存在较大的需求。虽然农村集体建设用地的变相和潜在的流转问题已经成为一种公开秘密，但是由于与法律相冲突，当前农村集体建设用地流转只能处于灰色地带；另一方面，近几年来我国一些地区通过对地方实际需求进行考量，再加上将国家政策作为依据，积极推行了农村集体建设用地使用权流转试点工作，并出台了相关的政府规章。例如，重庆市场建立了农村土地交易所和地票交易制度，对促进土地流转及融资功能进行了一些探索。但这种做法也受到部分学者的批评和质疑，目前仍然未能在立法领域获得法律支持，并且在很大程度上存在风险和不确定因素。

最后，在保障理念的支持和影响下，分配制度存在不合理的问题，而且分配不平衡问题也带来了严重后果。一方面，在大量的法律法规中，如果能够看到单一强调农业保障工业发展的问题非常明显，长时期地将金融资源投入到工业和城市发展中，那么农村得到的资金极为有限。在价格上推行工农业产品“价格剪刀差”，那么就会把用于工业的农产品价格压低，与农产品价值规律背道而驰，以便保障了工业生产的低成本。这种制度安排事实上会人为地通过定价机制来转移农业部门收入，而让工业部门从中获得较高的收入，出现工农收入分配不平衡，直接弱化了农业部门的地位和功能。另一方面，在大量的法律法规当中，如果可以清楚地发现单一强调工业保障农业，如果为了更好地为农业生产提供保证，把农用的工业产品价格进行严格的限制，那么就会使得工业品价格大大降低，并且与市场价格机制相违背，会极大地降低企业的利润和收益，影响到企业的可持续运营，那么形成的最为直接的后果就是农业要想获得价格合理且技术水平含量高的生产资料就有了极大的难度，从而直接威胁和影响到农业的可持续发展。

另外，在城市化深入发展的形势下，出现新的土地“价格剪刀差”。一方面，大量耕地被借以“公共利益”的名义征收，征收的补偿标准很低，很多地方采取一次性发给安置费的货币安置方式处理被征地农民今后的生存保障问题；另一方面，政

府把从农民手中征收过来的土地以高价出让，产生了巨额的农地出让金，而这部分资金只有极小部分用于农村发展，很大部分成了政府任意支配的“小金库”或用于城市发展。这可能导致三种后果：一是失地农民越来越多，随着城市化进程的加速和新农村建设的巨大用地需求，据预测，2020 年我国失地农民总数将达 1 亿人以上，而失地农民中的很大部分又成为“无土地、无工作、无社保”的“三无”人员。这个庞大的农民群体的生存权和发展权如何保障，是新农村建设中实现农民增收的难题，也是新农村法制创新的着力点之一。二是耕地越来越少，耕地质量不断下降，大量耕地资源由于部分购地者的“囤积”而闲置荒芜，这样的方式会影响到我国粮食安全，造成严重的资源浪费问题，也难以切实实现农业可持续发展的目标。三是在土地利益的分配方面存在明显的不平衡问题，剥夺了农民应该享有的合法权益，也削弱了农业发展，造成农业资源大幅减少，政府和开发企业成为既得利益者，工业和城市发展也间接受益。这种土地“价格剪刀差”进一步扩大了城市与农村、工业与农业的差距。

总的来说，片面保障城市发展的理念导致城乡法律制度的分割，一些制度明显违背法律公平正义的基本理念和价值标准，也使得城乡矛盾问题加剧，不能够充分满足社会主义新农村建设的现实需求，必须尽快地进行转变以及开展创新工作。此处提到的转变和创新工作实际上要坚持具体问题具体分析的原则，在新时代和新环境下正确处理城市和农村发展关系，尤其是工业与农业的关系。鉴于城乡二元结构严重阻碍了三农发展，我国需要从具体的国情出发，在总体上设置用工业促进农业发展，用城市来带动乡村发展的思路，并且充分认识到进行城乡发展的统筹和规划是国家必须解决的现实问题，而且也会对全面推动我国农村法治建设提供根本性的指导。由此观之，我国农村金融法制的建设理念必须从传统的保障理念转变为统筹发展理念。

统筹发展理念核心是城市与农村利益共享、共同发展，统筹城乡发展理念，在贯彻中有着下面几个注意事项：第一，统一规划城市、农村发展，尤其是涉及共通性问题如户籍管理问题上，应当统一立法，既重视城乡共同的制度需求，又考虑到城乡的不同特点。二是在资源的配置过程中，必须确保资源在城乡间自由流动，提高资源配置的合理性和科学性，使得城市和农村能够互相补充，取长补短和分享收益，而不能牺牲农村发展来保障城市发展，因此，必须消除阻碍城乡资源优化配置以及造成城乡利益失衡的有关法律制度，建立一系列新的保障城乡资源优化配置和城乡利益平衡的法律制度，如建立土地流转制度。三是要求建立以工促农、以城带乡的长效法律机制，如建立农村财政和金融支持制度等。这是我国当前城市发展与农村发展的巨大差距以及农村天然弱势地位的客观要求。

具体而言，农村金融法制引入统筹城乡发展理念应主要着眼于以下几个方面的创新：

第一是加快促进农村市场经济发展方面的立法。健全规范农村市场主体、市场行为、市场秩序、宏观调控和社会保障等方面的法律制度，不应因城乡居民身份和地域的差异而有不同。目前较为迫切的是制定和完善有关确立农村市场主体法律地位和明确农村产权关系的法律制度，如制定《农场法》《集体经济组织法》《农村金融促进法》等。

第二是制定《农业现代化促进法》，将我国实践中取得良好效果的促进农业现代化的措施制度化，并且积极建立系统科学的促进城乡统筹协调的法律制度。例如，对不同形式的农业产业化经营组织的推广价值进行分析，并且着重将推广价值高和操作性强的模式进行规范，同时也可以把这样的模式纳入到立法管理当中，明确在这一组织模式下相关的权利和义务关系，并且为相关纠纷的解决，提供有力的法律救济制度。这样的组织模式将各个组织有机结合起来，有助于提升农民组织化水平，通过建立一个联合组织来提高抗风险能力，也使得农民维权水平得到有效提升。

第三是优化土地承包权流转法律制度，使土地要素在农村合理流动，实现其融资功能。一方面，必须严格遵照土地高效利用的原则，对土地流转的方式进行全面创新。另一方面，必须要充分了解农民意愿，真正聆听农民的心声，并从实际出发来优化土地流转价格机制，避免在这一过程中损害和剥夺农民利益情况的出现。

第四是推动土地征收制度创新，在法律上明确区分公益性用地和商业用地，限制征地的范围，同时扩大征地补偿的范围，完善征地程序，建立按市场价格的土地征收补偿标准和农地出让金专项用于农业和农村发展的制度，让农民分享发展带来的土地增值收益。

第五是对农村集体建设用地使用权流转制度进行科学化的设置。要想达成社会主义新农村建设的目标，首先必须要让广大农民享有土地所有权，切实维护好农民的权益，注重发挥土地价值和功能。因此，要对目前关于土地管理方面的法律条款进行适当修改，并在总结地方试点经验的基础上，设计符合在农村金融发展中进行合理应用的土地使用权流转法律制度，使其实现有序流转，农民权益得到有效保障以及城乡统一建设用地市场逐步建立。

第六是构建城乡统一法律制度体系。《城乡规划法》《就业促进法》等法律法规

充分践行了统筹城乡发展的理念。除此以外，为了确保金融资源有序地进入到农村当中，我国还应该加快制定相关的法律制度如《户籍法》《社会保险法》等。

3. 从政府主导转向多元主体共同参与

从制度变迁特点的角度出发，我国在推动市场化改革的过程中，政府所起到的推动作用相当明显，那么如果要对其进行定性的话，属于将政策法规作为基础而实施的创新改革，在这一制度变革模式之下来进行新农村建设，政府在其中起到的作用就会非常突出，那么农村金融制度改革就有了非常明显的政府主导特征。在政府主导作用的发挥之下，实际上具有强制性的制度变革特点，那么政府在对金融资源进行合理配置、推动农业农村发展、对农村、土地以及资源进行管理等方面有着较大的权力，那么在引导社会力量广泛参与，发挥社会多方力量在社会主义新农村建设当中的促进作用方面就缺乏了良好的激励机制支持，农村建设中的政府推动成为单向度的政府主导，缺乏社会力盘的参与，缺乏政府与农民等主体的互动。

从改革开放至今，整个社会已经发生了翻天覆地的变化，如果仍然仅仅依靠政府主导作用的发挥来展开新农村建设，已经不能够满足时代和新农村建设的需求，其原因在于：

第一，从政府角度来说，政府在财力以及能力方面都有着一定的局限，而社会主义新农村建设工作十分复杂，影响面积十分广泛，同时更是需要巨大的资金力量支持。政府在掌握信息上存在不完全性的特点，如果单纯地依靠政府力量，发挥政府的财政功能和加大财政支持，仅仅能够解决小部分资金缺口，不能够让新农村建设大量资金需求得到满足。

第二，从农民视角来说，农民主体意识的不到提升，并且不能够积极踊跃地参与到新农村建设当中，即使政府发挥主导作用，也会在很大程度上压制农民的发展，农民也不能够充分表达自己的意见和建议，农民的需求得不到申诉，那么具体的实践活动当中就会出现大量实践违背农民意愿，那么以促进三农发展为核心的新农村建设也不能够达到理想化的目标。

第三，坚持政府主导的工作模式有着很大的缺陷，出现形式主义、伤农行为以及短期行为的发生。除此以外，部分地方政府的官员在新农村建设中大搞政绩工程、重复建设、寻租等，严重偏离新农村建设的目标，而且也违背新农村建设的初衷，与国家正确的战略方针政策不相符合。因此，农村金融法制理念应当转变和创新。这种转变和创新的关键在于正确认识我国新农村建设中政府与其他主体的关系，以及正确厘定政府责任和社会责任。

长期以来，政府在农村金融的管制方面投入了很多的力度，并且扮演着农村金融秩序的维持者和农村金融改革的推行者角色，而这样的行为也直接影响到主体踊跃参与到实践活动中。农村金融市场主体呈现出多元化的特点，政府只是其中的一部分，还有很多其他形式和组织力量。农民就是新农村建设以及农村金融市场的基本主体，在农村以及农业经济生产发展、保障农民增产增收以及推动农民素质提升等方面都需要拥有农民的积极参与和支持，也需要广大农民能够积极献言献策，最后用集体的智慧来解决大问题。政府作为其中重要的推动力，应该要承担的是服务和激励的职能，给予积极的服务保障，并且提供方向的有效指导，而不是完全的代替和掌管。具体包括为农业生产提供信息服务，加强宏观调控避免农村经济出现大起大落，出台相关税收政策，促进农产品加工业的发展，对农业基础设施建设给予财政资金的补贴和支持，提高对农业科学技术工作投资的重视程度，构建完善的农业保险体系、补贴制度，引导社会力量参与农村建设，为农民和农业提供政策性金融支持等。社会力量是新农村建设中不可忽视的重要参与力量，有着明显的广泛性和外部性。如，企业大量吸纳农村剩余劳动力；农村地区的民间金融机构为农村的中小企业提供资金支持和金融服务；社会中介机构有效解决农产品销售的相关问题等。由此观之，农村经济社会的发展缺少了上述任何一方主体的参与，都会影响到新农村建设目标的达成。因此，农村金融法制建设的理念要从政府主导转化为多元主体共同参与，让各个金融主体都能够发挥自身作用和职能，共同为农村金融发展贡献力量。

多元主体共同参与理念在社会主义新农村建设当中的落实，不单单要号召和引导多元主体积极参与到实践当中，还需要加强主体之间的互动和合作，核心是如何激励社会各方主体积极投入新农村建设。这种互动在法制建设上包括三个方面：一是首先应当开放市场。金融是资源配置的核心，农村发展需要汇集社会各方面的资源，这要求农村金融市场必须开放，让更多的市场主体进入农村金融市场，参与农村与农业的投入。当然，开放市场并不必然引导大量资金进入农村，但只能开放市场，再结合相应的激励制度，才可能引导多方主体参与农村的发展，吸引大量资金进入农村。开放市场的关键性保证是制度上的支持，也就是在制度上赋予市场主体自治权和参与权，使得农民群体拥有真正的话语权，在新农村建设当中发挥应有作用；二是建立吸引多元主体积极参与的激励和约束机制。在农村建设中，政府应当致力于建立引导资金进入农村的激励约束机制，通过公共投资来进一步让原本十分薄弱的农业生产条件得到进一步改善，为农村经济发展提供必要的服务和支持，并

且鼓励农民发展环保型农业，最终通过政策引导和激励约束机制的完善。让更多的社会资金投入到农村当中，为三农发展注入生命活力；三是对监督制度进行完善和健全。国家积极倡导多元主体共同参与到社会主义新农村建设当中的金融措施大多属于知识性手段，不仅仅涉及国家财政税收，也涉及了公共利益方面。因此，国家对新农村建设要设立专项资金，而且这部分的资金在使用过程中要有政府的监督和检查，还需要将资金使用放置在全社会监督下，尤其是要号召农民广泛参与和监督，避免浪费、贪污腐败、不作为等现象发生，形成资源自由、高效、公平、合法配置的环境。

在多元主体共同参与理念指导下的我国农村金融法律制度建设和创新应该从以下几个方面着手：第一，积极建立以重大事项为主要内容的村民集体表决制度，尤其是在涉及关系到全村村民切身利益的项目如整体拆旧房建新房、重大投资项目、村民集资等时，必须要完全改变由政府说了算的局面，赋予村民自治权，让农民真正拥有主人翁的地位，这样当其在参与到新农村建设的各项事务中时才会更加积极主动。第二，构建农村资金监督制度。对于农村建设的专项资金，必须设置专门的机构和监督人员对资金的使用以及流向进行全面的跟踪监督，并且构建监督人员和政府部门互动机制，避免不合理的资金运用，有效治理其中的违法乱纪现象。第三，提高农村金融市场的开放性，号召社会多方力量的共同参与，并在此基础上结合新农村建设需要，构建约束激励机制，让广大企业能够乐意到农村发展，并为农村经济发展做出贡献。第四，建立农民培训和教育制度，对农民展开专业技术培训和知识培训，使得他们能够掌握农业生产的丰富技能，提高农民的知识文化水平，并且积极引导和鼓励农民创业致富，与此同时，还能够挖掘出农村劳动力的潜能，为新农村建设积攒能量，提供无穷无尽的动力之源。就我国目前的劳动力结构而言，80%以上的工人属于初级工人，而且大约1亿的农民工以及大量的农民在现代化劳动技能方面有着非常缺乏的现状。在这样的劳动力结构支撑下，在激烈的市场竞争当中很难屹立不倒，也难以有效适应经济全球化的发展需求。劳动能力较低的人在激烈的社会竞争当中会处在劣势地位，在国内改革以及国际竞争当中很有可能会成为利益分配不公的受害者。因此，要想彻底改变这一现状，推动农村经济社会的全面发展，必须要加强对普通劳动者的职业教育和培训工作，不断丰富他们的劳动技能和科学知识，其中包括融资能力以及金融相关知识，以此来提高他们的自我发展能力以及竞争能力，进一步推动新农村建设和发展能力的提升。

4. 从坚持非均衡发展转向坚持均衡协调发展

社会经济发展战略是一国对社会和经济发展中的全局性和根本性问题所做的在较长时期内具有稳定性的部署，包括产业发展战略、区域发展战略、科教兴国战略等。在我国建国之后，整个国家经济发展战略经过以下几个阶段：一是改革开放前低水平、均衡阶段。新中国成立初期，我国实施了优先发展重工业的战略，一度导致农业、轻工业和重工业的比例失调，随着计划经济体制的确立，国民经济比例失调问题得到缓解，城乡之间、区域之间、经济与社会之间的发展差距不大，但总体水平和发展速度不高，甚至一度处于停滞状态。二是改革开放初期的非均衡发展。在改革开放初期，我国深刻的反思，平均主义的弊端和平均发展当中存在的不切实际因素之后，进行非均衡发展实践。这一时期农村经济法制和政策更多的是为社会经济非均衡发展提供保障，金融资源更多地被投入到城市。三是均衡协调发展阶段，也是目前所处阶段。在实施了多年非均衡发展战略之后，社会经济的矛盾问题愈加突出：工业获得较大发展，但农业仍然处于自然经济和半自然经济的状态当中，第三产业的发展水平十分滞后；城市获得日新月异的发展，而农村却在发展当中举步维艰；东部地区经济发达，而中部地区经济发展水平较低；经济建设当中成绩卓越，而社会事业相当落后，经济、人口、资源和环境的矛盾突出；金融资本数量激剧增加，但却远离农村，很多地区难以获得基本的金融服务。面对这些矛盾，我国从20世纪90年代末以来陆续提出了“西部大开发”“振兴东北老工业基地”“中部崛起”“可持续发展”“科教兴国”“工业反哺农业”“城市反哺农村”等战略，并且从原来的非均衡发展阶段进入到均衡协调发展的新时期。在这样的支持和影响下，社会主义新农村建设的法制理念必须从非均衡发展的理念过渡到均衡协调发展理念。

我国社会经济均衡协调发展理念内涵有着以下三个方面的体现：第一，产业的均衡协调发展，即工业和农村的均衡发展。第二，区域的均衡协调发展，即中部和中西部地区的均衡发展。第三，社会和经济的均衡协调发展，即经济发展速度应当和社会承受能力平衡。

就我国农村金融法制而言，长期偏离均衡与协调发展的理念和导向。以农村金融制度改革为例，改革开放以来的农村金融制度改革基本上是以商业化和市场化为导向的股份制改革。从中国经济发展的大方向看，这样的制度改革选择应当是正确的。但考虑到我国农村经济社会发展的现实条件，农村金融制度改革的商业化和市场化还应当考虑与农村经济社会发展的均衡性和协调性。换言之，农村金融商业化

和市场化的改革工作不能够对农村的社会以及经济发展需要的资金造成影响。显然，迄今为止我国的农村金融制度改革忽视了均衡协调发展的理念，只强调了金融机构的市场化与商业化改革，而没有重视与农村经济社会发展的协调问题，导致农村金融机构进行商业化和市场化改革后大量机构撤离农村，在农村吸收的资金也大量流入城市和工商业，反而加剧了农村资金短缺的矛盾。从经验归纳的角度讲，这是农村金融制度改革忽视均衡发展的一个典型例证，值得我们反思，也进一步证明了强调农村金融法制坚持均衡协调理念的现实意义。

在社会经济均衡协调发展理念的支持和指导之下，金融法制创新需要从以下几个方面着手：一是针对农村三大产业的均衡发展，制定与之相对应的法律制度。除了对农业给予必要的重视和支持以外，以农村农产品加工为主的第二产业以及农村金融等第三产业同样需要得到发展和保护。因为，在市场经济条件下，农村三大产业的发展是息息相关的。当前我国农村的金融行业发展水平较低，受到制度影响较大，比如农村金融组织形式单一、设立门槛较高、民间金融被压制等。为此，农村金融法制的创新不仅要着眼于组织形式的创新，制定《村镇银行法》《小额贷款公司法》《农村互助金融组织法》等，切实保护好农民的融资权，并对金融发展的成果进行合理的引导。“只有赋予广大农村的企业和农户自由融资的权利，在制度上维护多向度的融资机制，农村的改革和发展才具有可持续性”。二是针对实现东、中、西部农村均衡，制定与之相对应的法律制度。我国中西部以及东部的农村地区在经济发展水平方面有着较大的差距，而在新农村建设中地域差异显著，东部地区建设水平较高，发展速度较快，而中西部地区新农村建设进程相当缓慢。因而，我国要不断健全财政转移支付以及公共投资方面的法律，给予中西部金融政策倾斜。三是针对农村公共产品、服务供给，制定与之相对应的法律制度。目前农村公共产品以及服务等方面的设施和供给存在严重不足的问题，这对社会经济的发展带来了极大的阻碍。造成供给不足的原因主要有两方面：一是因法律规定模糊，许多农村集体经济组织未能发挥提供公共产品和服务的职能；二是地方政府未能提供本应由其提供的公共产品和服务。为此，一方面要完善《集体经济组织法》，通过立法来使得农村集体经济组织明确自身在权利义务、基本职能等方面应该遵循的原则和规范；另一方面还应当创新农村公共产品财政投资法律。构建与之相关的多元融资引导、投资决策等方面的机制，尤其是要重视完善民间融资制度，建立多层次的金融市场，引导民间资本进入农村，促进城乡均衡发展。

第二节　农村合作金融法律制度的改革与创新研究

金融含义是个人或者企业为了对自身的经济条件进行改善，方便获取便利性的融资服务，按照经济原则设立，将社员互助以及内部的自助作为根本目的，从而为广大参与者提供资金融通等方便服务的金融机构。针对现代金融的实践开始于十九世纪中期的德国，在历经百年的广泛发展后，现在已经发展为与商业金融、政策金融共同构成各国现代金融体系中不可或缺的组成部分。然而在农村地区，以农信社作为代表的金融机构没有明确的产权制度保障，同时也没有专门的系统性金融规范制度来为其提供支持，从而使得合作制的金融发展缺乏必要依据，甚至是有名无实，这在很大程度上制约了农村经济社会的长远发展，也为农村的金融机构运营发展带来了很多问题。将股份制作为根本导向的农村信用社改革以及商业银行的改革、体育市场化改革需求相符合，但以商业化为导向的股份制改革与服务“三农”缺乏契合点，股改后的金融机构追求利润最大化的冲动与服务“三农”的要求之间形成了制度上的悖论，没有真正改进对“三农”的金融服务。金融已经在全球范围内成为金融体系的重要组成，也在世界范围内获得了很多成功发展经验，与我国政治制度、民族传统、农业经济等具体的国情条件有着天然的默契性，不应成为“被改革”的对象，而应成为发展的对象。在立法方面，我国要加强对其他国家的学习和借鉴，吸收先进的金融法制建设经验，并制定专门化的金融法律法规，明确金融机构公益法人的地位，并对金融监管的边界进行审慎地界定，从而重构我国真正意义上的农村金融法制体系。

一、农村金融法律制度的立法改革与创新

（一）建立健全社会主义新农村金融法律体系的立法原则

1. 政策扶持和适度竞争相结合

首先，就当前农村金融的发展现况来说，国家或者是政府必须在观念以及制度保障方面给予支持和鼓励，充分扶持其发展和改革，并且确保正确的发展方向，在此基础上提高前进的速度和效率。与此同时，为了进一步提升我国农村金融的竞争力水平，可以恰当地实施倾斜政策，如减税、免税、补贴等来加大对农村金融的扶持力度。此外，必须要认识到的问题是农村金融组织从成立一直到消亡都处在市场发展规律之下，而且必须要符合市场发展规律。对于资源配置，市场掌握着主导权，

那么在农村金融机构的发展当中，同样要发挥市场的作用。对此，有效安排农村金融法律制度的过程中，必须要坚持面对市场，尊重市场的竞争，更是要遵循以及符合市场发展规律，充分发挥市场的调节作用，真正构建在有良性竞争性质的市场机制，从而提升农村金融发展速率和效果。总之，必须将政府扶持和适度竞争作为建立和完善新农村金融法律体系的重要立法原则，使得政府以及市场的作用有效融合和相辅相成。农村金融组织在发展过程中坚持适度竞争是其内在性以及基础性的要求，坚持政府扶持则属于环境性条件。农村金融制度的构建过程也正是将二者进行统一和协调的过程，必须牢牢把握住政府以及市场的关系以及起到的作用，发挥二者合力为农村金融市场发展带来的胜利曙光。

2. 正规与非正规金融协调进步

农村经济发展的过程存在着两种形式的金融，一类是正规金融，另一类是非正规金融。当正规金融，如果农村的正规金融无法和农村经济发展相协调的话，非正规金融就会产生，可以说非正规金融是强烈供需不平衡之下的必然产物。从大的农村金融市场范围上看，正规金融整体状态十分冷淡，其中的金融业务量和人群数量都极为稀少，反观非正规金融则真的是生意红火，有着势不可当的态势，已经掩盖住非正规金融的非正规性。从我国当前农村经济发展和农村金融市场实际发展情况来看，非正规金融仍然会在其中发挥巨大作用，并且会持续很长时间。对此，新农村金融法律制度的建设必须要认识到当前农村经济和金融发展的现状，切实了解三农发展的需求，也因此承认非正规金融是农村金融不可或缺的一部分，处在非常重要的地位，并在法律当中进行明确的指出，推动正规以及非正规金融的协调发展，形成一种复合式和多元金融形势并存的市场格局，共同为新农村建设和农村金融发展提供服务，极大地增强农村经济增长的动力。

3. 法律规范与村规民约相互补充

法律规范是国家立法机关认可，能够对人们的行为提供指导和约束规范的行为准则，直接反映和体现出国家意志，带有强制性。在我们国家以及社会发展进程中，除了存在受到普遍认可的法律法规之外，还有很多问题需要通过民俗和民约来辅助解决人们日常生活当中的问题，在偏远地区这样的情况表现更加明显。这样的现象不难理解，并且与当前农村的发展现状相符合。因此，除了制定相关的金融法律规范以外，还需要发挥村规民约的补充作用，使得村规民约的制定能够和相关法律规范统筹一致，这样我国在农村领域的金融法规体制建设速度会有极大程度的增加，确保新农村金融市场确立起来并且得到完善。

（二）农村合作金融与非正规融资法律体系

新农村金融法律制度构建的研究以及实践正在推进，大量的研究实践证明将非正规融资制度以及合作金融制度作为实际工作的突破口是一种行之有效的方法。而且从前面大量的论述当中可以清楚地认识到，合作金融也是农村金融市场的一个组成部分，并且在这一市场当中起着关键作用。《商业银行法》《银行业监督管理法》等使得农村的金融法律制度得到了一定程度的完善，但是不难发现其中并没有涉及专门规范农村合作金融的制度，这样的情况使得农村合作金融的发展方向不明确，在金融产品的定位以及功能发挥方面也有着不良影响。农村非正规的融资现象之所以会出现，主要是农村地区存在着非常明显的贷款难问题，农民的贷款需求得不到满足，而且不能够在正规的金融机构当中寻求到帮助，只能转而从非正规金融机构当中获得资金支持。民间金融在一定程度上促进了农村经济的发展，但同时农村非正规融资会带来较高的风险，一旦中间出现大面积问题，会让整个政府陷入不利局面。因此，我国要全面推进新农村金融制度的建立和完善工作，而首要任务是要不断出台与农村合作金融发展相适应的法律法规，其中明确地指出农村合作金融的发展方向、内容等，为非正规融资提供规范，满足农民的融资需要。

（三）建立健全新农村金融法律制度具体设计

1.农村金融法律规范立法建议

农村地区还没有形成一套系统科学化的金融法律体系，在涉及农村金融发展的核心问题方面存在立法空白，而且这一问题急需解决。为了有效应对这一状况，必须分清楚工作中的主次关系，将重点放在法律制度建设方面，集中力量来完善制度。例如，给予农村发展当中影响深远的非正规融资问题进行妥善解决和相关法律支持，除此以外，还要逐步提高目前农村金融规范性文件的法律位阶，坚持一切从实际出发的原则，最终建立起符合我国国情以及新农村建设要求的制度体系，让各项金融工作做到有法可依，走上规范化运行的轨道。

2.完善农村合作金融法律制度策略

（1）综合立法与分业立法相结合的立法技术

合作金融属于合作经济模式，那么在针对农村合作金融展开立法工作时，就必须在合作社立法框架下展开制度建设工作。从不同国家合作设立法实践当中获得经验和反思，可以将他们的立法方式总结为综合立法和分业立法这两个大类。前者指的是不同类型的合作社适用同一法律规范；后者指的是一对一模式。对于合作金融应该选用哪一种立法模式最为恰当的问题，学界并没有给出明确的答案，甚至在这

方面存在极大争议。笔者认为，从当前合作金融发展、中国国情以及新农村建设的现实需求出发，应该走出一条创新发展模式，也就是将综合以及分业立法方法融合起来，充分发挥二者的优势。首先，需要深层次的研究综合立法模式适用范围如何。例如合作金融组织有着相似的属性以及形式，在立法时就可以采用统一立法方法，应用综合立法模式。其次，单纯利用分业立法模式会出现大量遗漏。在经济飞速发展的社会形势下，新型的合作社类型出现的可能性大大增加。在这样的情况下，分业立法模式不能够有效发挥自身作用，反之综合立法通过发挥其概括性的优势，就能够对新兴的合作社进行有效的规范和管理。最后，探究合作经济的立法必须将市场经济作为根本前提，在立法建设当中必须保证其符合市场规律。农村合作社类型丰富多样，更是涉及各行各业，针对这样的现实情况，如果根据不同的行业、合作社类型来制定出符合各个类型的综合立法还缺乏条件，即使是条件具备实施的难度极大。那么我国在针对合作金融进行立法实践时，可以首先选择分业立法技术，等到条件成熟和允许之后再利用综合立法技术。

（2）明晰农村合作金融企业法人法律属性

农村金融合作社是合作金融的重要组织形式，同时也是当前农村金融市场当中的一个重要组成部分，影响范围较广，但是不得不面临的一个现实问题是农村金融合作社的法律定位方面还存在诸多不明确问题。因此，当下学界正在热烈地探讨农村金融合作社是否存在法人，而且其中的法人类型是怎样的。笔者认为，农村金融合作社存在法人，这里的法人属于特殊类型。形成这一结论，有以下几个方面的依据：第一，国际合作社联盟正在世界范围内进行分析和总结，通过将世界各国有关于农村金融合作社的立法以及实践进行整理和统计，最终明确指出合作社实际上是企业的一种形式。那么，农村信用社同样应该有法人，因为农信社是合作社的一种重要形式。其次，罗虚代尔原则支持下的分配原则。合作社和公司有着巨大区别，合作社是推动社员互助和保障社员利益并且不以盈利为直接目的的组织。实际上，罗虚代尔原则仍然具备营利性的特征，因为只有保证合作社的市场盈利能够有效实现才能够返还社员利润，保护好社员的权益。另外，马克思利用二重性分析原则同样指出，合作社是集体资本主义企业，力求在和其他企业的交换过程中实现盈利的最大化，并且直接参与到资本主义企业的利润率形成当中。另外，罗虚代尔原则在历史的长河当中也在不断变化，不少国家在相关法律当中确定社员在投票时可以按照成员社规模进行按比例投票；在惠顾返还原则的支持下，同样可以利用有限制股金分红方法，从中能够看到重视资本的理念。对此，在认识合作社的性质时也要分成两个方面，对内将服务作为核心内容，而对外则将利润最大化作为根本目的。最后，合作社处理的各项金融业务将成员交易作为主要内容，而对外交易则发挥辅助作用。如果合作社经营不善出现破产之后，最先需要解决的是合作社成员的债权问题，使得社员的权益得到保障。总之，农村合作金融组织是企业的特殊形式，应该具有法人和法人类型。

（3）完善农村合作金融市场准入与退出制度

要想建立金融机构，首先必须要符合金融机构市场准入标准，并且严格按照市场准入的法律制度来完善多个方面的条件，在我们国家金融机构设置的市场准入门槛为商业银行最低10亿元的注册资金；农村信用社最低1 000万元注册资金。站在这个角度进行分析，国家对于农村信用合作社的市场准入标准已经适当放宽。而如果站在农村合作金融目标角度，实际上属于将互助合作作为根本目的的组织机构，在我国农村经济发展当中有着不可或缺的作用。但是在我国的偏远山区，资金量相对较小，社员集中资金的能力不足，要想与市场准入的条件相符合难度极大，在很多地区是不可能实现的。这一现状极大地影响到农村经济发展的可持续，那么解决这一问题的最佳办法是要适度放宽市场准入标准。

农村合作金融市场的退出机制可以根据国情以及现实发展状况进行构建，具体需要做好以下几个方面：第一，市场退出的形式将合并和收购作为主要形式，这样的方法能够有效避免由于其中某一机构破产而引起的整个市场的动荡，减少负面影响，避免为农村金融市场带来不稳定因素。合作金融是一种特殊性的金融组织形式，那么如果要采用破产清算的方法必须要慎之又慎，丁点失误都有可能形成一个影响范围极大的多米诺骨牌效应，从而对我国农村金融市场造成巨大影响和损失。因此，为了避免出现这一问题，制定应急预案是最为关键的内容。如果要启动破产清算的退出制度，政府可以与其他的金融组织联合起来展开并购，如果其中金融组织出现损失的话，可以由政府利用相关政策进行补偿。

（4）确立农村合作金融政府支持和监管法律制度

政府支持是农村合作金融机构发展的必要条件，也需要政府能够为其营造良好环境。政府对于农村合作金融组织的扶持，可以分为以下几种类型：

第一，倾斜性财政支持。农村经济发展、农民增产增收以及农业生产都是我国在实施新农村建设当中不能忽视的内容，而且需要农村的金融机构给予大力扶持，这也使得大量的农村合作金融机构产生，并在整个市场内展开激烈竞争。有竞争就会有损失，政府就需要给予倾斜性的财政支持，将农村合作金融组织的损失降到最

低。针对有着明显扶贫功能的贷款，政府在制定相关政策时可以事先设置合理亏空的空间，其中的损失可以由地方财政给予补贴进行弥补。在经济发展水平较低而且极度贫困的农村地区最为主要的是农村信用社这样的合作金融机构，在农村地区经济发展中起着重要作用，但是受到条件的限制难以达到规模效益，从而会造成经营的亏损问题，那么政府就可以对其进行弥补，给予倾斜性的财政支持。部分农村合作金融组织承担着低息放贷的任务，而这样的任务类型会对其利益获得带来不良影响，影响到运营和发展的效益，就需要政府能够弥补其低息放贷的损失。另外，还有一些农村的合作金融组织缺乏完善的电子设备，那么在整个金融大市场当中的竞争实力大大降低，因此要支持高新技术方面的投入，来确保农村合作金融机构发展形成一个良性循环。

第二，减免性税收支持。政府设计税收政策时必须考虑到农村合作，金融组织发展的现实问题，并对其给予减免性税收支持。对于容易出现亏损的农村合作金融组织，政府必须加大对其的支持和扶持力度，并在减免性税收支持方面加大强度：免征营业税，有效提升农村合作金融组织的资本充足率，为经营不善的企业提供保障，使得其能够扭亏转盈，全面提高企业抵抗市场风险的能力；对于盈利水平不高的合作金融组织，政府可以实施免所得税策略。除此以外，政府要充分发挥自身的引导作用和采用一系列的引导措施，使得资金流向农村的金融市场，并展开招商引资，加大对农村合作金融的投入，提供丰厚的资金支持，在法律制度当中也要给出优惠政策和倾斜性支持，将资金资源进行合理的配置，并引导资金流向农村，满足当前农村对于资金的迫切需要。

第三，调控市场利率。运用利率进行调控必须把握好程度，如果利率的应用过度的话会直接扭曲资金使用价格，造成资金配置不平衡，也因此会影响到农村金融机构的发展。在农村领域的金融市场当中，利率手段利用过度的话会影响到金融机构对于业务的操作。在今后的利率应用和调控当中，需要综合市场需要，展开市场化利率浮动的调控，放手对于利率的管制，从而让农村合作金融组织拥有灿烂明天。

农村合作金融监管制度是金融法律制度的重要组成部分，通过发挥监督管理作用来促使农村合作金融机构的健康发展。监管制度的完善需要注意以下几个方面的问题：第一，设置审计机构，从外部对农村合作金融机构进行监管，独立并且区别于内部监管。第二，合理设置自律监管组织，通过发挥行业自律的作用来提升监管质量。第三，设置特别审计部门，并且赋予其行政权力。将以上三个方面整合起来形成一个系统完善的全方位监管体系，并且要逐步完善内部信息，实现信息的透明化，推动我国农村金融制度的高效稳健发展。

3. 完善农村非正规融资法律体系的策略

（1）立法确立农村非正规融资的合法地位

按照上面的描述，农村非金融之所以会诞生，是因为正规金融难以和农村经济和农村金融发展相适应，其金融需求得不到充分的满足，而且非金融机构在实践当中也证明其不可替代的促进作用。换个角度来说，在法律层面上民法通则明确指出，只要是合法的借贷关系都应该受到法律的保护，其中指的主要内容是存在借贷关系的双方在签订合同时必须要确保双方处在平等地位，坚持双方自愿原则，并且不违反相关法律。农村非正规融资活动则能够满足以上法律条件，而且在现实生活当中同样也是不可缺少的融资方法，因而在立法方面必须确立其合法地位。

（2）立法确定农村非正规融资的合法主体

农村非正规融资主体包括借款人、贷款人这两个方面。借款人拥有可以要求借款人按照合同和相关法律履行还贷义务的权利；后者肩负履行这一义务的责任，可以说，农村非正规融资主体由一般主体构成。《民法通则》指出："具有民事行为能力和民事权利能力，有独立的财产和责任能力的主体均可成为农村非正规融资的主体。"《贷款通则》61 条规定，"各级行政部门和企事业单位、供销合作社等合作经济组织、农村合作基金会和其他基金会，不得经营存贷款等金融业务。企业之间不得违反国家规定办理借贷或者变相借贷融资业务。"正因为上面条款的存在，使得大量非金融法人地位被否定，也使得大量的民间借贷行为主体范围受到限制。就当今农村金融行业的发展趋势而言，必须对《贷款通则》的条款一定程度的调整和修改，使其更好地符合农村经济发展需求和我国的国情。具体来说可以适当限制借贷主体，例如正式金融机构法人因为他本身专业性强，熟知相关法律，那么民间借贷主体，可以排除这一法人类型。

（3）明确农村非正规融资法律责任

农村非正规融资承担的法律责任类型一般是民事责任，除非情节极其严重则必须追究相关刑事责任。具体包括以下几个责任类型：第一，瑕疵担保责任。借贷人需要承担担保责任，使得有偿借贷的效力得到保护。对于无偿借贷而言，除了是明知有瑕疵但是不予以告知的情况，借贷人不需要承担瑕疵担保责任。第二，违约责任。违约责任指的是当事人违反借贷合同当中的约定，那么就需要按照合同条款当中对于违约的处理条款展开实施。与此同时，必须将法律法规和舆论道德融合起来，

强化约束作用，督促和引导民间借贷人依法履行法律责任，同时也确保非正规融资得到规范化发展，有效降低违约成本。

二、农村合作金融的法律制度改革与创新探究

（一）农村金融制度改革重点与服务“三农”目标的背离

随着改革开放的深入发展和推进，我国农村金融制度改革前进的方向是商业化以及市场化，一方面对原有的农村金融机构展开股份制的改造，从而更好地提升其经营和运行效率。另一方面积极引入新型的农村金融主体，从而推动农村金融体系的建立和完善。例如，2009 年我国在沈阳召开全国农村中小金融机构监管会议当中，就给予农村信用社的股份制改革工作极大的肯定和褒奖。大量的实践证明，将商业化作为股份制改革的导向是市场选择的结果，这样的改革形式能够有效达成效率的目标，但是往往难以切实满足农村经济发展的实际金融需求，仍然存在一定的局限性，可以说与服务三农的目标相背离。

首先，在全面推行股份制改革进程当中，四家大型商业银行开始从农村当中大规模地撤离金融机构，积极推进商业化的改造工作，这一工作虽然完成，但也使得其丧失原本促进三农发展的功能。2002 年 2 月，我国召开了第二次全国金融工作会议，在此次会议当中决定在国有独资商业银行当中，全面推行股份制改造的工作，并为它们创造上市的有利条件。2004 年 8 月、2004 年 9 月、2005 年 10 月 28 日，中国银行股份有限公司、中国建设银行股份有限公司、中国工商银行股份有限公司分别挂牌成立。随后上述的国有商业银行又纷纷挂牌上市。可以说在 2004 年以后的三年之内，我国农村地区的金融服务市场出现非常严重的商业银行机构撤离以及功能弱化的相关问题。我国建四家大型。我国的四家大型商业银行属于国有商业银行的范围，在完成改制后仍然属于国有控股金融企业的范围，而且也应该承担更多的社会责任，充分发挥服务三农和推动三农发展的作用，但是这几个大型商业银行在股份制改革完成后受到市场压力以及利润要求等方面的限制极大，面对这样的现实，它们做出的理性选择就是从农村地区进行部分撤离。

其次，在股份制改革完成之后农村信用社逐渐丧失其服务“三农”的功能。1996 年 6 月，《国务院关于农村金融体制改革的决定》出台，农村信用社也正式从农行脱钩。但是由于多种因素的影响，此次改革并没有达到理想效果。在 2003 年的 8 月开始，在包括江苏在内的 8 省（市）启动改革试点工作。一直到 2004 年 8 月，试点范围扩展速度显著，逐步扩大到北京等 29 个省（区、市）。这次改革遵循的原则

是实现投资主体的多元化以及股权结构的多样化，对于有条件的地区可以积极推行股份制改造工作；而针对暂时不具备相关条件的地区，可以将股份制的原则和做法作为比照，逐步有效实行股份制；对于在股份制改造工作实施存在困难的地区，可以逐步地完善制度。在这样的原则指导之下，各个省市积极确定关于农村信用社改制的方案，并且将农村信用社的改制纳入到农村银行的发展计划当中，这也造成了大量的农村信用社在制度改革当中撤离农村，而原本的农村金融主力军力量逐步变得薄弱。一直到2008年年末，农村信用社县域网点数5.15万个，分别比2005、2006和2007年减少9 258、4 415和503个百分点。

最后，新引入农村金融主体实际发展偏离服务“三农”宗旨和目标。农村金融增量改革的一个重要工作内容就是引入新的主体，这也是对长时期以来社会各界呼吁放开民间金融的回应。从这一角度看，围绕新引入的农村金融主题展开的系列创新改革都有着社会进步价值。为了让更多的资金流向农村以及我国的欠发达地区，推动农村金融服务的完善和创新工作，我国的中国银行监督管理委员会2007年1月颁布《村镇银行管理暂行规定》。到2009年年底，村镇银行总数量已经超145家。到2010年年初，我国的小额贷款公司总数量已经超过1 340家。国家之所以要积极设立村镇银行、小额贷款公司等新的农村金融机构，最初是想妥善解决三农问题，更好地为三农提供金融服务，但是资本的逐利性又让农村金融市场利润不可观，以及它们自身资金和贷款的业务数量拥有一定的限制，涉农贷款不良率持续增高，再加上政府的支持力度有待提升，极大地压缩了新型商业金融机构的盈利空间。就拿小额贷款公司作为实例分析，受到自身规模的限制，再加上呆账准备金和其他各种的税费，小额贷款公司的整体盈利空间十分狭小，而且在很多业务的设置已经和当初的目标与宗旨偏离，更多地倾向于城市发展，使得农村金融得不到应有的重视。

上面的数据以及资料当中能够明显看到，农村金融制度创新改革的方向是商业化以及股份制，不仅仅使得金融机构转型变身，也推动了现代金融企业制度的建立。但是从经济体制改革的方向看，是正确的选择。然而，这种市场化的改革路径与服务农村发展的目标存在制度上的背离，偏离了金融普惠原则，不能有效达成服务三农的目标。农村金融的其他问题还包括：涉农贷款增长较慢、农村金融产品品种少、农村资金外流严重、民间高利贷在一些地方还较为普遍、政策性金融支农作用有限、农贷不良率居高不下等。2004年以来中央一号文件多次将农村金融改革与发展问题列入其中，分别于1997年、2002年和2007年召开的在中国金融史上具有重要意义的全国金融工作会议中，农村金融改革数度进入会议议题，但至今改革未果，成为改革的硬骨头。

（二）农村金融制度改革重点与服务“三农”背离的原因

如火如荼的股份制改革难以有效解决三农的融资难问题是当前不得不面临的一个问题，而出现这一问题的根本原因就是股份制倡导利润最大化和服务三农在制度上存在相悖情况。

第一，改革价值目标之间存在的悖论。法律制度最为基本的要素就是价值目标，而具有明显商业化倾向的股份制改革工作有着明显的功利性，但是本来最为根本的目标是要服务三农，有着明显的服务性，二者的价值冲突十分明显：第一，社会和经济目标背离。从金融企业层面看，金融企业积极推进股份制改革的工作，能够明显地提升其运营和发展的效率，对自身来说是非常正确的一个变革，但是从社会整体角度出发，要想推动我国和谐社会的构建，实现经济的稳定均衡发展，就必须要解决好三农问题，真正地体现出服务和发展三农的宗旨，才能够真正满足以上目标实现的内需。但是股份制改革侧重于经济目标也就是追求利润的最大化，在功利性目标的指导下，会忽视其中经济协调要素。第二，局部和整体目标的背离方面。从金融制度改革的角度看，农村金融机构的股份制改造并无不妥之处，符合其行业发展目标，但同时与行业间、农村与城市间均衡协调进步的全局目标相悖。

第二，改革价值目标与事实之间的悖论。关于我国农村金融改革的大目标是非常清晰明确的，也就是利用改革的方式来推动农村发展。农村信用社改革方案中提出无论在改革过程中无论是选择怎样的组织形式、产权制度，都应该将为三农服务作为根本性目标和方向，并且确保县域基础不被动摇。但是纵观改革当中出台的规则能够发现实际上并没有落实这一目标，并且在最后往往会抛弃或者是背离基本。如果农村金融改革当中的规则和目标出现明显背离，其结果必然是改革结果和目标的背离。股份制能够满足金融机构对于经营利润的需要，如果农村金融机构在改革中实施股份制改革，金融机构会将追求利润和效率作为第一目标。我国幅员辽阔，在宽广的地域当中，不可能实现发展的均衡，这就出现了部分地区县域经济发达，暂时实施股份制改革之后可以满足利润增长追求，并且从中获得巨大的收益，而我国相对落后的中西部则难以满足金融机构股份制度改造后对利润的追求。金融机构在股份制改革后为了提升赢利空间，无论从理论上还是从实践上讲，撤离农村都是其经营的需要。如果从性质层面分析，农村信用社是一个以服务社员，并且引导社员进行民主管理的金融组织机构，其中最为主要的目标是为广大社员提供金融服务。

在具体的工作实践当中，银监部门把农村信用社放在金融机构监管部来展开管理。为了有效发挥农信社为广大社员提供金融服务，并且为当地经济发展提供巨大动力等方面的巨大效用，国家给出非常强制性的约束，要求农村信用社在服务三农方面必须严格按照国家规定来发展。可以说对于三农方面给出的强制约束和追求最大化的获取利润存在极大的背离和矛盾，这也为监管部门的监督工作和政府的指导工作带来了极大的阻碍，他们在实际的调整和监督工作当中也难以阻挡农村信用社对于利润迫切的追求。站在两难选择之上，强制约束只会加剧不良贷款和造假问题。

第三，改革目标和制度激励间存在的悖论。为了满足国民经济发展的迫切需求，提高经济增长的效率，地方政府没有及时对大量资金流出农村的问题进行解决，也因此带来农村金融发展的不良问题。在2003年的农村信用社股份制改革中，强调将农信社管理权交给地方政府，想要通过这样的做法来发挥地方政府对于农村金融改革的推动力作用，激励农村信用社的长远发展。最为根本的原因是金融在国民经济中具有重要地位，管理权限如果长时间地掌握在中央政府的手中，那么就会造成地方权力较小以及地方权力得不到发挥的问题，但是我国的农村信用社点多面广，中央政府难以拿出大量的精力对其进行管理，也不能管理好这个数量庞大且规模小的群体，因此需要依靠地方政府的参与才能做好农村信用社改革。地方政府也希望能够找到做大地方金融业的抓手，农村信用社就成为其中一个重要的手段。北京、重庆、天津等省（市）都充分利用自身条件，整合当地农村信用社资源，积极组建省级法人机构。另外还有很大一部分的地区尝试取消县级农信社法人地位，而是将省联社作为核心部分来构建省级或者地市级的农村商业银行，但涉农贷款不良率明显偏高，2009年商业银行不良贷款率平均为1.6%，农、林、牧、渔等行业的贷款不良率为4.52%，接近平均不良贷款率的三倍，农信社如果主要服务“三农”，确实难以快速扩张。地方政府的创新来源于试图更多地控制地方性资源和地租金的最大化激励，地方政府为了推动本地金融产业的发展壮大，会支持民间信用扩张。农村信用社服务“三农”，虽然有利于当地的可持续性发展，但是缺少了政府的激励，使得地方政府缺乏动力支持，使其不能够从根本上约束农村信用社服务“三农”。各省制定的关于小额贷款公司管理的制度包含了一定部分的与三农相关内容，但是因为受到诸多限制不能够切实执行。对于农村信用社的改革，将股份制作为主导方向，可以说是适应现代发展形势。但农村信用社在经历改革后，无论从逻辑上还是从现实上讲，偏离“三农”的趋势已经相当明显。

在中国农村金融问题中，农村资金外流问题是一个引人注目的现象，一方面是

农村金融缺乏，资金需求不能得到合理满足；另一方面却又出现农村资金支持城市的别致景象。在我国中西部地区，很多县域存贷比低于60%，资金外流成为常象，个别金融机构县域网点甚至只存不贷，服务功能严重弱化，每年大量的资金由此转移到城市和发达地区。这些现象的背后反映了金融机构的市场行为取向，影响市场主体行为的是其管理，而影响管理制度的是其产权归属，因此从这个意义上看，产权制度改革是继续深化农村金融改革的基础和核心内容。以农村金融的主力军信用社为例，长时间以来由于存在体制不顺以及产权不清的问题，导致信用社无法从根本上对自身的经营状况进行改善。产权制度改革涉及产权归属和权责划分，信用社在改革进程当中面临和需要解决的首要问题就是关于信用社产权制度、性质如何界定的问题，这也是其他制度改革和设计的出发点。如果不能够有效地解决产权界定的相关问题，单纯的调整管理体制方面，是无法从根本上解决当前信用社面临的现实问题的。如果出现产权模糊的情况，在财产使用后那么就难以追踪到最终责任人。在这样的情形之下，中央政府给予大量资金投入（截至2009年年底，全国已有2 340家机构兑付专项票据1 640.7亿元），虽然能够短时期内缓解信用社的经营困难问题，但是从长远来看仍然无法让农村信用社形成良性循环的可持续发展机制，信用社依然面临不良贷款回升的压力。

多年来的实践也表明，我国农村信用社遇到的困难与信用社缺乏有效的产权制度具有很大关系。官办信用社或者说政府的银行、国家银行的基层行角色一度成为信用社典型特征，社员自愿入社、民主管理、为社员服务一直没有得到很好落实，信用社缺乏作为金融的基本特征。在内无约束，外有干预的背景下，农村信用社不良贷款率居高不下。这些不良贷款有部分是自身经营不善造成的，也与外部干预联系密切，目前通常所说的“历史包袱”，包括农行与信用社在脱钩时遗留下来的呆账；保值储蓄贴补的支出；基金会带来的呆账等，这些都与其产权不清，外界干预具有直接的联系。因此产权制度改革是农村信用社改革的基础环节，也是整个农村金融体系改革的关键所在。

（三）合作金融制度在全球范围内的发展

根据世界信用社理事会的定义，信用社是根据原则建立起来的非营利性信用机构。信用社是由社员所有并受其控制的金融机构，其经营的宗旨是提升储蓄，以合理的利率提供信贷，并且向其社员提供其他金融服务。虽然信用社在我国没有获得很好的发展，按现有产权制度改革取向，最终可能“名存实亡”（目前可以说是“名存实亡”），但这并不表示信用社制度本身没有生命力，相反世界合作金融的发展史表明，信用社具有强大的生命力，甚至在市场经济和金融业最为发达的美国亦占有一席之地。信用社的出现和发展缓解了为贫困人口提供金融服务的难题，促进了当地社区的经济社会发展。目前，合作金融已经是全球金融体系的重要组成，在很多的国家和地区当中都有着巨大的影响力。截至2010年底，全球的97个国家一共建立起有49 897个信用社，总共服务的社员数量为2.31亿人，总资产规模1.35万亿美元，存款和贷款规模分别为1.14万亿美元、9 118亿美元，信用社普及率（社员人数占全社会经济活动人口的比例）为7.6%。下面我们通过考察美国的信用社发展史，为认识合作金融法律制度在其中所发挥的作用提供参考。

1.美国合作金融发展的历史与现状

美国信用社是非营利、合作性的免税组织。美国是当今世界经济以及金融业最为发达的经济体之一，而美国的信用社也在其经济发展和整个经济体系当中起着关键作用，成为众多普通家庭不可或缺的储蓄和信贷来源。20世纪初，美国第一家信用社建立。在20世纪的20年代，美国经济改善的效果十分明显，在经济明显回暖的情形下，信用社运动逐步流行并且发展起来，在这样的情况下，人们手里的空余资金逐步增多，那么人们就愿意将这些钱存入到银行，同时也极大地刺激了民众消费信心，但是尽管如此，仍然缺少丰富廉价信贷资源作为支持和为他们建立起强大的保障，商业银行信贷的费用十分高昂，这让广大群众望而却步。而且，当时的商业银行并不愿意为普通民众提供消费信贷，从而促使信用社获得较大发展。20世纪的四五十年代，信用社数量正在逐年增长，而且相关机构已经超过1.1万家，包括的社员数量也超610万人，这也为美国信用社的进一步壮大和发展奠定了坚实基础。20世纪70年代，美国成立联邦信用社管理局、保险基金，为信用社的进一步发展和奠基提供了有效的体制保障。虽然从数据当中的分析能够看到，美国信用社总资产的规模和商业银行相比还有着极大的差距，但是美国信用社发展有着极大的优势，即发展迅速，个性特征鲜明，具有较强竞争力，已成为美国经济体系中重要的金融服务供给者之一。

2.建立完善的法律制度是合作金融持续发展的保障

美国信用社法律制度包括两个体系，分别是联邦法和州法，美国关于信用社的立法较为健全和完善，这也直接推动了美国金融业的发展，并为其提供良好外部条件。1909年4月，美国马萨诸塞州率先通过了美国第一部信用社法。到1930年，美国共计32个州制定执行了自己的地方性信用社法规。1934年，美国国会制定并且通过全国性《联邦信用社法》。通过的这一法规当中也明确地指出，只有联邦牌照信

用社能够在任何的地方构建起来，而且农村信用社的性质是非营利性合作金融性质，那么在开展各项经营活动时都可以享受到相应的优惠待遇。由此，美国信用社分成了持联邦牌照的信用社和持州牌照的信用社两类，分别受联邦法律、州法律的约束和管理，形成了一种双重牌照体系，这与商业银行是相似的。

由于存在双重牌照体系，美国信用社监管体系也和美国银行、储蓄机构的监管体系十分相似，各州监管机构负责监管持有州牌照的信用社，联邦信用社管理局（NCUA）负责监管持有联邦牌照的信用社。NCUA 除了要担负监管联邦信用社监管责任之外，还负责运营和监管全国信用社股份保险基金（NCUSIF）和中央流动性便利（CLF），它们都是为信用社服务的组织。NCUSIF 是按照尼克松签署的法律负责为社员储蓄性股份提供联邦保险而成立的。NCUSIF 是与联邦存款保险公司（FDIC）类似的独立机构，但收取保费数目却远远低于 FDIC。从当前看，95% 的持州牌照的信用社以及全部的持联邦牌照的信用社都参加了联邦信用社股份保险。联邦信用社管理局同样有权对参加联邦保险的持州牌照信用社展开检查。CLF 是按照《金融机构监管与利率控制法》成立机构，负责用贷款向信用社提供流动性支持，其贷款资金主要来自联邦融资银行，它能够直接将自己的资金在快感信用社，也能够通过中央信用社系统来带给出现流动性危机的信用社机构。中央流动性便利的资金只能提供给存在短期流动性问题的信用社，而不能用于信用社扩张或其他目的。

3. 对成员的资格及服务范围规定明确的限制

按照《联邦信用社法》这部法律，信用社的性质，是一个非盈利的合作金融机构，一般情况下是为广大社员提供金融产品和服务，也就是向拥有共同联系的人提供金融服务。这个联系纽带可能是因为同一个社区，同一个工作场所，同一个教派或者其他原因等所形成的联系。也就是说，为加入信用社，社员必须具有共同联系所要求的资格，如居住、工作、学习在一起；特定非营利组织雇员等。当信用社为专门雇员、职业或社区服务时，社员家庭成员虽然不具有共同联系关系，也可以参加该信用社。

监管机构有权批准信用社社员资格的扩张，或者将一个信用社注册为其他类型信用社。因为社员资格范围较小的信用社合并时常常导致信用社社员资格范围扩大，因此信用社社员资格范围可能超过信用社商号标示规定的范围。美国信用社在实际的运营当中坚持的一个不变准则是，一旦成了信用社的社员，那么终身都是信用社社员，即使社员因为某些原因不符合信用社社员资格标准，那么他仍然可以保留社员资格。当然，很多信用社对于那些给其造成重大损失的社员保留开除的权利。

4. 促进信用社满足中低收入者对金融服务的需求

2006年《住房按揭贷款披露法》当中提供了一系列数据，有69%的中低收入借款人的按揭贷款申请被美国的信用社批准，而银行只批准了1%。62%少数民族社员揭贷款申请被信用社批准，而银行只批准51%。以上数据表明，美国信用社批准的按揭贷款中给予低收入群体贷款支持的比例仅仅有25.2%，银行只有20.6%。长期以来，联邦信用社管理局坚持贷款审慎标准，没有鼓励向那些不能偿还贷款的社员发放贷款，并且禁止掠夺性贷款和其他欺诈贷款，也禁止收取提前还款罚金。作为服务中低收入群体的对价，持联邦牌照的信用社可以向联邦信用社管理局申请低收入信用社的身份，因此能够获得联邦信用社管理局在一些项目当中的鼓励和支持因此能够获得联邦信用社管理局在一些项目当中的鼓励和支持，从而有效提升服务社区的能力。作为一个合格的低收入信用社，其绝大部分社员资格必须满足特定资格标准。此外，一些州也有类似低收入信用社的认定标准和优惠。

信用社属于非营利互助性组织，其运营的收入都是用来帮助社员改善生活和服务社区的，那么信用社收入不属于利润，能够得到免征联邦以及州的所得税的待遇。美国在《联邦信用社法》中就信用社税收问题给出解释："联邦牌照信用社的财产、资本、准备金、利润、其他资金以及经营收入，现在和将来均免除一切由国家、各州、领地和地方税收机关征收的税赋。"这里指出的美国信用社并不是将盈利作为发展和运营目标的，但是其中仍然不可忽视的一个问题是虽然盈利不是目标，并不能够认为信用社的运营是完全不盈利的。信用社必须要承担管理费用，为广大社员支出存款利息的费用，还需要让借款人得到贷款支持，因此，让信用社充分地享受到优惠政策是必须要实现的，而且轻装上阵是必需的。

此外，信用社的主要定位是人帮人，那么在这样的定位之下，再加上信用社非盈利的性质，就能够为广大社员提供有效的金融服务和产品，使得他们的需求得到有效满足，并且在社区开发以及发展当中都起着关键作用。由于信用社经营中没有出现其他存款类机构的"划红线拒贷"的歧视做法，因此不适用《社区再投资法》的规定。该法只要求银行、储贷机构向所有社区特别是中低收入社区提供信贷等金融服务。

5. 金融危机证明了合作金融制度的适应能力和发展前景

2007年以来的次贷危机是美国自20世纪"大萧条"以来最为严重的金融危机，金融危机已导致多家银行倒闭，其中2008年联邦存款保险公司接管了25家银行，2009年有140家银行倒闭。与此相反，2008年之前的5年里，仅有11家银行倒闭。

相比之下，和商业银行相比规模小和发展历史较晚的农村信用社在金融危机和风暴当中没有大面积倒闭问题发生，可以说是安然无恙。在次贷危机的事件下，信用社总体表现良好，无论是资产规模还是社员数量均不降反升，资产质量也令人称道。

截至2010年3月，美国7 636家信用社总资产9 098亿美元，较危机爆发前（2006年底）增加1 836亿美元；单个信用社平均资产规模1.191亿美元，较危机爆发前增加460万美元；贷款余额5 747.7亿美元，较危机爆发前增加679亿美元；存款余额（社员股份）7 841亿美元，较危机爆发前增加1 688亿美元；盈余总额3 016亿美元，较危机爆发前增加1 111亿美元；社员人数9 148.5万人，较危机爆发前增加409.9万人。这些事实再次表明，真正的合作金融制度具有较强的适应能力和良好的发展前景。针对这次危机，《多德－弗兰克华尔街改革与消费者保护法》主要将监管改革的重点放在银行机构及其他影子银行系统而不是信用社，是非常正确的。这部“大萧条以来最严厉的金融改革法律”对大型金融机构的资本、风险管理、消费者保护等方面施加了严格限制，防止其再度成为金融危机的诱因，但包括信用社在内的小型合作金融机构豁免遵守这些要求。在差异化监管模式中，信用社将面临更加有利的制度环境和发展空间。

（四）重构我国农村合作金融法律制度的基本方向

1. 合作金融制度与民间金融的法制化应当更好地结合

改革开放以来，我国民营经济发展迅速、居民储蓄连创新高。截至2010年年底，城乡居民人民币储蓄存款余额达到30万亿元。这些储蓄中有很大部分可以充作资本使用的，但是由于金融业属于国民经济的基础行业，一直以来受到国家严密的控制，民间资本进入金融业获得银行牌照困难重重。一方面是巨额的居民储蓄和富裕资本，另一方面则是失血的农村金融，两者如何结合，不少学者提出了放开民间合作金融的建议，有关民间合作金融法制化等相关的话题一度为学界热议，并且也受到了政府的高度重视。近年来，无论是中央一号文件还是有关深化经济体制改革重点工作的意见都有放开限制，让民间资本进入金融市场，推动民间金融的发展。特别是在2010年5月国务院下发《关于鼓励和引导民间投资健康发展的若干意见》指出“支持民间资本以入股方式参与商业银行的增资扩股，参与农村信用社、城市信用社的改制工作。鼓励民间资本发起或参与设立村镇银行、贷款公司、农村资金互助社等合作金融机构，放宽村镇银行或社区银行中法人银行最低出资比例的限制”。

为确保民间资本更加顺畅地被引导进入农村金融领域，金融监管部门也已先后制定和出台了若干具体制度。2007年银监会先后公布了村镇银行、农村资金互助社管理暂行办法；2008年5月，人民银行联合银监会联合共同发布《关于小额贷款公司试点的指导意见》，鼓励和指导民间金融进入农村市场。此外，人民银行一直积极推动《放贷人条例》出台，引导民间资本建立商业性、专业性放贷机构，尽管该法目前已搁浅，但其主要内容已移入《贷款通则》修改稿中。从这些法规文件中可以看出，开放民间金融将是一个大趋势。但在具体规定中，由于金融业的特殊性，目前已经放开的部分如村镇银行、小额贷款公司都是要求面向“三农”的，换句话说是打着服务“三农”的旗号放开民间资本金融业的准入门槛。

但如前所述，资本具有天生的逐利性，特别是对于民间金融资本，其逐利性较之国有大型商业银行有过之而无不及，他们往往参照民间利率和当地的平均资本回报率来比较其盈利水平。由于“三农”自身直接经济效益不高，再加上政府（特别是在在贫困地区）扶持水平还有待提升，因此由民间资本设立的新型合作金融机构高盈利空间受到一定的限制，支农内在动力缺乏，商业经营难以持续。以小额贷款公司为例，我国的小额贷款公司在经营规模上存在局限，再加上各种税费以及提取呆账准备金后，盈利空间并不乐观，后期发展上转型村镇银行暂时无望（有关规定要求商业银行作为村镇银行发起人，原小额贷款公司股东意味着将丧失控制权），一些小额贷款公司正面临着可持续发展的困境，一部分的小额贷款公司在业务处理当中出现偏离部门办法和宗旨的问题，转而投向城市和非农产业。各个省为了提高对小额贷款公司的管理质量，颁布了相关的管理办法，并且提出了关于服务三农的要求，但是却限于当地金融管理部门在人员、监管等方面的不足，往往流于空文，缺乏监督执行，支农实效存在疑问。

总之，忽视“三农”的特质，基本否定制的农村金融产权制度创新还需要进行进一步的商讨和确定。虽然相关的部门已经在制定相关办法来尝试放开民间金融，通过增盘改革引入竞争机制来改善农村金融服务。但是，上述做法主要考虑的是民间金融股份制、商业化思路，而忽视了民间金融的另一个取向，即发展合作制民间金融，忽视了通过法律制度催生农村内生金融，实现民间金融与“三农”经济的内在对接。因此，我国农村合作金融制度改革的方向应当调整，改变以前重视股份制和商业化的导向，提高对发展和建设农民民间金融市场的重视程度，积极探究如何有效地将民间金融和合作制结合起来，推动二者的共同发展和进步。

2. 民间资本化为农村金融产权制度改革提供了新思路

既有的实践表明，股份制与弱势“三农”缺乏有效的结合，股份制信用社缺乏

服务和发展"三农"的内在动力。金融合作制度是合作经济的重要组成部分，同时也是一种特殊的金融制度，除了具有一般金融制度特征外，还具有区别于其他金融形式的内涵和特性，从立法角度进行分析，有效激励农村地区资本化可以为我国农村金融产权制度的创新提供有效路径和创新思考。

第一，站在全球角度，多个国家通过大量的实践已经证明，合作金融在解决三农问题，有效满足弱势群体融资需求等方面发挥着重要作用，同时也是非常必要的制度途径。在全面推动农村金融法制创新改革的过程中，合作制的金融应该被重点发展，而不是被完全消除掉。就信用社在我国的发展而言，在几十年来的发展过程中，虽然没有获得非常理想的效果，甚至站在资不抵债边缘，但是却并不代表合作金融无法在我国实行和获得理想效果，实际上是证明偏离制度精神和原则的信用社机构最终会走向名存实亡的道路。换句话说，正规合作金融法律制度失灵并不代表着其在中国发展道路当中的终结，而是会推动新型合作金融组织出现并获得发展。

第二，将合作制应用到农业领域有着巨大优势。农业发展具有特殊的特点：农业的布局具有广延性；农业生产有着明显的季节性特点；农业对于自然条件的依赖性强；农业种植的整个生产周期长。在以上特征的影响之下，再加上农村地区在居住方面十分分散，信息采集工作力度不强，以及抵押品缺乏等因素，都使得农村的商业性金融制度无法适应其发展。反观合作金融则能够有效地适应这一现状，因为本土性以及灵活性是合作金融的显著特征，可以充分满足农业小规模信贷的需求，而且能够有效克服单个家庭经营的局限，不仅仅有利于资金的聚集，还能够在农业领域内进行灵活的发展和应用，在很多地区的实践当中有着明显优势。从农村的整个金融市场和金融体系来看，商业金融以及合作金融有着互补关系，积极推进股份制改革工作的同时不能够还是农村的合作金融。

第三，合作金融是经济的重要组成，同时也是经济民主的有效载体，和我国的民族传统以及政治制度进行结合分析能够发现与合作金融有着天然契合点。合作只是弱者以及劳动者的联合，能够有效满足处在社会当中弱势地位群体对于社会和经济发展的现实需求。合作制下的股金有着有限性和均齐性的特点，而且广大社员不会因为股金方面的差别出现地位上的不平等，广大劳动者可以平等地参与其中，在很大程度上有助于劳动者当家做主，使得劳动者能够充分行使自身的权利，这与我国当代经济民主的理念是相符的。合作制对内强调实现共同富裕，而对外追求利益，这也与我国和谐社会的发展方向想复合。1995 年，国际社联盟召开的一百周年大会上面重申和强调合作社文化意义："自助、民主、平等、公平和团结，合作社社员信奉诚实、公开、社会责任和关心他人的道德价值观”。合作是可以称为是抑制资本阴暗面的一个重要手段，可以转变过度强调竞争和利润的局面，保障社会正义和公平分配。因此，在很大程度上，积极推动合作社的稳定发展，合作社的发展水平越高，社会的两极分化就会越小，只要弱势群体存在，那么合作金融就有存在的基础以及存在的必要性。

第四，合作社在我国的发展具备非常深厚的经济基础，和我国乡土社会的特点也十分契合。在我国传统社会的阶段，可以说是一个熟人社会，人与人之间有着不同的私人关系，并且利用这样的关系连接成一张关系网。而西方社会在结构上则十分的简单单一，因此我国的乡土观念更加的深厚和明显，关于宗族和地域的观念更是根深蒂固。合作社正是以亲缘和地缘关系形成和建立起来的组织，强调共同纽带，那么在我国发展合作社则有了便利的基础条件，也能够为后续控制信贷风险提供有力帮助。

第五，合作金融在中国有着内生性以及自发性的特点，这是从大量的实践当中总结出来的。当前，我国农村存在各种各样松散和自发的资金互助组织，它们都属于合作金融的范围，可以实现互助融资的目的。民间融资在我国的民间广泛存在能够有效体现出合作特征，这实际上也属于一种自发合作金融的形式。

（五）重构我国农村合作金融法律制度的具体建议

我国在完成农村金融的股份制改造工作后，推动我国农村金融法律制度的健全发展的关键点是应该打开民间金融市场，通过立法的方式来为农村金融的发展提供有效的制度保障，并且在立法当中明确指出民间合作金融所要遵循的原则，有效利用税收优惠等多样化的制度安排来将民间金融和商业金融区分开来，引导资金流入农村地区，有效调动三农体制内的资源，为推动农村社会经济的发展提供动力，也使得大量的金融资本能够留在农村，推动农村金融业的发展。具体建议包括：

1. 肯定农村信用社产权制度改革的开放性，明确民间金融合作化的基本思路

全面推动农村信用社的创新改革工作不能够一味地按照统一新思路，但是应该明确的一个问题是要肯定其产权制度开放性特征。只要是有助于农村信用社自身发展，并且能够有效支持“三农”，任何产权制度形式探索都应当允许。长期以来，我们一直徘徊寄希望于商业银行或政策性银行等外力救济，在制度供给上忽视了真正的合作制金融的力量。相比之下，合作制金融机构属于农村内生性金融资源，在农村既有的组织资源的有效动员与利用上比股份制金融更有优势，更容易降低交易成本和克服信息不对称。我国民间资金充裕，但在农村体系内资金相对缺乏，即便如

此还存在资金外流的问题，农村资金回流机制尽管受到最高决策层的关注，但截至目前尚未出台有力的政策措施，即便出台也可能面临不符市场规律的争议。为此，有效动员农村体系内部的资金，引导农村体系内部资金实现自助，防止在利润压力下金融资本逃离“三农”，是全面推动农村合作金融法制创新最优之选以及重要的突破口。从合作金融特点及国外大量经验表明，作为社员“共有、共享”的机构在服务弱势群体方面较外部商业机构更有动力和优势，且避免了政策性金融的低效率问题。因此，有必要丰富现行的农村信用社改革方案，肯定民间合作金融化的基本思路及其对于“三农”的现实价值，构建完善的合作金融法律体系，对现有农村信用社区别情况进行分类引导，充分挖掘“三农”体系内的资金资源，促进内生型金融发展，培育一批农民自己的真正意义上的金融组织。

2. 制定合作金融的专门法律，加强制度供给

传统经济学理论当中表明，要想推动经济快速增长，需要发挥多个因素的共同作用，其中包括技术、劳动、人口增长、资源等一系列条件；制度经济学理论当中表明，制度是社会资本的一个重要点和核心内容，也是经济发展必不可少的软件条件，而且软件要比硬件更加重要。因此，制度是提高经济增长水平当中不能替代的资源，应该对其提起高度重视，而且要想积极构建农民金融组织，就必须要从现行金融法律体系的建设着手，制定合作金融的专门性法律，来给予制度资源的支持。

美国颁布《联邦信用社法》的最为主要的原因是要推动合作金融的构建以及长远发展，另外还有很多其他国家也为合作金融的发展提供了坚实的制度保障，如德国有《银行法》，印度、阿尔及利亚等国有《信用法》等。而如果对中国合作金融制度进行分析的话，能够发现一个明显的问题是制度供给不足，也就是没有体现出对于合作金融构建的支持和制度的保障。虽然目前关于农信社的法律制度已经有所出台，但是其中并没有对信用社特点以及相关性质等核心内容进行阐述，而且法律的层次较低，执行力也较低，也因此没有得到较大的实施效果。《商业银行法》规定“城市信用社、农村信用社办理存款、贷款和结算等业务，适用本法有关规定”，这样的规定可以说将农村信用社基本等同于商业银行，从而忽视了农村信用社的特殊特征。2007 年出台的《农村资金互助社管理暂行规定》体现出想要构建新型农业金融组织的想法，但是并没有将资金互助社进行准确的定位，没有认识到资金互助社属于什么范围。

因此，我国应该尽快在制定《农村合作金融法》，并且在农村地区执行落实，明确指出农村合作金融的宗旨、目标、机构设立、经营管理等，在建设农村合作金融

时必须要明确地和股份制的商业银行区别开来，构建为社员专门服务的社区合作金融组织。在设置机构时，考虑到在我国农村地区没有实质意义的合作金融，可以为其提供优惠支持条件，采用激励和引导的方式来鼓励农村信用社进行转制，构建具有真正意义的合作金融机构。对于还没有设置农村合作金融组织的地区，可以展开试点实践，从中积累丰富的经验，在机构设置方面学习技巧和展开反思，之后再进行全国性的推广。

3. 对农村合作金融性质进行明确界定，区分其与营利性商业金融机构

按照法人成立目的标准，法人有公益法人以及营利法人这两个大的分类，营利性法人追求私人利益的获得，而公益性法人则是为社会公益的获取提供保障。信用社的主要工作目的是为广大社员提供便利的金融服务和廉价信贷来源，因此需要将其作为公益法人，并将其定位为非纳税团体。从金融理念出发，合作金融机构坚持人帮人的互惠宗旨，建立的精髓是实现人的联合，并不是将盈利作为追求目的，力求通过共赢的方式来切实让广大社员从中受益，获得能够迎合他们需求的金融服务。社员应该在农村合作金融机构中有着开放性资格，这里的开放性资格指的是符合一定条件的自然人都能加入其中。总之，合作金融性质当中能够清晰地体现互帮互助的精神，让社员的金融服务需要得到满足，但有着非常明显的扶贫救助含义，种种这些要求都决定农村信用社不能够成为营利性的商业金融组织。对此，商业金融机构和农村金融机构必须要进行明确的划分，前者属于营利法人，而后者则属于公益法人，那么在推动农村合作金融发展时就需要依照公益法人原则和标准来实施规范。

4. 确定农村合作金融的运行原则，完善合作金融治理机制

长时间以来，农村信用社都属于一种有名无实的合作金融结构形式，在这样的情形之下，一些学者以及政策的制定者甚至思考要放弃我国农村的合作金融之路。对此，必须要展开专门的立法工作，注重建立和完善农村合作金融机构的治理机制，切实将合作金融的精髓和宗旨体现在制度当中，用立法的方式提供保障。与此同时，要有效吸收我国农村合作金融在构建和发展当中实际上处在有名无实的地位当中而得出的经验和教训，在实际的立法工作当中要将互助原则的内涵进行淋漓尽致的发挥，将互助原则体现为以下几个层次：第一，自愿性。如果合作金融在构成的过程中，依靠的主要力量是强制的行政手段，那么和互助原则就会形成明显的悖论，必须要体现出自愿原则，使得合作金融的优势能够得到有效发挥。第二，平等性。平等性原则要求要实现社员地位平等，而且农村的合作金融机构在对待每一位社员时，

都要秉持平等态度，真正做到一视同仁。在这一过程中要关注的一个焦点问题是，不少发达国家在探索合作社改革工作当中出现了一个非常普遍的现象，那就是非互助化的发展趋势，让原本的互助性质和原则被打破。对此，我国要从中吸取经验和教训，在合作金融立法上需要将其作为参考，有效贯彻平等性的原则，真正实现互助合作。第三，民主管理。政府干预和无法充分发挥社员的民主管理职能是造成一大部分农村金融组织失败的主要原因，因为政府过多地给予干预会使得整个机构内部的机制出现混乱，社员原本的民主管理权利被剥夺，那么其结果也是可想而知。因此，在对合作金融进行立法时，必须要重视规范合作金融机构的治理，同时要积极推进民主管理机制的构建，避免过度的干预，充分发挥合作金融组织的自治权和自主权。由于目前民主管理机制还没有真正地完成构建，这就呼吁部门展开外部监督工作，通过加强监督管理的方法来对合作金融进行恰当引导，使其能够逐步实现互助融资目标，但是必须注意不能够干涉它的日常经营。

5. 积极构建特殊支持制度，给予税收优惠支持

市场经济在发展过程中要求体现出平等原则以及公平竞争的原则，虽然如此，按照正义原则的要求，农村金融处在弱势地位，他们需要给予更多的倾斜和帮助来逐步跟上城市地区金融行业的发展步伐，有效解决城乡发展不平衡的问题。此时虽然在市场经济的形势下，还是需要给予农村特殊支持，而且这样的支持符合正义原则，应当被实际应用。三农问题是涉及国计民生的大事，是国家经济发展的重要组成部分，更是国家战略的组成部分，对于国家经济的发展有着战略性价值。通过对农村信用社等发展情况进行分析，并且将其与我国城市金融机构进行对比能够发现，农村信用社是整个金融领域的幼稚产业，处在弱势和不利地位，而且有着非盈利特点。对此，在金融立法当中，要给予农村合作金融组织特殊性的支持和鼓励，让他们充分享受到政策和制度为他们带来的优惠，有效提高社员的积极性。

从美国合作金融改革当中吸取经验教训，并且借鉴其中正确的做法，笔者认为应该彻底免除农村地区金融机构的所得税。取消所得税的做法可以说是对农村金融发展的一个有力支持，也是农村金融改革的一项重要举措，有着巨大的历史意义和实践价值：第一，能够为农村信用社的发展注入生机活力，进一步降低其运营成本，同时也能够让贷款利率水平大大降低，从中让社员获得良好的收益，有效激励社员来推动信用社的发展。如果从经济层面上来看，利率的设置必须和风险水平相协调，但是从具体的情况出发，农村地区的经济发展水平低，如果将利率水平设置过高的话，会使得信用社陷入贷款循环当中，甚至会背负民间高利贷。有很多的学者认为，

必须要放开对农村利率的限制，保障资金的合理回报，从而对其他资本的进入提高吸引力，但是不能够忽视的一个问题是设置较高利率和推动三农发展并没有必然的关联。目前关于农户贷款，可以将其分类为基准利率上浮，如果能够加强制度设计和金融立法，有效减少合作金融机构的运营和发展支出，让原本信息不对称的现象得到有效缓解，同时也能够降低风险。另外，还可以扩大农民的储备资本，这对于服务三农和发展三农来说都有着重要意义。第二，针对农村的合作金融机构，适当提升存款利率可以起到鼓励储蓄和吸收存款的作用。在实现免交所得税后，原本较大的运营负担就可以轻松卸下，并且适当地提高存款利率，这样就能够极大地增加合作金融机构对于外部资金的吸引力，而吸引来的大量资金可以极大地扩大三农资金，缓解资金从农村流出的问题。国家免除的那部分税收可以用于当地的发展，并将其投入到发展三农当中，有效避免国家财政资金的可能渗漏。第三，大量的实践证明，设置在欠发达地区的农村合作金融机构在盈利空间上是十分有限的，采用减免所得税的措施不会对国家的财政税收造成较大影响。新时期三农工作提出的一个重要方针就是多予、少取和放活。我国农村合作金融组织的盈利能力有待提升，而且在整体规模和专业人才方面有着很大的限制，国家免除其所得税并不会极大地冲击国家的总体税收。

6.合理设定监管边界，恰当选择监管模式

我国的农村信用社面临着较重的监管负担，在很大范围内是受到监管最多的合作金融组织，要在多个监管主体的介入之下来求得生存和发展，并且受到它们的普遍监督，其中最为主要的监管主体是地方上的政府和省联社。从整体上看，农村信用社规模小，抵抗外部干预的能力较低，如果对其进行过多的外部干预，很可能会使得自主经营的权利被剥夺，那么广大社员原本享有的民主管理权利也得不到保障和发挥。合作金融与股份制银行相比，存在规模小和业务简单的特点，因此在很大程度上不会为大的金融体系造成风险。对此，在农村金融立法当中，必须要加大对农村信用社的支持和帮助力度，有效引导民间资本的融入，而且在实际监管工作的实践当中要做到差别对待。在监管当中需要注意以下几个问题：第一，保障社员充分享有民主管理的权利。第二，避免合作金融机构在社员外非法吸收公众存款。第三，加大操作风险监管力度。第四，限制投资行为。第五，制定及时纠正措施。我国农村合作金融组织要想缓解自身资金储备不充足的问题，往往缺乏良好的渠道，而且渠道十分单一，再加上社员股份具有波动性，那么就需要重视未分配收益的有效管理，并对其中的风险进行及时的监测和预警，避免金融风险和重大案件的发生。

第三节　农村政策性金融的法律制度的革新解析

农业政策性金融政府为了保障特定农业政策目标的实现，对于农产品交易以及农业生产等方面展开金融支持。原有的三大政策性金融机构都有不同数量的涉农政策性信贷。

2008 年，国家开发银行完成转型工作，成为股份制的商业银行，原有的政策性金融的支农功能也不复存在。而中国进出口银行在出口信贷业务方面也仅仅发放涉及农产品的出口信贷，由此农业发展银行演变成我国农村政策性金融主要机构。2005 年年底，人民银行行长周小川指出："目前，我国政策性银行的发展进入了一个新的阶段，为适应新形势，传统的政策性银行要转变成为符合市场经济需要的、财务上可持续的、具有一定竞争性的开发性金融机构。"2007 年召开全国金融工作会议，在会议当中指出，农业发展银行可以在农村地区从事开发性的金融业务，并且也获得发放中长期综合贷款的权利。2010 年中央"一号文件"：由此观之，我国主流的改革趋势是由政策性金融机构向开发性金融机构变革，而农业发展银行借着这股东风需要不断地进行开发新业务的拓展，扩大业务范围，增加在政策性金融支农方面的力度，对我国社会主义新农村建设提供积极支持，而这也是当前阶段农业发展银行创新改革的重要任务之一。

开发性金融是指具有政府授权的法定金融机构，开发性金融坚持将市场业绩作为根本基础，利用融资的方式来推动制度以及市场的建设，从而保障政府特定经济和社会目标的实现。政策性金融与商业性金融条件相比有着一定的优势，可以凭借优于商业性金融的条件为特定的项目提供贷款支持，而不是追求自身利益的获得和最大化，其实质是对财政拨款的补充和延展。开发性金融属于政策性金融的发展以及深化，除了能够从事与政策性金融业务相关的业务以外，还可以开展商业性金融业务。因此，开发性金融具有双重制度功能：一是可以通过非盈利的政策性业务弥补"市场失灵"；二是可以通过商业性业务避免"政府失灵"，实现金融机构自身的持续发展。在此我们以农业发展银行为主要研究对象，探讨我国农村政策性金融制度的发展与创新。

一、农业发展银行战略转型的动因

（一）农业发展银行战略转型的原因

理论解释农业发展相对落后，投资回报率低，如果依赖于市场机制，难免深陷农业金融市场失灵的结局。政策性金融制度的产生和发展，是政府为纠正市场失灵而构建的国家干预制度。政策性金融机构执行政府职能，受其自身特点及功能的局限，也同样存在诸多缺陷。开发性金融制度作为对政策性金融制度的深化与发展，能够作为政府在市场经济发展当中合理配置金融资源的有效工具，可以说是促进资源优化配置以及实现社会经济效率最大化的必不可少的制度安排。利用开发性金融可以有效弥补政府和市场失灵的问题，最大化地发挥出政府对于农业经济的调控和引导作用。

虽然迄今为止市场经济可以被称为一种有效配置资源的方式，但是我们不可忽视到的一个问题是市场机制并不是总是最有效。正是因为市场机制的存在，才会出现市场失灵问题，而市场失灵的一个非常显著的表现就是市场失灵内生于市场机制，市场失灵使市场运行配置资源时存在非效率和非公平的现象，而市场自身又无法克服市场失灵，这就需要市场外的力量介入。金融市场的失灵同样需要政府的干预，因为商业性金融以利润最大化为目标，必然忽视盈利水平低的产业和领域。农业生产周期性长、贷款风险高、营利性弱，商业性金融多不愿涉足，纷纷“洗脚进城”从农村撤离。市场机制下商业性金融的理性逐利本无可厚非，但导致农业缺乏资金支持，严重影响农村作为国家基础产业的地位，并可能产生影响粮食安全等国计民生问题。为了克服农村金融市场失灵问题，政府出资建立农业发展银行，将利率低、期限长的贷款投向商业性金融不愿意介入的领域，以弥补市场机制的不足。

政府干预市场经济建立在多项预设条件之上，如政府能代表绝大多数人利益做出更恰当的公共决策，政府可在低成本运作上实现高效率等。实践证明，这只是理论上的假定和美好的预设，事实上政府与市场一样并非万能。公共选择学派在研究政府在市场经济发挥的作用时，将“理性经济人”假设作为根本出发点，也由此证明政府和市场一样同样存在缺陷，无法长久地保持高效率和低成本的运行，针对市场无法解决的问题，政府在解决方面也不一定能够做到圆满，而且一旦出现政府失灵的问题，会给整个社会的发展带来巨大灾难，造成不可估量的后果和资源的浪费。从中我们也可以得出这样的结论：市场失灵并不能够作为政府干预的充分理由，当市场无法对市场当中出现的不良行为进行调整和规范的方面，政府也很有可能难以

圆满地完成这一项任务，也就是说，政府同样也存在着失灵的问题。政府失灵，指的是政府在经济发展当中干预不当，不能够有效解决市场失灵的问题，甚至对市场功能的发挥造成了限制和阻碍，进而造成经济关系扭曲，加剧市场缺陷的严重程度，难以确保资源优化配置的实现。政府失灵主要有以下四个方面的表现：政府公共决策失效、政府工作效率低、政府重点单位的扩张和政府的寻租行为。对于农村政策性金融，作为政府纠正市场失灵的工具，根据公共选择理论，同样存在失灵的现象：

1. 公共决策失效

在市场失灵情况出现后，政府为了有效纠正这一情况积极提供必要公共物品，相关部门会做出公共决策，但是公共决策也存在失效，而且无法达到预期目标。根据公共选择理论，公共决策失灵有以下几个方面的原因：一是公共决策不一定能够确保公共利益的实现。阿罗的不可能定理可以非常充分地证明，不存在哪一种方案可以把个人偏好加总成为一组正确的社会偏好。因此，很难界定作为政府决策目标的公共利益。二是在界定了公共利益的范围后，农业发展银行由于决策信息的不完全、决策对象的复杂性以及现有的公共决策机制缺陷，可能使公共产品的提供（支农贷款）与预期目标发生偏差，导致决策失灵。

2. 效率偏低

政府资金的公共性决定了政府机构缺乏节约成本的动力，“花别人的钱，办别人的事”，资源浪费在所难免。而且处于垄断地位的政府机构，竞争激励缺位，工作效率低下。农村发展银行的奖金和信贷资金基本上来自政府财政拨款，运营也往往依赖于财政资金，这种股本金和运营资金的公共性导致其对成本与收益的关注度较低，而且在保本微利的政策目标下，缺乏营利的激励，无论是机构还是工作人员都很难实现高效率，导致财务不可持续。

3. 存在“寻租”行为

在公共选择理论看来，政府及政府部门作为一个机构主体，其政治目标的实现是由官员来完成的。作为公共决策具体执行人的官员同样是理性经济人，他们同样会追求自身利益最大化，追求升迁、加薪、轻松的工作及好的福利，当监管不到位时，极易出现权力和资源之间的交易。农业发展银行因国有产权主体虚置，难以建立对管理者的有效约束机制，管理者拥有对资源的实际支配权，这就造成寻租问题时有发生的状况，难以发挥其真正的职能以及优势，效率也得不到有效提升。

政府失灵问题是难以避免的，那么在政策性金融的基础上引入市场机制，并积极推进政策性金融机构的商业性盈利业务，将其转型为开发性的金融机构是十分必要的。开发性金融以国家信用和市场业绩为基础，具有以下优点：其一，以国家政策为宗旨，运用国家信用筹集资金，投入到商业金融不愿介入的农村信贷市场，支持“三农”发展，克服农村信贷市场失灵问题。其二，开发性金融追求良好的市场业绩，重视财务的可持续性，最大限度地淡化政策性金融的行政色彩，避免政策性金融存在的决策失效、低效率、政府干预不当以及寻租行为等问题。其三，金融业是一个具有明显范围经济效应的行业。一般情况下，对于一个既定规模的金融机构，其业务种类、数量越多，运行的平均成本越低。

综上可知，农业发展银行扩展业务种类和数量可以有效降低金融机构业务运行的平均成本。将商业性和政策性的金融业务进行有效融合，形成了一种交叉补贴的形式，有效减轻政府的各项财政负担。

（二）农业发展银行战略转型的现实原因

1. 粮食贷款业务急剧萎缩，新农村建设需要资金支持

2003年，我国在全国范围内开始了推进粮食流通体制的改革，有效放开粮食收购价格，并将其直接补贴给农民。广大粮食企业开始进行市场化的运作和发展，使以“三项政策”为基础的农业发展银行需要受到极大的考验，而且这一考验是不可避免的：一方面，农业发展银行的粮食收购业务急剧萎缩。根据规定，国储库的储备粮在全国2个月的链式需求世上，省级政府储备粮在1个月的需求量上。在放开粮食购销市场后，多样化所有制形式的收购企业都能够进入到收购市场当中，彻底转变和突破原有企业独揽粮食收购局面，也促进粮食收购资金的多样化以及多渠道。国有粮食购销企业的收购量呈现出逐步缩减的趋势，而农发银行购销信贷业务明显缩减，整个粮食收购市场当中信贷资金的份额大大降低，这样的现象主要体现在东部和西部的产销平衡区。例如，2002年，我国八个粮食主销地区在发放粮食收购贷款比例方面下降幅度达到56%。粮食收购流通体系的放开，推进了政策性金融机构向开发性金融机构的转型。2009年，吴晓灵指出：“农业发展银行在改革设计时很明确规定是做基础设施和开发性建设贷款的，但是由于特定的历史条件成了农产品收购贷款银行，这不是必要的，当农产品收购市场化、价格体系理顺后，农产品收购贷款并不是一个问题。农村发展银行应该以开发性的贷款为主。”另一方面，《关于推进农村改革发展若干重大问题的决定》和中央一号文件在其中都相继指出，要推动农村改革工作应该实施进一步的行动，稳定农村发展的大局，确保农民增产增收，与此同时还强调，农发银行必须要注重拓展支农领域，加大对农村基础设施建设的信贷支持。2010年10月，《中共中央关于制定国民经济和社会发展第十二个五年规

划的建议》：必须坚持把解决好三农问题作为全党工作的重中之重……增强惠农支持力度，有效夯实农业和农村发展的重要基础，提升广大农民的生活水平和生活质量，推动农业的现代化发展，同时也为三农金融服务工作的改革发展提供了创新方向。尤其在转变经济发展方式的背景下，解决农村融资难的问题不能单纯依靠政府财政支持或者市场机制，而应利用开发性金融介于商业金融和政策性金融的特性，依托国家信用，在市场缺损的农村建立市场，用商业化的运行机制发挥政策性支持的效果，为新农村建设提供广泛且强有力的支持。

2. 开发性金融转型实践的效果良好

2004年以来农业发展银行进入了一个多方位、宽领域支农的新阶段。2004年7月，国务院组织召开的第57次常务会议当中，针对农发银行的改革问题提出了以下三方面的要求：第一，农业发展银行要不断地改革但业务的范围必须做到谨慎，而且在这一工作当中要侧重对粮棉油龙头企业加大业务支持，并从中间业务范围着手来进行业务扩大的工作。第二，实施业务的分类管理，区分好商业性的金融业务以及政策性的金融业务，避免掩盖亏损问题。第三，农业发展银行需要将现代银行制度作为运营准则。2004年8月以后，农发银行的业务范围扩大水平逐步增加，并在9月份被获准向粮棉油产业化的龙头企业提供贷款服务和支持。2006年这一业务范围进一步扩展到农、林、牧、渔、副业范围内从事生产、流通和加工转化的产业化龙头企业。2006年为支持《国务院关于实施〈国家中长期科学和技术发展规划纲要（2006—2020）〉若干配套政策的通知》中提出的农业科技发展优先的要求，农业发展银行被批准开办农业科技贷款业务。为支持社会主义新农村建设，2007年1月，中国银监会同意并且鼓励农发银行为农村基础设施、农业开发以及农业生产资料提供贷款业务支持，并且严格要求农发银行在实施以上业务时遵照市场原则，将政策性和商业性的业务划分开来经营。2007年，银监会批准农业发展银行全面开办农业小企业贷款业务，其经营范围进一步扩大。

由此可见，自2004年来农发银行业务范围不断扩大，并且逐步形成“一体两翼”的业务新格局。新格局的形成表明，农业发展银行已经开展商业性信贷业务并尝试向开发性金融机构转变。虽然这种转变引来了种种非议，但实践的效果良好：第一，贷款余额不断提高，支农作用显著增强。2007年信贷规模首次超过万亿元，2010年末各项贷款余额16 709.9亿元，增长15.1%。第二，经营效益明显提高，资产质量得到优化。

综上所述，2004年以来农业发展银行在信贷规模、经营利润和资产质量方面都有显著的变化，说明农业发展银行经营开发性金融业务是必要的。站在世界范围的角度对发展趋势进行分析，开发性金融发展阶段可以划分成以下几个层次：第一，初级阶段。政府财政的延伸使得开发性金融逐步形成，在初级阶段，采用的主要手段是财政，并运用这一手段来解决市场缺陷。第二，制度建设阶段。开发性金融机构将国家信用作为依托参与到农村经济发展过程中，并且为制度以及市场建设起到促进作用。第三，以市场主体身份参与经济发展阶段。在这一阶段开发性金融以市场主体身份参与国家经济发展。随着市场发育水平的提升，相关制度逐步完善，国家在信用和金融业务方面实现分离，也使得开发性金融进入市场化发展阶段，而开发性金融机构也初步完成制度建设，成为真正市场主体。我国农业发展银行的发展契合了以上开发性金融理论，已经完成初级阶段的发展要求，正式步入第二阶段即制度建设阶段。为了更好地克服“两个失灵”，实现农村金融市场的健康运行，有必要对农业发展银行发展战略进行重新调整，把政策性金融机构转变为符合市场需要并具可持续性竞争能力的开发性金融机构，以仅提供政策性金融服务向提供以中长期项目融资为主要业务的金融服务转变，在保障粮食安全的同时促进农业基础设施建设、农业产业化的发展，进而助推整个新农村建设。

二、农业发展银行转型面临的法律问题

（一）农业发展银行的立法现状及存在的缺陷

1. 有关农业发展银行立法现况

农村政策性金融专门性立法严重数量不足且缺乏专业性，只在《中国人民银行法》等中对以农发银行为代表性的政策性银行监管制度进行简单说明，而且内容较少。1995年，《中国人民银行法》35条：“中国人民银行对国家政策性银行的金融业务，进行指导和监督。”2003年，修正之后的《中国人民银行法》取消涉及政策性银行的单独规定：“本法所称银行业金融机构，是指在中华人民共和国境内设立的商业银行、城市信用社、农村信用社等吸收公众存款的金融机构以及政策性银行。”从上面的规定当中能够看到，农发银行是银行业金融机构的一个组成部分，那么规定当中提到的监管制度也同样适用于我国的农村政策性银行。2003年，《银行业监督管理法》第2条中采用了《中国人民银行法》对银行业金融机构的解释，认为银行业金融机构包含农村政策性银行。在上面的法律当中强调农村政策性银行需要受人民银行和银行监督委员会监管。应当注意的问题是，《银行业监督管理法》：“对在中国境内设立的政策性银行、金融资产管理公司的监督管理，法律、行政法规另有规定的，依照其

规定。”从这样的规定当中能够清楚地看到，立法者已经认识到政策银行具有一定的特殊性，并为有关政策性银行的立法预留了空间。

从行政法规和政府规章层面看，涉及农业发展银行的主要是行政法规和政府规章，如：《关于组建中国农业发展银行的通知》《中国农业发展银行组建方案》《中国农业发展银行章程》，这些都是行政法规或规章。此外，《关于中国农业发展银行贷款风险分类办法的意见》《关于向国有重点金融机构派驻监事会的暂行规定》等，其中有提及中国农业发展银行风险管理以及治理结构当中需要遵照的准则。

2. 农业发展银行立法缺陷

第一，规范农业发展银行的不少规定已经无法与新形势的发展需求相适应，出现严重立法滞后的问题。1994 年，我国设立农业发展银行，而在银行设立后并没有出台专门性的法律，只是在相关法律中加以规定。在成立农业发展银行并且确定金融业务时，依照的标准是农业政策性金融机构来对农发银行的业务进行确定的，并且赋予农业发展银行政策性职能。在 1998 年，国家在相关规定当中取消农业发展银行当中关于农业政策性金融的业务，而是将其转化到中国农业银行。2004 年以后农业发展银行逐步开展商业性业务，关于农业发展银行的规定已严重脱离现实。这不仅制约了农业发展银行的发展，也影响其向开发性金融机构转型。

第二，现有规定不仅立法层次低、体系性混乱，而且极不完善。现有法律对农业发展银行的经营范围、运行规则、内部治理以及转型中出现的新问题缺乏规定，存在“规范盲点”。如立法没有考虑到农业发展银行尚未建立“分账管理”等相应财会制度的问题。在无法可依的状态下推进商业性业务存在许多风险：一是业务经营无准确的法律定位，具有很大不确定性；二是农业发展银行某些符合开发性金融特点的经营行为缺少法律法规的保障，得不到有效的法律保护；三是影响了农业发展银行的支农效果，也制约了其自身发展。

第三，监管制度设计针对性不强。依据以下两个法律《中国人民银行法》《银行业监督管理法》，它们同样适用于政策性金融机构，这样的规定会使得在监管实践当中出现监督目标不清晰以及监管范围模糊的问题。就当前我国的法律制度而言，将政策性和商业性银行监管混同难以体现对政策性银行特别是转型中政策性银行的变化的需要，严重削弱了外部监管的有效性。所以，为了有效考评和防范农业发展银行的风险，有必要构建农村政策性金融的监管制度。

第四，农业发展银行与政府之间的责权利关系缺乏规范约束。由于法律制度的不完善，政府通过各种方式对农业发展银行进行干预，包括人事权力、业务发展权、贷款投放，甚至具体到贷款数量、贷款期限、贷款利率等，都受到严格管理，许多经营活动还需要财政部审批。政府不适当的干预导致农业发展银行缺乏自主经营权，削弱了市场力量对农业发展银行发展的激励和引导。

（二）战略转型中立法缺陷带来的问题

在缺少法律制约的条件下，改革前的沉疴与转型中的新问题交织在一起，产生一系列负面效应，严重制约了农业发展银行的发展。

1.职能定位混乱

近年来，农业发展银行已经开始尝试开发性金融转型的改革，业务范围不断拓展，逐步开展了商业性金融业务实践，这样的实践造成的一个非常严重的后果是商业银行以及政策性银行业务重叠问题日益严重，难以明确出各自的业务边界，形成一种不良的竞争状态。但是在具体的立法当中并没有明确的规定农发银行的职能，也在这些问题方面引发大量争议，为农业发展银行的转型和改革工作带来了极大的阻碍。与此同时，商业银行对于农发银行的做法也是相当不满，认为其“政策性不足、商业性有余”“脚踏两只船”。

这种观点主要认为：一是认为农业发展银行在设定自身的业务范围时，必须应该限制在非盈利的范围之内，不能够和商业银行形成不良争利问题，如果农业发展银行能够获得较大的盈利，那么也会有大量的商业金融进入其中。例如，在农村的基础设施建设当中提供中长期的信贷业务，在这一业务上有着非常可靠的还款来源，可以说是有利可图，那么也因此有很多商业银行想要进入到这一领域当中。二是农业发展银行享有国家信用，能以国家主权信用为担保在银行间债券市场发债，筹集到成本较低的资金，即使扩展的商业性业务与政策性业务分账经营，凭借国家主权信用的担保来从事有关的商业性银行业务，会造成抢占商业银行市场的问题，这也会形成一种不公平竞争状态。产生这种争议的原因在于，农业发展银行运转多年特别是在转型期间，但一直缺乏专门法律的明确规定。因此，制定规范农业发展银行的专门法律已经非常紧迫。著名政策性金融研究者白钦先教授认为，“有了立法之后，才可能说谁做得对，谁做得不对；谁到位了，谁没到位；谁没有越位，谁越位了。”可见，农业发展银行业务范围的界定、政策性业务和商业性业务比例如何分配，是亟待解决的问题。

2.资金来源及结构存在突出问题

农业发展银行充足的资金供给离不开稳定的资金来源，特别是在逐步开展商业性业务且贷款余额不断增加的转型时期，资金供给不足严重制约了其顺利转型。目前农业发展银行的资金有以下几个来源渠道:（1）资本金;（2）财政支农专项款;（3）中央银行再贷款;（4）中央银行的利差补贴;（5）发行债券等。2009 年，农业发展银行资金来源主要集中在三个方面，央行借款占负债总额的 22.38%；金融债券占比 49.70%；各类存款（包括同业存款和其他金融机构存款）占比 27.11%。由此可见，农业发展银行的资金来源存在以下问题:

首先，资金来源不足，导致实收资本与资金运用风险管理要求失衡。农村政策性银行承担着为农业、农村发展融资的职责，资本充足率一般应高于普通商业银行。以发展中国家为例，如印度高达 39.05%，而泰国也为 20.63%。我国农业发展银行自有资本在其成立时就未能达到规定的 200 亿元注册资金，十多年的经营中也没有随着贷款规模的增加补充资本金，资本充足率远远低于国外农业政策性银行的水平，与风险控制管理的要求相去甚远。

其次，央行借款比重过大。虽然央行借款占负债总额的比例已由 2006 年的 42% 下降为 2009 年的 22%，但其所占比例之大在国际上仍然少见。由于政策性信贷资金运行过多依赖央行的基础货币，当农副产品收购旺季政策性贷款刚性需求增加时，则倒逼央行增加基础货币的发行量，严重影响央行宏观调控政策的实施和经济的稳定。

3. 准政策性贷款归属不清且违约率高

中国农业发展银行的一份文件的数据显示，截至 2009 年年末，在农业发展银行的真格银行系统当中，粮油准政策性不良贷款达 157.01 亿元，比去年增加 103.8 亿元。而且在高于 150 亿的不良贷款当中，吉林、辽宁两省占据近 70% 的比例，分别为 76 亿元、24 亿元。国家审计署 2010 年 4 月 20 日发布的对农业发展银行 2008 年资产负债损益结果表现: 2008 年整年其违规经营资金达 93.84 亿元，分支机构造成的贷款资金被挪用或者骗取的金额达到 52.99 亿元，而且违规案件大多发生在准政策性粮棉油收购贷款中，主要是由银行工作人员操作不当或者工作失职等原因造成的。

农业发展银行在转型中已开始开展部分商业性（自营）业务，但农业发展银行自定“准政策性贷款”的统计口径。因此，财政部与农业发展银行对政策性贷款归属存在很大分歧。农业发展银行认为，准政策性贷款用于向地方政府支持的农业企业提供粮食收购融资，不属于农业发展银行自主发放的部分，很大程度上仍是执行政策性任务。如果不能够收购这些企业的贷款，就极有可能会出现农民卖粮难问题以及收购企业打白条的问题。对此，政府会要求农业发展银行支持粮食收购，因此，准政策性贷款仍然属于政策性贷款的范畴，但是财政部门在准政策性贷款的认定方面，更加倾向于商业性涉农业务，因为财政部从来未承认农业发展银行自定的“准政策性贷款”。农业发展银行于2009年颁布的《准政策性贷款管理办法》较为明确地给出了准政策性贷款的概念：准政策性贷款是为了有效履行农业政策性银行的有效职能，更好地对粮棉油收购工作进行支持，推动产销有效衔接，维护农产品和生产资料市场稳定，而由农发银行自主发放以及风险自担的贷款类型，表明有农业发展银行自负盈亏。很显然，准政策性贷款的归属不清，导致相关贷款违法经营和管理不当的责任不明，缺乏明确的制度约束，道德风险激增，不良贷款数额膨胀。

4. 内控和监管不到位

近年来农业发展银行向开发性金融转型的过程中，内部管理和外部监管不力，经营风险频频暴露。农业发展银行目前采用一级法人下的分支行行长负责制，没有完全分离所有权、决策权、管理权，在内部管理方面尚未建立起完善和具有约束力的权力制衡机制；外部监管则法律中立不足，行政色彩过浓。最近媒体曝光长春市禾丰粮油经销有限公司对农业发展银行吉林省分行的巨额逾期贷款一案，截至2009年2月末，禾丰粮油经销有限公司逾期贷款的数额竟然高达2 247万元。在对这一事件进行调查研究后，农业发展银行给出的分析报告当中认为，这一事件的发生是由于农业发展银行的农安县支行在对涉事公司提供贷款时没有在调查、发放以及管理等环节进行严格把关。最后给出的处理方案是对涉事责任人处以800元至1 000元的罚款，这样的经济处罚很轻。根据内部人士的透露，农业发展银行的吉林省分行的监察部门介入这一事件，对上述给出的经济处罚有所加重，但是仍然没有听说对其给予实质行政处罚。从这一典型案例可以看出，内部管理和外部监管两方面均存在问题：

一方面，经营管理情况混乱。其一，贷前调查不严，未能及时发现借款企业提供的明显虚假资料，如农业发展银行吉林连环贷款迷局亦是此种情况；其二，没有按照相关的收购进度进行放款，在售粮回款方面没有加大监督力度，尤其是没有关注到贷款资金中的异常问题，并且没有对其采取及时有效的管控策略，最终导致信贷制度流于形式。如本例中禾丰粮油经销有限公司挪用贷款投资期货，长春市农业发展银行对此贷款的风险一无所知。

另一方面，信贷业务管理不力。第一，薄弱的授信环节。对于授信环节的基础工作，农业发展银行在这方面还存在很多薄弱点，没有形成对集团客户综合授信制度执行状况的全面跟踪和监控。一些企业往往会利用农业发展银行地区、部门之间在授信管理工作中信息不对称的疏漏之处来展开骗贷活动，进而防不胜防。第二，不可靠的客户信用评级。在很多农业发展银行的分支机构，在实际上开展客户信用

评级工作当中，往往注重形式，甚至是流于形式，没有及时发现企业提供的虚假资料。第三，不真实的信贷资产质量。2009年4月份，湖南长沙巴黎纺织服装公司挪用农业发展银行的棉花收购贷款进行房地产的投资，从而导致巨额贷款不能归还。在处理这一事件中，农业发展银行的湖南省分行为了掩盖这一不良贷款采用了违规办理贷款展期手续的方式，从这一事件当中也能够明显地看出部分信贷资产质量不真实的问题。

在缺乏有效内控机制的同时，外部监管机制也不完善，缺少有效的责任追究机制。农业发展银行由银监会、人民银行、财政部等部门从不同的角度进行监管。首先，中国银监会关于资本充足率的规定，只对商业银行具有刚性约束，对农业发展银行仅是一个软性约束的检测指标，即使国家每年下达信贷计划控制农业发展银行的信贷规模，但对于农业发展银行的担保、承诺等表外风险资产没有约束。其次，各个监管部门间的分工尚未建立有效的协调机制，不同的监管标准、规则与要求使农业发展银行无所适从，同时很多环节又出现了监管真空，为内部人控制和权力寻租提供了条件。如在长春市禾丰粮油经销有限公司巨额逾期贷款一案中，农业发展银行农安县支行在调查、发放、管理环节中把关不严，监管机构并未及时发现问题，而且当不良贷款形成以后，对信贷管理人员也未追究相关责任，违规接近零成本，导致不规范行为难以有效预防。

（三）国外农村政策性银行转型的立法经验

农业政策性银行必须对市场经济发展需求以及农业发展需求进行综合了解，从而更好地适应其需要，向着开发性金融机构的方向进行创新改革，这样的改革路径已经在很多国家的金融实践当中得到验证，并且取得了显著效果。在1980年以后，很多国家的政策性银行开始了转型之路，并且全面推进多元化经营的进展。法国的农村政策性金融机构（法国农业信贷银行）早在1959年就开始向开发性金融转型，法国政府当年通过一项法令，授权该银行对农村地区的较大人口聚居地（不少于两千居民）提供抵押贷款，突破了传统的以农业为导向的政策性银行经营宗旨。在此后的几十年里，法国农业信贷银行不断扩展其服务对象范围，支农能力也不断增强。到1979年，法国农业信贷银行几乎为全部的农村社区提供服务，服务对象超过法国总人口的一半。美国1916年通过了《农业信贷法》，以此为基础形成了美国完善的农业信贷系统。此后不断更新和扩充农业信贷机构的经营范围，从1916年以来经历了大约10次调整，最早的是1923年的《农业信贷法》，后来分别于1927年、1947年、1961年、1971年、1978年、1982年、1985年、1987年、1996年等年份，进行了不同程度的修订。

发展中国家的农业政策性金融机构战略转型也毫不逊色，各国都相继对本国的农业政策性金融进行调整，以适应不断变化的新形势。以菲律宾、泰国为例，1963年根据《农业土地改革法》建立了菲律宾的农村政策性金融机构——菲律宾土地银行，但是由于在资本和组织结构等方面的不足，不能满足实施农业改革的要求。1973年颁布了251号总统法令，授权菲律宾土地银行从事商业性金融业务，开始向开发性金融的转型。这一法令的颁布使得该银行的贷款范围有了很大程度的扩大，也有效增强了银行的可持续发展能力以及稳定财务的能力。通过商业性金融业务的经营为政策性金融提供补给，以达到为小型农户和渔民贷款的目的。值得一提的是，菲律宾的农业政策性金融已经在发展中国家产生一定的影响，并受到国际组织的重视。菲律宾土地银行的行长多次担任亚太农协主席。泰国农业和农业社银行依据1966年颁布法律而成立，该法律规定了的贷款范围较狭窄，为了适应农业发展的需要，多年以来一直扩展其经营范围，1976年、1982年、1992年、1994年对该法律进行了四次修正，加速推动农业社向开发性金融转型。

从以上各国的立法经验看，无论是农业政策性银行的成立还是政策性银行向开发性银行转型，均遵循“一法一行”，在成立金融机构之前或在转型过程中先单独立法，即先立法后设立机构，以法律形式明确开发银行的职能定位和业务领域，进而在法律中明确农业政策性金融的法律地位、经营范围、融资方式、组织机构、内部治理机构、权利义务、内部管理办法等内容，借着这样的机会明确划分出二者界限，能够有效降低金融以及道德风险。不同国家的实践证明，法律保证了农业政策性金融通过向开发性金融转型，提高经营效率，实现了业务运行的可持续，提高了服务农业、农村、农民的深度和广度。

三、保障农业发展银行转型的立法建议

我国自改革开放以来秉承“先试点，后立法”的理念，法律制度滞后，使农业发展银行在转型的过程中，问题不断凸显。所以，制定类似《农业发展银行法》的法律文件，已经成为农业发展银行向开发性金融转型必需的法律制度保障。

（一）立法模式的选择

1. 一行一法还是多行一法

对于开发性金融机构的立法模式，目前主要有两种观点：一种观点认为，虽然根据我国2007年金融工作会议的决定，国家开发银行已经先行改革为商业性银行，

2010 年又将进出口银行定位为政策性银行，农业发展银行作为政策性银行定位的基调基本确定。但是以上定位都体现了开发性金融的本质，只是因为发展阶段不同而对定位的表述有所差异。国家开发银行处于开发性金融的第三阶段，其运行开始纳入市场轨道，而进出口银行和农业发展银行还处于第二阶段，需要依靠国家信用参与市场活动。三者都统一于开发性金融，所以应当选择"三行一法"的立法模式，制定一部开发性金融机构法，专门规范开发新金融机构的共同问题。另一种观点认为，开发性金融在不同的历史时期和发展阶段对于制度的需求也各不相同，那么我国在具体的实践当中就需要对差异化的政策性金融机构或者开发性金融机构分别立法，实行"一行一法"的立法模式，即分别制定国家开发银行法、进出口银行法和农村政策性金融法。第一，不同政策性银行具有不同的业务领域和经营特点，如果采用同一部法律规范，制度的针对性可能不会很强。第二，经济高速发展带动产业发展，产业融资能力的增强必然会减弱政策性金融的现实需求，尤其是在制度以及市场建立后，开发性金融机构关于政策性业务的使命也就会发生变化，这势必导致法律制度的废止或修改。采取"一行一法"的立法模式更便于法律制度的修改。第三，从国外的立法实践来看，多数国家针对农村政策性金融的特点采用了单独立法的模式。

2. 制定法律还是行政法规

无论是政策性金融还是开发性金融，都是借用国家信用，动用公共资源贯彻国家的支农政策，具有极强的公共性；同时，公共资源的利用必然涉及全体纳税人权益。根据现代社会治理的理念，国家的权力（包括财政权）源于全体公民的授权，为了提高公众的认同，保证立法自身的正当性及权威性，应当对政策性金融机构或其转型的问题制定法律加以规范。从我国现行立法情况来看，《商业银行法》由全国人大常委会以法律形式通过。政策性银行与商业银行同为金融机构，同样应该以法律形式来规范其行为。此外，虽然法律的稳定性和立法程序的合格性，导致立法通常滞后于社会需要，立法机关常常授权行政机构行使立法权，但是行政机构制定行政法规或规章的便利却牺牲了权威性和规范性，这也正是现阶段，我国在政策性银行立法当中显现出的突出问题。对此，制定《农业发展银行法》更加有利于我国农村政策性银行走上法治的轨道，引导其向开发性金融方向发展。

（二）立法应重点规定的几项内容

《农业发展银行法》是农业发展银行业务运行，保障职能发挥和目标实现的根据。《农业发展银行法》将行为法以及组织法进行有效融合，而且对农业发展银行的法律地位、管理体制、经营机制、监管等问题做出规定，还需要对农业发展银行的业务范围、财会制度、扶持政策等相关问题给出明确的规定。

1.法律地位和经营目标

将农业发展银行转型为开发性金融机构，不仅要求其依靠国家信用的基础筹集资金为农业提供中长期融资，同时要求其健全制度。农业发展银行有着下面几个突出特征，接下来将对其进行明确阐述：首先，农业发展银行受到国务院领导，也因此在各项业务和金融实践当中体现出政府对于支农工作的帮助和支持。其次，把国家信用作为基础积极筹措和归集支农方面的资金，努力提升业务水平，承担国家确定和要求的与三农相关的金融业务；最后，农业发展银行并不选择走国家开发银行的道路，不进行完全的商业化转轨，支农业务仍是农业发展银行的核心。但是，农业发展银行向开发性金融机构转型，需要通过法律确认其相应变化：一是在从事政策性金融业务的同时从事一定范围的商业性金融业务，通过市场化经营，实现可持续发展；二是明确以政策性目标为主，在保证政策性业务完成的基础上开展商业性业务，通过商业性业务的盈利补贴政策性业务的亏损；三是主体类型在法律上确定为公法上的法人。农业发展银行应具有一定的权利能力、行为能力和责任能力，《农业发展银行法》应授予其法人地位。因农业发展银行代表公共利益专门为“三农”提供综合金融服务，应属公法范畴内的法人。综上，农业发展银行法律定位是：直接接受国务院领导，把国家信用作为根基，担负国家要求的与三农相关的金融业务，依照现代银行体制机制进行运作和管理，成为政府支农工作的金融工具，并发挥引导社会各界资金回流农村的载体作用。

在经营目标方面，应定位在促进农业、农村、农民的发展。农业作为国家基础产业，其天生的弱质性和后天支持的不足，导致其发展陷入困境。我国农业发展银行向开发性金融转型应当符合我国经济发展方式转变的要求，结合国际上开发性金融发展的历史规律，继续坚持政策性目标，服务于国家宏观调控，必须要为粮棉油收购信贷的资金给予供应上的保障，大力支持农村基础设施建设以及农业开发的相关工作，为农业产业化经营的实现和现代化的发展提供支持。在严格遵循国家各项强农惠农政策的基础上，在市场以及银行框架内来展开各项业务活动，严格依照市场的规则引入公司化治理结构和现代银行框架，建立健全完善的内部控制体系，强化全面性的风险管理，加强业务领域拓展工作，有效彰显运营的政策性特征，与此同时也要兼顾商业性，实现良好的社会效益，将农业发展银行办成真正建设新农村的银行。

2. 组织形式和治理结构

强化组织形式和治理结构建设，改变传统的行政职能部门化的组织结构是保证农业发展银行执行宏观政策意图、提升经营管理水平、解决内部人控制等问题的有效途径。这一途径的实现需要依赖一系列完善的法律制度协调开发银行与利益相关者之间的关系，保证农业发展银行决策的高效性与科学性，避免因“政府失灵”而导致的经营失败或效率低下。具体建议包括：

第一，建立科学高效的组织形式。高效的组织形式依赖于科学制度的安排和运行。首先，应从法律上确立农业发展银行有权根据业务需要设立分支。虽然属于分支机构，但是仍然属于独立法人，用于弥补不同地区和产业发展当中的供给失衡问题。关于设置分支机构的问题，可以是银行自主决定，而且在法律方面不能够给予其严格限制，也不能够剥夺其应该享有的自由经营权。其次，制定审慎授权管理制度，授权分支机构经营开发性业务。农业发展银行运用动态、科学管理的思想，将授权人的管理水平、当地经济发展情况、实际业务需求等方面的情况进行分析，展开差别授权动态的调整，将一定类别和额度的开发性业务审批权限下放到部分的二级分行当中。采用这样的方法能够极大地简化审批的各项流程，提高业务办理的效率，确保业务拓展的实现。第二，完善内部治理法律制度。提高对内部治理结构建设的重视程度，促进内部治理结构的健全和完善，并形成科学化的制衡机制。针对农业发展银行的内部治理现状，应当对其决策机制、内部稽核制度、激励约束制度进行完善，为农业发展银行的经营提供恰当的约束和激励机制。首先，完善决策权力机构的制度。我国政策性银行大多决策机构和经营管理机构合一，不设董事会。从世界各国情况看，大都通过立法要求政策性银行设立董事会。我国农村政策性银行转型为开发性金融的机构同样需要设立董事会，这也是现代企业制度的必然需求，同时也能够有效提升内部治理质量和效率。在立法中，可以试考虑成立董事会，而董事会是由财政部、人民银行、农业部、银监会等相关部门派人组成的。董事会行使的权利有：为农业银行重大问题提供决策；发挥监督以及协调职能；对国务院负责。其次，完善内部稽核制度。建立严格的信用评估制度，完善贷款资格准入制度。对贷款项目进行严格论证，加强贷款发放和支付审核，杜绝关系贷款，积极推进审贷分离的制度，并在此基础上细致考察企业的财务状况、资信状况、经营范围、资产负债比率、抵押担保能力等，全面贯彻落实准入条件，并按照申报认定程序严格执行。同时，建立贷款全程跟踪制度，根据信贷资金使用情况及时提出风险分析报告，有效防范贷款资金挪用风险，推动银行资金的良性循环。农业发展银行开发性金融业务刚刚起步，现在部门以及人员在管理经验以及管理技能方面还十分薄弱，这在很大程度上提高现代管理难度，这就需要制定全程跟踪的信贷制度，以便更好地把控资金使用和流动的去向，按时回收贷款。此外，还应当制定准政策性贷款的处理办法。最后，设计科学的激励制度。在构建激励制度的过程中，可以将业务目标管理以及机构、员工的激励机制紧密联系起来，从而极大地增强机构和员工在拓展业务方面的积极性、主动性和创造性。可考虑以下两个措施：一是对农业发展银行组织本身的激励，关键在于健全农业发展银行的自主经营机制，完善农业发展银行的利益以及补偿机制；二是积极构建内部员工激励制度，将其业务量、贷款质量等绩效指标列入综合考核评价体系，将考核结果与职工收入和升迁机会挂钩，同时建立与开发性业务相适应的问责制。

3. 确定科学的经营原则

第一，坚持政策导向原则。提高农民收入水平是三农的核心问题，而要切实实现这一目标必须要做到：推动农村剩余劳动力的转移；恰当调整农村产业的结构；有效完善现有农村要素市场，培育新型农村要素市场；推动农业持续性发展。要想全面推进社会主义新农村建设，首先必须要获得农村金融的支持，甚至在很大程度上会依赖农村金融的发展。在现在这一阶段，我国正在全面推动金融体制的改革，这也使得大量的商业性金融机构不愿意涉及三农领域，而是追求自身利益的最大化，将资金投入到能够获得更高效益的非农部门。这样的情况使得农民的金融服务需求得不到有效满足，进而造成农村经济发展的困境，也影响到了农民收入水平的提升。我国正处于经济社会发展的第二次转型中，面临着诸多经济发展失衡的问题，开发性金融要重视发挥自身的纽带作用，有效将政府和市场连接起来，并且发挥自身在建设市场当中的巨大效用。因此，开发性金融在目前这一发展阶段必须将工作重点放在政策性业务方面，推动服务经济结构的转型升级，并为社会的和谐发展和可持续进步提供促进作用。

第二，坚持渐进转型原则。支持制度渐进变迁的理论来自于对成本和收益的分析。樊纲在研究当中把改革的成本划分成两个部分，分别是摩擦成本和实施成本，而且认为渐进式的改革方法形成的成本现状是摩擦成本低于激进改革，实施成本高于基金改革，也就是认为这属于阻力较小的改革途径。林毅夫等人在研究当中认为，渐进式改革有着“帕累托改进”性质，对可供分配的资源总量进行扩大来让人们普遍受益，而不触及既有的利益格局。渐进式改革强调从微观改革、局部试验、开始逐步过渡到全面推广，能减少大溪荡的风险。我国向开发性金融的转型不是一蹴而

就的过程，而是信息和知识存量积累性发展的制度变迁过程。由于我国农村金融市场制度很不成熟，农业发展银行如果转型过急，可能影响自身的平稳运营，又容易导致金融体系的动荡。因此，农业发展银行在转型过程中，应注重各方利益的协调，逐步推进商业性业务，实行分账经营，逐步转型。

第三，坚持市场运作的商业管理原则。长期以来，由于农业发展银行的政策性定位，强调保本微利，因而忽视其市场经营和盈利功能，导致常年亏损，风险积聚，影响整个金融体系的稳定。随着向开发性金融机构的转变，从制度上应改变单一的政策性定位，兼顾政策性与营利性。开发性金融要求发挥市场在资源优化配置当中所起到的基础作用，借助多样化的市场手段，依照商业化金融运转的规律，有效减少运营的成本水平，保障经营的效益，解决政府失灵和效率低下的问题。同时，应将银行业的发展规律作为必须遵循的原则，全面推进商业化的管理，确保效益和政策的统一，有效提升可持续发展的能力，坚持把风险防控作为工作主线，建立完善的责任制度，构建科学完善和系统化的风险管理机制，提高风险防控水平。

4. 确定适当的业务范围

农业发展银行转型后的经营范围应当尽快在法律中明确规定，赋予农业发展银行开发性金融机构的地位。从大的发展方向看，农业发展银行及其分支机构的业务将逐步由单一向多元发展。其业务存在明显的集中性，集中于政策性的业务范围，在商业性金融业务方面还比较薄弱，但是获得社会效益的水平较高，而政府仍然会高度关注并大力支持。根据国家“十二五”规划和农业的发展现状，新的立法应当明确规定其业务范围，包括：农村基础建设贷款、农业小企业贷款业务、农业综合开发、农村公共事业，农产品出口等领域。除贷款外，还应当允许其通过发行商业票据和金融债券筹集资金，并开展国内外结算、股权投资、基金管理、金融、信息咨询等业务。经中国人民银行批准，应当许可其经营结汇和售汇业务。考虑到开发性金融机构的性质以及避免金融业过度竞争，立法上应当禁止农业发展银行开展以下业务：（1）吸收储户存款、信托存款和委托存款；（2）从事信托投资业务、证券经营业务、向非自用不动产和非银行金融机构投资；（3）向企业投资。

5. 规定适当的资金来源渠道

农业发展银行不吸收社会资金，为开户企业提出这样的要求：开户企业存款需要存入到专业账户当中，而且不参与市场融资以及股票的发行，在得到人民银行批准之后可以实行外资信贷的相关业务，而且只对其他金融企业以及社会发行债券。而且，农业发展银行在资金来源方面除了会受到我国财政支持能力的限制以外，还会受到再贷款可供规模的约束。因此农业发展银行转型应当借鉴国外融资渠道多样化的经验，拓宽资金来源渠道，维持稳定与可持续运行。

第一，扩充农业发展银行的资本金。政策性较强的传统粮棉油收购等信贷业务，对资本金并没有非常严格的要求，但开发性金融业务要求按照市场机制运作，更对资本金提出较高的要求，因此，应该参照《巴塞尔协议》的要求进行风险整体控制，提高资本金充足率，综合考虑业务发展的市场需求，并按照这样的需要来恰当增加本金，使得银行资本在风险资产当中所占的比率接近或者达到8%。我国可以考虑利用财政注资等方式拓展其资金来源渠道。

第二，吸收单位储蓄存款。存款是筹措成本最低的资金，我国现行法律不允许政策性银行吸收公众存款，但可以许可其吸收开户单位的存款。在此许可下，农业发展银行可通过为客户提供咨询服务等方式吸收客户更多存款。考虑到存款结构的优化，农业发展银行应当增加中长期资金来源，增加期限较长的定期存款，把一部分的活期转化为定期。

第三，推广协议存款、同业存款。我国农业发展银行还可以借鉴日本的经验，将向邮政储蓄、保险公司等部门的借款列入筹资范围。该方式既可以为农业发展银行带来低成本的资金，还可以引导资金回流农村。与此同时，农业发展银行可以有效开展同业存款，使得支农资金来源得到极大程度的扩大。此外，农业发展银行可以考虑构建专项基金代理机制，包括农村养老基金、医疗保险基金、专项农业发展基金等，在涉及这些专门的项目时可以由农发银行进行管理，并按照相关流程监督拨付。

第四，以国家信用为基础发行金融债券。美国、法国、韩国、日本等国的政策性金融机构在筹措资金时，大多都是把国家信用作为有效根基来进行金融债券的发行工作。利用这样的方法可以保障资金稳定性，确保资金来源的可靠，而且在资金的实际应用中也会具备自主性，同时还能够极大程度上减少对中央银行货币的需求，有效降低自身的资金成本。2004年，农业发展银行首次以市场化方式发行政策性金融债券，截至2009年年末，累计筹集资金八千多亿元。由此可见，发行金融债券已经成为农业发展银行资金来源的重要渠道。

6. 完善外部监管制度

根据《中国人民银行法》和《银行业监督管理法》的要求，人民银行、银监会共同对其进行监管。农业发展银行拥有公共性的资金来源、多元化的经营范围，受到这样的限制造成整体监管效果不理想。所以，应当结合其开发性金融的特点，构

建新的金融监管制度。考虑到农业发展银行的半官方性质和地位，监管主体可以从原来的人民银行和银监会扩展成多元主体，通过不同部门之间的密切配合来形成专门化的监管机构。在宏观层面，可以有效运用法律手段来对农发银行的运营进行指导和规范，督促农业发展银行严格执行关于支农惠农的相关政策，并且在法律框架内进行开发性金融业务的拓展工作。在微观层面，在对农业发展银行进行监管时要考虑到其在经营、贷款、内控等方面不可忽视的差异性和特殊性，有效完善现场检查，加强风险防范和预警，有效规范农业发展银行的运作，做好风险的全面防控工作。

随着农业发展银行开发性金融业务的拓展，必须做好商业性和政策性业务的区分工作，并建立严格的分账管理和核算制度，在对这两项业务进行处理时必须严格按照分账管理和核算制度的要求实施。对于政策性业务，农业发展银行可以设立对应的指令性账户，有效按照“谁交办，谁补偿”的原则进行各项业务的处理，事前确立完善的补偿制度和内容，保障各项资金来源，同时接受国家相关部门的考核和监督。对于商业性业务，银行可以设立指导性账户，全面推行市场化管理，在资本的规模方面严格贯彻落实商业银行的标准，在资金来源方面采用市场筹集的方法，接受银监会的审慎监管。

此外，还需要积极建立以公众为基础的外部监管制度。农业发展银行主要由国家出资建立，产权集中导致对管理者的监督和约束激励不足，而且监管者容易因谋求个人及组织私利出现内部人控制和权力寻租现象，所以，在法律中应确立公众参与监督的机制，保障公众监督的权利，提高对农业发展银行的监督效果。

7. 健全法律责任制度

农业发展银行作为独立的法人，应当在法律中要求其在权限范围内独立承担责任。首先，对内部管理当中的主要责任人进行明确，有效建立和实施责、权、利三者统一制度，构建有权必有责、违规必究的责任追究机制。具体措施包括：一方面，建立决策失误追究机制。在立法上，因错误决策出现不良后果的，决策者必须承担由此产生的法律责任。在此基础上推进决策体系的制度化、科学化。另一方面，建立法定代表人和主管人员责任追究制度。对于违反规定发放贷款等违反法律的行为，规定明确的法律责任形式，并且严格按照法定程序追究责任。

第五章　农村金融法律制度现状分析

第一节　农村金融法律制度弊端探析

一、融资担保面临的法制困境分析

尽快建立和完善农村融资担保法律制度，改革与创新着眼点的选择不是偶然的。在具体的农村融资担保法制建设实践环节存在着不同程度的问题，而产生这些问题的根本原因在于缺乏有效担保物。全国人大农委的调研报告指出，有效抵押物不足是影响农村信贷供给的主因。在我国农村金融事业的发展当中，在农村融资方面缺乏有效担保物是最大的制约因素，会直接造成农民融资乏力的问题，甚至会让农业生产以及农村的生活处在资金匮乏的状态，同时也在很大程度上难以发挥出农村金融法律制度在汇集资金以及引导方面的功能。

（一）有效担保物不足制约农村地区的融资

我国金融市场建立以来，在整个金融服务体系当中农村金融服务处于弱势地位，同时也是最薄弱环节。以重庆市为例，2009 年重庆全市涉农贷款是 1 570 亿元，仅占贷款总额的 17.9%，农户贷款仅占 2%。即使在仅有的 2% 当中，金融机构多半选择了抵押担保的方式，且抵押物主要是房地产等便于估值和较为稳定的不动产。无独有偶，农业发展银行自开办商业性贷款以来，也基本全部采用抵押担保方式，对农业这一弱势产业的扶持力度较小。从目前我国农村经济社会发展的现实看，在农村融资法律关系中，一方是受农村自然条件和现存法律制度限制而缺乏有效担保物的农户，另一方是强烈偏好抵押担保的农村金融机构。作为问题焦点的有效担保物不足，已成为严重阻碍我国农村生产经营主体获得金融资源的关键因素。

1. 有效担保物不足降低了农户的经营能力及现代化程度

农业生产受到自然和人为因素的影响力较大，而且和其他的产业相比，农业投入产出比往往不够理想，而且发展的水平和层次较低，有着弱质性特点，那么必须利用规模化的方式来进行风险的分担，真正实现产业化经营，而这也成为我国农业发展的重要路径。我国大部分农村地区地广人稀，现代化程度较低，农户个人的力量较为薄弱，现代化程度的提升尤为重要。按照中国的传统文化，"民之为道也，有恒产者有恒心，无恒产者无恒心"。缺乏有效担保物直接影响到农村金融行业的发展，也在很大程度上降低农户的经营能力。一方面，有效担保物权法的主因是在立法方面，并没有让农民拥有完整的土地财产权。农民自身的权利以及农村经济组织的法律人格都有着明显不完整的情况，并且直接因为农民财产权利缺乏受到直接性制约。另一方面，由于有效担保物权法问题的长期存在，广大农户以及农村的经济组织都会出现信用不足从而难以获得满足自身需求的信贷资金，进一步降低了经营能力。

2. 缺乏有效担保物影响资金融通和农村公共产品供给

农村融资担保最为基本的功能是进行恰当的风险控制，为农村经济的融通提供充足资金支持。要想充分地发挥农村融资担保的基本功能，必须具备以下两个方面的条件：第一，将农民手中的闲散资金进行适度集中，并且推动既有资金的增值保值；第二，将过度流向城市的资本进行引导，使其能够向农村回流。在缺乏有效担保物的情况下，农村的资金融通活动会缺乏财产保障，也没有能力利用担保制度来对资金流向进行引导。资金匮乏的问题不单单会造成公共产品供需失衡，还会让相关的法律制度实施效果得不到保护。在展开农村金融法律建设的实际活动当中，很多方面都对公共产品供给有一定需求，但是其需求难以得到有效满足，也使得农村融资担保的作用大大降低，最终形成恶性循环。

3. 有效担保物不足影响农村金融风险的防控

要想防范我国农村金融的风险，必须要提高农村信贷担保的可靠性，这其中保证担保物充足是重要条件。造成担保物缺乏的原因包括缺乏关于担保物认定、评估和保值升值等方面的机制；农村信贷在发展当中受到抑制；担保物的范围较为狭窄等。农村经济在实际发展中对于自然和劳动力因素有着强大的依赖性，这也直接加剧了农业经济的不确定性，在展开实际的预测评估以及防范工作时难度极大。由于削弱了防范农村融资风险的功能，再加上担保制度分散问题，使得金融机构难以准确地估量和进行风险的防控，处在两难的发展境地。另外，在农村地区有效担保物不足，而一些金融机构必须投放相当数量的贷款，这也造成农村信贷机构不良贷款率持续上升，减弱国家以及金融机构的风险防控能力。

（二）农村融资有效担保物不足的原因

我国农村融资担保物不足的原因较多，概括起来主要有以下几种：

1. 法律障碍未被完全消除

探究与农村融资担保法律改革相关的内容可以将《物权法》作为一个分水岭。农村经济整体发展水平较低，农民的发展力量十分薄弱，而且农民主要资产是房产和土地。没有颁布《物权法》前，《农村土地承包法》第44条、49条，《担保法》第34条、36条、37条等规定："除荒山、荒沟、荒丘、荒滩等荒地的土地使用权、土地承包经营权以及与乡（镇）、村企业建筑物范围内的土地使用权等个例之外，耕地、宅基地、自留地、自留山等集体所有的土地使用权、土地承包经营权等不得抵押。"《物权法》中的规定扩展了有效担保物的范围，拓宽了融资渠道和金融信贷的范围。

《物权法》改革受到各方好评，但是还有一些问题是存在的。除了和其他法律法规进行对照后有部分不协调因素之外，在《物权法》当中仍然规定"耕地、宅基地、自留地、自留山等集体所有的土地使用权不得抵押"，没有指出土地承包经营权能否抵押。在涉及动产担保问题当中，《物权法》采用正面列举兜底和反面排除兜底的立法方法并没有很明确地指明担保范围，还有很多存在模糊不清的问题；对于不动产登记的问题，仍然指出要采用多头管理和分级登记的方法。在农村融资担保环节，土地使用权、土地承包经营权、房屋不能作为担保物，但是上面提出的这几项却是金融机构提供金融服务所特别青睐的内容。上述提到的这些规定和限制使得这部法律在全面推动我国农村融资担保改革和发展当中的作用得不到充分发挥。

此外，其他法律、法规的部分规定也存在可商榷之处，这无形中对农村融资担保的担保物也是一种限制。例如，《森林资源资产抵押登记办法（试行）》规定："在将三联以及林木作为资产抵押时，必须同时抵押林地的使用权，但是不能够改变林地用途和属性。"

2. 改革缺乏规范、明确的操作细则

为了有效地防范金融风险，最为基本的保障，就是建立完善的现代法律制度和政策，而融资担保同样如此。但是，《物权法》在一定程度上对农村的融资有效担保物范围进行了拓展，但是仍然存在一定的局限，难以解决不动产抵押难的问题。能够作为农村不动产抵押物的分成这几类：（1）招标、拍卖、公开协商等取得荒地等土地承包经营权；（2）乡镇、村企业建设用地使用权和建筑物所有权；（3）林木所有权。关于农村不动产以及现存动产担保的相关规定都没有切实符合农村地区现实情况的操作细则作为规范。之后，《关于审理建筑物区分所有权纠纷案件具体应用法律若干问题的解释》和《关于审理物业服务纠纷案件具体应用法律若干问题的解释》颁布，这两部法律规范和农村融资担保没有较大程度的关联，在具体的实践当中，大量的金融机构因为考虑到农业受到偶发因素的影响较大，往往无法有效地进行价值衡量和风险的评估，从而在面对农村融资担保问题时保持"惜贷"的态度。

除此以外，传统担保法制在整个农村地区的融资担保实践当中有着非常显著的局限，而且这样的局限越来越明显。例如，我国的农村存在非常普遍，而且影响极为恶劣的非法集资问题，一旦出现代偿风险，之前签订的合同会直接被宣布无效，因为签订的合同和金融法强制规定不符合，在主合同被废除之后，相应的担保合同自然也失去效用。在这一非法行为背后，受到最大伤害的是农民，他们的权益得不到保障，而在这一事件当中的担保人由于担保合同失效则不会承担相应的赔偿责任，在这样的环境下产生一种实质不公的问题，可想而知最终受损的是农民。

3. 农村融资担保法律制度缺乏配套机制

为了让我国农村融资担保发挥其真实的作用，建立和完善相关的配套金融法律机制是不可缺少的。在具体的融资担保法制实践环节，存在一系列机制缺位以及不完善的问题，例如资产估值机制、风险防控机制、信用机制等，从而造成担保物的作用得不到最大程度的发挥。如农户信贷担保业务面广，量大，但规模、数额小，这在很大程度上会造成担保管理的成本和风险提升，而地方在财政资金的给予方面采用的是一次性支持的方法，没有建立相对完善的后续资金和风险补偿机制，这就使得农信担保机构在发生贷款赔偿后会直接面临亏损甚至破产的严重后果。到2009年年底，浙江供销社系统已有31家农信担保公司，注册资本金达到3.35亿元，但其亏损也在不断扩大。椒江区供销社副主任蔡灵江曾于2009年年初向浙江省委递交"农信担保机构普遍亏损，建议出台扶持政策以破解'三农'融资难题"的报告以寻求配套支持。其他县、市在担保越多亏损越重的状况之下，只能对农信担保公司的规模进行压缩，以便降低运行和成本支出方面的风险。出现以上问题的原因包括：财政支持力度不足和不及时；担保公司收费低，收不抵支问题突出；农民缺乏良好的信用意识；担保公司资产评估难，缺乏风险防控和评估体系。

第二节 农村金融法律制度弊端的原因分析

积极建立和健全农村金融法律制度的工作十分紧迫，并且在理论以及实践当中都有着足够支持和广泛论证。但鉴于以上问题和现状的描述，当前阶段关于我国农村金融体系的法律法规还难以发挥出对于农村金融市场制度保障的作用。为了更好地推动农村金融改革，构建起完善的金融体系，就需要从立法角度出发，探究健全法律制度的有效办法，从而更好地推动我国农村经济社会的进步。

一、我国现有的农村金融法律体系的弊端

我国现有的农村金融法律体系的弊端主要表现在以下几个方面：

1. 现有文件法律位阶低，缺乏权威性和严肃性

按照前面的论述，《中华人民共和国农业法》是我国农业发展的基本法，在这一基本大法当中并没有详细给出农村金融制度安排。对此，在农村金融法律的安排方面需要选择恰当的立法技术，制定具有较高法律位阶的金融法律来规范农村金融市场，并为金融改革提供有效法律依据。显而易见，当前针对农村金融的法律法规层次不高，缺乏权威性，在具体的实施中也会由于权威性不足难以发挥真正的约束力，并且不能够满足正规金融发展和改革在制度方面存在的需要。

其中最为突出的问题体现在我国农村信用社的法律制度体系环节。农村信用社是我国农村金融市场的主力军，但是涉及与之相关的规范文件主要是银监会和人民银行制定的规章制度，并且大多用通知、办法、意见等名称出台和实行，文件的层级较低，在效率方面十分薄弱，并且缺乏权威性和严肃性的特点。例如《农村信用社等级管理试行办法》《农村信用社章程（范本）》《深化农村信用社改革试点方案》《农村银行管理暂行规定》等。上面列举出的部分关于农村信用社规范性文件自始至终都没有超越部门规章和行政法规的层次，而且这一过程中还存在着政企不分的一些痕迹。站在法理的角度来看，中国农业银行具有企业的性质，而它作为企业并没有制定规范性文件的权利。与此同时，对农村信用社展开部门立法的行为在很大程度上会导致个人或者其他金融组织在具体金融服务的开展当中陷入无法可依的窘迫情状当中。

2. 农村金融法律体系不健全，重要领域存在立法空白

农村金融发展和金融市场的构建如果缺乏法律制度保障则是难以实现的，主要是因为缺乏制度支持会造成市场秩序混乱，一系列的违法行为就可能出现而得不到遏制。而关于农村金融的基础立法仅仅是《中华人民共和国农业法》，其中明确规定要加大对农村的信贷投入，积极引导农村信用社为广大农民以及农村的发展提供服务，进一步加大对农村金融发展的扶持。这一法律为农村扶贫性金融的进步打下坚实根基，但是非常显而易见的是，其中大多属于原则性规定，内容并不全面，尤其是涉及农村金融发展的重要领域，存在立法空白问题，不能够支撑农村金融法律框架的构建。同时，农村正规金融市场主体应该处在怎样的地位，怎样在法律层面上给予准确定位的问题并没有解决，虽然在一些立法当中给出简单回应，但是对于商业银行如何在农村金融市场发展当中提供服务和支持没有具体性规定，也没有考虑到新兴农村商业银行的相关问题。

除此以外，针对民间金融，法律上给出排斥态度，在大量的规制条款当中都没有涉及这些内容。这样的行为背后有着较大的危机，一方面会难以满足农村金融发展的现实需要，在发展道路上设置障碍。另一方面，整个农村金融市场的有序竞争得不到保护，那么市场的发展同样会受到制约。下面在对这一问题进行分析时将农村政策性银行法律制度的建设缺陷作为实例来展开分析和探讨。1994年，农业发展银行成立，在开展日常经营活动时把《关于金融体制改革的决定》《中华人民共和国银行业监督管理法》和《中华人民共和国中国人民银行法》当中的规定作为重要的指导和依据。上面的这些法律规制不能够对农业发展银行实际运营工作中出现的各项问题给予法律约束，而且最为突出的是专业性的针对性立法工作并没有得到有效实施。由于没有法律支持，农业发展银行法律地位不能够得到确定的问题显得十分突出，现行的《中国农业发展银行章程》规定中国农业发展银行属于政策性的金融机构，并且需要坚持国务院的领导。从这一规定能够看出，农业发展银行政策性特征。这一章程还规定："中国农业发展银行为独立法人，实行独立核算，自主、保本经营，企业化管理"，其中指出的是商业性特征。通过二者的对比不难看出角色定位方面的冲突，而且正因为角色定位冲突的存在让后续的很多问题变得非常棘手。在之后，国务院将原本由农业发展银行承担的农业专项贷款业务转到农业银行业务中，使职能单一性问题凸显。接着在粮食流通体制全面改革和市场化的进程中，中国农业发展银行在业务上出现严重萎缩问题，也促使企业开始了商业化业务的探索。这一行为逐步加大中国农业发展银行在政策性和商业性的角色冲突问题，更引来很多商业性银行的不满，让人不得不思考农业发展银行是不是真的应该属于政策性银行。总之，三家政策性银行缺乏专门法律依据和管理法规，在性质、职能、地位、与政府之间的关系等方面的问题都没有明确解决。从中我们能够看到，法律缺失是最为严重的制度缺陷，而造成的严重后果就是加大政策性银行运营风险。

二、农村金融辅助法律缺乏

目前在贷款担保和信贷信息共享机制层面的法律规制非常缺乏，这使得农村金融在发展当中受到极大限制，也无法支持农村金融市场构建。

当前关于农村金融信贷信息共享机制的规范性文件和法律制度在数量上较少，法律层次低，有着明显立法滞后和立法缺乏的问题，在金融信息的管理当中得不到有效运用，而且也不能够给出制度上的帮助和支持。同样的，关于贷款担保方面的法律有限，加剧了农村金融市场发展的难度，虽然在《中华人民共和国合同法》《中华人民共和国担保法》《中华人民共和国物权法》当中都有涉及，但是在涉及正规金融市场农户贷款担保方面并没有给出明确的规定，不能够满足解决相关问题的需求。就当前法律体系而言，在农民财产和权力方面给出了很多限制规定，但是这些在法律当中限制的财产却是农民有着最高财产价值的内容。例如，《中华人民共和国物权法》“耕地、宅基地、自留地、自留山等集体所有的土地使用权不得抵押，但法律规定可以抵押的除外”。条款当中能够明确看到财产范围并没有明确给出，实际的可操作性较差。

《中华人民共和国农村土地承包法》第 32 条：“通过家庭承包取得的土地承包经营权可以依法采取转包、出租、互换、转让或者其他方式流转。”第49条：“通过招标、拍卖、公开协商等方式承包农村土地，经依法登记取得土地承包经营权证或者林权证等证书的，其土地承包经营权可以依法采取转让、出租、入股、抵押或者其他方式流转。”以上两项内容将流转方式展开划分，但是并没有将两种土地流转方式的差别进行说明。

在涉及农村信用社农户小额信用贷款的问题上，中国人民银行对于这方面的规定十分模糊，而且存在一定漏洞。例如，在相关规定当中，并没有提出小额信用贷款当中的小额标准如何，那么在实际的业务实施当中就带来了较大的问题，主要体现在执行标准不一、监管方面困难重重、贷款倾斜问题严重等。构建中小企业信用担保机制环节，适用规范大多属于地方性法规或者是部门规章，并没有专门法律法规的保障，在立法层次以及效率上明显不高，无法切实对中小企业信用担保机制的

构建提供制度上的保障。

更加值得注意的一个问题是，农业保险法律制度仍然空白。农村金融市场并没有完全建立起来，而且和城市金融相比有着不稳定的因素和特征，受外界因素的影响力极大，而就农业的特殊性来说，农村金融市场受到自然灾害的影响较为强烈，这就需要农业保险给予相应支持。但是非常遗憾的是，在农业保险方面的法律法规还处在缺位状态，并且没有针对农业保险给出专门的立法规范，还需要以此为基础来构建相应的法律框架。

三、农村金融监管法律缺乏

关于农村金融监管，法律法规虽然给出了部分说明，但是法律缺乏问题仍然不能够被解决，而且法律规定在监管主体以及监管标准层面存在模糊不清和混乱的问题，没有强调监管机构设置上要秉持独立性特征。

农业银行、邮政储蓄银行、农业发展银行、农村信用社和作为试点的农村资金互助社、村镇银行等多个金融机构是展开农村金融业务的主体机构。从法律适用性的角度分析，城市商业金融以及农业金融往往将同样的法律作为依据，在相关业务管理方面相互混合，最终由银监会这一相同的监管部门负责。当前，农村金融法律还存在很多的不足，而且其中的问题已经严重影响到农村金融事业的发展，当前适用于农村金融改革工作的法律体系残缺，要想彻底解决这一问题还需要付出更多的努力。造成诸多问题的原因有：

首先，不能够准确把握农村金融性质以及含义，由于认知方面的模糊不清和错误，使得相应法律制度的构建受到直接影响。存在农村金融决定了必须要具备相应金融法律的支持；农村金融的性质如何则直接决定相关法律制度的性质如何确定；农村金融发展特点直接决定相关金融法律制度应该朝着哪些方向变化和改革。很长时间以来，对于农村金融概念和性质方面的问题一直都是模糊和不明确的状态，很多时候简单地认为农村金融就是农村地区的金融，这样的概念理解是完全错误的，并且缺乏逻辑基础，完全消磨掉农村金融的特殊性。还有很多情况下会认为农村金融和农业金融、农村金融机构这些概念是相同的，在理解时完全可以将其归为一类。从这些错误认知当中能够清楚看到对农村经济当中金融功能和金融需求的忽视。让原本支持农村金融发展的金融立法处在尴尬的境地，甚至被城市的商业金融法律填补，让我国农村金融的整体发展不尽如人意。

其次，没有将从实际出发作为农村金融分析的根本性原则，忽视了我国国情，同时也没有体现出对于农村金融发展和改革的重视。农业人口占据全国人口的60%，我国更是一个不折不扣的农业大国，农业的发展奠定了我国国民经济的基础，对于整个社会的经济发展和进步都十分关键。但是纵观整个历史，在实行改革开放之前强调，并且积极引导农业为国家的工业化发展之路奠定坚实根基，把农村大量的资源用于支持工业以及城市的发展。透过这些行动，能够清楚地看出在我国的经济发展策略当中，一直采用的是用牺牲农业的办法来支持工业发展，加快城市建设。反观对于农村金融以及农村经济，往往是用漠不关心的忽略态度。从2004年开始，党和国家把对于三农问题的重视程度放在了一个较高的位置，并且为了支持和发展三农给出相应的优惠和政策支持，但是同样因为农村金融体系发展不完善，并没有从根本上改变农村支持城市发展的情况。这样的表现很明显是对我国的国情缺乏充分的认识，不能够从根本上意识到构建农村金融体系，并且为支持农村金融发展健全法律制度是何其重要，在种种行为的共同作用之下，有关于农村金融法律建设的构想逐步淡出人们的视野，相应的实践活动也没有取得应有的效果。

最后，缺乏“法制先行”的理念，从而不能够在这一理念的支撑下来推动我国农村金融法律制度的建设，形成法治滞后问题。在构建秩序方面，制定政策规范的方法具有极高的效率，而且很多时候考虑到维护利益和节约成本的需求，政府在考虑农村金融发展当中的问题时也往往会站在政策层面寻求解决问题的出口，而且想要通过一种更加方便的方法来给出规范，于是就会提出相关的指导方法和方案，出台一系列的政策，这样的行为都是在政策先行观念指导之下开展的。出台政策虽然具有一定的效果，但是必须要看到政策具有意识性的特征，而且较为片面和单一，相反的农村金融却是十分复杂，并且需要长时间的推进建设和经验积累。如果让大量的政策规范来充实到农村金融法律建设工作当中，会让原本的法律制度构建空间得到压缩，各项制度的出台和落实都得不到保障。另外，出现农村金融法律制度不完善的另外一个原因是在立法技术上不够成熟，而立法技术的不成熟又使得在立法确立体制和创制法律内容时出现瑕疵，而且制定出的法律制度与先进完善的立法差距极大。可以说，观念以及立法技术的局限性让农村金融立法工作举步维艰，立法功能以及目标难以达成，那么要想完成最后宏伟的农村金融法治体系建设目标还需要很长的一段路要走。

第六章　农村金融法律制度的政策支持研究

农村金融的问题属于世界性难题，即使是很多法制建设较为完善的国家也不得不对农村金融法律建设的问题另行考虑，并且注重兼顾农村金融的特殊性特征，综合考虑到市场经济发展需求，并为其建立专门的支持制度作为根本保障。建立单独的支持制度，其中一项重要内容就是给予财政、货币政策支持。我国农村金融改革就在支持制度的构建当中，加大工作力度，并且善于抓住工作的重点，也因此政府有关部门陆续出台了多项财政政策和货币政策作为支持举措，包括定向税收减免、费用补贴、政策性农业保险、差别化存款准备金率、支农再贷款、央票置换农村信用社不良贷款等。这些政策措施最终都以提升农村金融机构的融资功能为宗旨，并以此作为检测政策优劣的标准。总体上看，这些政策能够正面性地引导农村金融的发展，但是政策的分散性较大，对于农村金融机构的扶持方法存在局限，政府和金融机构在实际工作当中不能够明确各自的权责范围，而且也不能够在相关法律的保障和规范之下来实施，工作的长效性得不到保障。如何梳理、归纳这些分散的政策并使之系统化、常态化、制度化，已经成为法制改革和创新的努力方向。

第一节　我国金融法律制度变迁中的政策支持分析

我国在建国之后，在计划经济体制下发展也因此形成大一统的金融体制，在这样的经济发展形势下，金融实际上成为财政出纳，人民银行在这一时期被并入到财政部门，中国农业银行经过三次建立和三次撤并。随着改革开放的深入，我国整体的金融体制明显改善，金融结构的调整水平得到提高，在这样的情势推动下，中国农业银行从财政中独立出来，彻底打破银行业统一局面，构建出新型金融市场格局。在很长时间里，我国都将优先发展工业，加快城市进步步伐作为核心内容，而且为了完成这些工作任务将原本十分有限的金融资源投入到工业和城市当中，由此导致农业反哺工业，农村反哺城市。与此同时，金融体制改革长期滞后于经济体制改革，在农村表现得更为明显。

"相对于城市来讲，中国模式对农村是相当无情的剥夺"。"实行长期的歧视性金融制度安排"并非我国所独有。早在20世纪70年代初，麦金农的研究就表明：一些发展中国家的政府为了早日推进工业化，往往采取金融抑制政策。另外，政府在面对财政失灵或者是严重财政赤字的问题时会采用干预和抑制的方式。有学者在研究当中明确指出：通过对我国农村金融法律制度的演变和逻辑发展规律进行分析，能够清楚地发现我国农村金融之所以存在发展滞后问题其根本原因在于制度抑制的长期积累。我国真正地开始农村金融改革是在1994年，此时的农村金融改革主要有以下几个方面：第一，中国农业银行向国有商业银行转变，积极推动体制改革。第二，国家决定建立农业发展银行，确定农业发展银行是为农业服务的政策性银行。第三，有步骤和有目的地建立农村银行。农村信用社是在和农业银行脱钩并从其中撤离后才逐步形成为我国农村金融发展主力军的。在上述过程中，财政与金融的关系得到了一定程度的澄清，长期混淆的两者界限开始逐渐清晰。

经过近20年的改革与发展，农村金融虽然取得了较大成就，但是如果与城市金融相对照的话，"小而散、风险高、收益低"的特点仍然是十分明显的。一方面，农村金融缺乏财政与货币政策的有力支持，发展缓慢。在市场经济的大环境下，采用商业化的运作模式会使得资本逐步流向高收益城市地区，那么就会直接导致农村金融供给不足问题，不能够切实发挥农村金融在促进三农发展方面的功能。由于缺乏财政和货币政策的鼎力支持，我国农村金融长期处于自我积累的缓慢发展过程中。另一方面，农村地区财政收支失衡，金融某种程度上担负了第二财政的角色。在城乡二元经济发展模式下，受到公共财政资源缺乏的影响，不少的政策性银行会承担部分财政职能。我国中西部地区的地方财政大多数属于吃饭财政，很多地区要想确保自身运转必须要依靠财政补贴。

在这种背景和现实状况下，探讨财政、货币政策在推动农村法制创新方面的作用时，就不可以将其简单视为政府财政投入（尤其是中央政府），货币政策支持简单理解为利率市场化，"仅就金融谈金融，仅就财政谈财政"很难从根本上解决中国农村金融的难题。本章将试着从财政与货币政策角度探讨农村金融的改革与创新，并最终将这种支持落实到法律制度层面上。

第二节 财政政策支持下的农村金融的定位探究

农业与生俱来有着弱质性和战略产业特质，农村问题有着明显的外部性特点，而且整个资金支持系统和其他产业相比较有极大的差异。在给予三农资金支持时不单单要凭借商业金融发挥作用，还要得到财政、货币政策扶持。通过对不同国家经济发展的实践经验和成果分析发现，要想推动农业的发展、农村经济的进步、农民生活水平的提高以及推动传统农业社会到现代工业社会的转型升级，将财政支持作为根本依托，有效贯彻落实农业保护和支持政策是根本。“即便是农业高度发达的美国，解决农业问题也是通过国家补助、政府免税、社会资金倾斜和市场手段引导等措施完成的”。在我国农村地区，农户都是通过家庭经营模式来获得收入，而且收入低，往往无法得到金融资源的支持，这样的现状导致的问题是借款人单一、贷款风险大、交易成本高，并且决定三农发展需要的资金不能单纯从市场当中获得，亟待国家给予财政支持和货币政策倾斜支持。

一、财政与货币政策是引导商业金融的基本调控手段

在农村金融体系中，商业金融是重要的部分，但商业金融却难以发挥支持农村经济发展的作用。一方面，农业具有天生的弱质性，自然风险大导致其产出效率低，市场风险大导致经营成本高，且由于农村产权制度供给上的不足，面临着较大的制度风险，难以为商业金融风险转移提供有效途径，导致“三农”成为资金流出的主要领域。另一方面，商业金融作为一类金融资本，与其他资本相比，其逐利性有过之而无不及，在无外力影响的情况下，商业金融必然选择远离农村地区，有效避免收益低和风险大的问题，也使得商业金融缺乏主动对接农村金融的动力。对此，必须依赖外部约束和激励机制引导资金流向广大的农村地区和农业产业。

二、财政和货币政策是政府发展农村金融的工具

有学者认为，农村金融行业和金融市场整体发展滞后，不能充分发挥其支持农村经济发展的功能，然而当农民为推动国家经济发展支付成本时却不能够享受发展成果，这样的现状难以持久。因此，政府在推动农村金融改革和发展当中给予适当干预是十分必要的，而且透过世界范围内多个国家农村金融改革局面和结果，政府

干预在早期阶段发挥显著促进价值。就我国的发展实际和国情而言，正规大型的金融机构在目标追求方面和农村信贷市场不吻合，我国农村金融制度改革创新进程中的商业化以及市场化倾向更是直接影响其对于信贷支农的热情。以上种种因素直接导致缺少为农村金融发展提供资金和资源支持的主体，而且农村地区的大量资金和金融资源流入到城市地区，出现明显的供需不平衡。因此，采用商业化倾向的政策支持不能够有效解决农村金融发展问题，特别是在早期发展阶段，政府必须在其中发挥干预和指导作用，除了要给予物力和财力的支持以外，还必须深刻思考怎样利用法制创新的方法来增强政府干预的有效性。

20世纪90年代，人们意识到要想培养金融市场，必须要有大量非市场要素的支持。斯蒂格利茨的“不完全竞争市场论”就是意识到这一问题所做出的回应。从传统经济学理论出发，整个市场是非常自由和不受管制的，在这一市场当中，如果个人追求自身利益的最大化，同时也会最大化地提升社会福利水平。斯蒂格利茨并不认同这一观点，其原因在于市场参与者难以有效获得充分信息，而且市场功能有着不完善的缺陷，在实际情况下经常会带来人们利益的损害。因此，政府以及其他机构必须提高对市场干预的重视程度，以便为市场秩序的规范和稳定运作提供保证。不完全竞争市场理论为研究农村金融问题提供了新的视角。如果单一考虑市场机制并且完全按照市场规律来发展农村金融市场，资本的逐利本性必然导致金融远离农村，因此，政府适当的介入并且运用非市场化的措施来对资金进行引导，使得资金逐步流向农村是十分必要的。当然，政府对农村金融市场进行干预不是推动农村金融发展的最终目的，在金融体制改革完成和真正实现完善后，政府的很多干预措施就很可能会对农村金融市场的发展带来阻碍，一旦出现这样的问题政府必须适时退出。

美国、日本、德国等国在充分发挥财政政策和货币政策支持农村发展方面均有很多可圈可点之处，但各自有不同的模式。对于这些发达国家的经验，难以直接拿来就用。最理想的状态当然是：财政和货币政策在支持我国农村金融中“有收有放，收放自如，各有分工”。换言之，国家财政能够在支持农村发展过程中发挥好杠杆作用。财政政策与货币政策是政府意志的体现，金融主要遵循自由市场的要求，明晰各自的边界和功能。尽管这样的方案实践起来有很大难度，但在农村金融的发展过程中是不可或缺的。

三、财政与货币政策包含了促进农村金融发展的内在要求

有关财政本质的理解，长期存在两种对立的观点。“国家分配论”强调财政应

满足国家职能的需要，强调国家作为财政主体的地位，强调财政是以国家为主体的分配活动。而“公共财政论”则强调财政应满足社会的公共需要，强调市场力量对财政活动的制约，强调财政提供公共服务的特性，强调纳税人作为财政主体的作用。应该说，这两种观点从不同角度揭示了财政的本质，而后者更具有时代性，更符合财政法学“公开和民主”的理念。公共财政与民主政治、法治国家紧密相连，三者又与市场经济的根本要求相契合。“国家分配论”在某种程度上符合现代财政的现实情况，行政机关始终在财政中居于绝对主导地位，财政活动的职能主要体现在分配收入、资源配置和宏观调控之中。

学术研究的观点有很大不同，背后的立场及理念也有一定的差异，我们在看到不同特点时，也要看到其中的一致性，比如“文化差异性”和“文化相似性”同在。用这种思路来分析财政，那么财政“既是社会财富的分配方式，也是执政当局的施政纲领，还是普遍有效的强制规则，因此，它是经济、政治和法律的综合体”。从本质上看，其中明确指出要在农村金融发展当中给予财税政策的扶持，并且需要将其纳入到国家战略环节，重新审视三农问题，改变对于三农的态度。改变“国富民穷、官富民穷、城富乡穷”的现状，不能仅仅凭借财政的“输血”和政策放宽，也不能仅仅依靠金融界的“自由和良心”，根源还在“以民为本的发展模式的转变”。近年来，我国经济快速发展，财政收入规模大幅增加，2002 年我国财政收入为 1.8 万亿元，2003 年突破 2 万亿元，2005 年突破 3 万亿元，2007 年突破 5 万亿元，2010 年突破 8 万亿元。我国经济的稳步发展为财政收入的快速增长提供了保证，客观上也为财政政策支持农村金融发展创造了条件。作为国家宏观调控政策另一重要组成部分，货币政策是中央银行进行宏观经济调控的基本手段，在整个国民经济体制中居于十分重要的地位。由于各国经济发展水平不同，确定的宏观经济目标不同，因而不同国家的货币政策目标也不完全相同，如欧洲央行奉行的是单一货币政策目标，而美联储则奉行多重货币政策目标。但整体上看，各国银行的货币政策目标通常包括物价稳定、经济增长、充分就业和国际收支平衡。金融是现代经济的核心，“三农”的发展事关经济增长大局，事关物价稳定和社会稳定，同时也离不开农村金融自身的发展和大力支持。因此，货币政策目标也内在包含了促进农村金融发展的要求，以此服务于宏观经济发展。然而，与财政政策的定向精准补助相比，货币政策的作用更为宏观，因此如何精确实现定向化的货币政策以支持农村金融发展，仍然存在一些值得深入探索的问题。

综上所述，探讨财政和货币政策支持农村金融的定位问题，不能孤立地看金融，也不能孤立地谈财政政策与货币政策，不能仅仅局限于农村金融机构主体的布局，还应当考虑到支持“三农”发展的制度及农村金融功能的实现。简要归纳起来：在农村金融领域，财政政策与货币政策是国家干预农村金融的一体两翼，财政政策和货币政策必须有效结合；财政与货币政策支持的本质目的在于充分发挥农村金融效用，以便推动三农可持续发展。

第三节　农村金融法律制度的政策支持策略

政府宏观调控的重要手段是财政和货币政策，它们也是推动经济社会发展的重要工具。在实际经济活动当中，二者虽然有着非常明显的区别，但是却在实践当中相互关联和促进。农村金融改革不能缺少国家支持和帮助，其中财政政策效果往往能够立竿见影，但受制于资源总量限制，货币政策操作空间较大，但偏于宏观，效果上受到政策传导机制的限制，具有一定的滞后性。因此，下面就需要非常细致全面的探讨怎样发挥政策支持的作用，保障资源优化配置，让宏观的货币政策能够准确传导、引导和推动农村金融的进步。

一、农村金融法律制度政策支持

政府在农村金融发展当中给予支持，主要侧重于财政和货币政策方面，具体有以下几个方面：

1.引导金融机构合理布局

主体是一切行为的承载，没有金融机构的发展，也就谈不上金融服务、产品、市场的具体构建。自 1994 年以来机构改革往往是我国农村金融改革的核心，目前的金融改革思路仍然停留在“金融机构观”，将着眼点放在农村金融机构体系的改革方面。这样的思路和改革方向的弊端之一体现在对新型和准金融机构的排斥。有学者提出“金融功能观”，强调应当更多地关注农村金融体系建立以后融资功能的实现，此种见解符合我国农村金融制度改革的需要。而且我们注意到，金融领域的具体研究也佐证了这一思路，比如对于民间借贷监管制度的创新。从金融功能的思路出发，实现金融对“三农”的真正支持不能满足于仅仅增加一些主体，应根据农村金融发展阶段的差异化需求来区分不同主体主导的财政支持类型该如何恰当运用。还应根据不同机构的不同情况，采取不同的支持手段和力度，以及差异化的监管措施。

外国学者曾说，推动经济增长和发展的主要因素是金融机构变化，而金融机构的种类和数量能够直接体现出金融深化程度，那么金融机构发展不完善或者机构缺乏能够直接体现出这一国家金融抑制政策。我国当前农村金融机构主体包括三种，可以说形成了一种三足鼎立的局面，它们分别是农村商业金融、农村政策性金融和农村金融机构。具体开展农村金融业务的机构更多些，有人形象地将其称为“九龙治水”，包括九类银行业金融机构。

在推动农村金融机构市场化发展的同时，财政和货币政策在推动农村金融市场主体制度层面发挥的效用显著。财政方面的支持范围除了有农村金融机构以外，同时还需要加大对新型农村金融机构以及准金融机构的支持。

一方面，对农村信用社建设给予充分支持，并引导其发挥在农村金融中的主力军作用。2003 年 8 月，八省（市）展开农村信用社的试点改革，将明确产权关系以及强化约制作为总体性目标，推动全新产权模式的探索和实践活动，也取得了非常显著的成效。成功的一个主要原因在于农村信用社的试点改革工作得到包括国家财政部、中央银行以及地方政府在内的多个渠道的支持。除此以外，在财政方面进一步加大了对农村信用社的营业税减免以及免交所得税等方面的政策支持力度，使得农村信用社的改革工作具备较为丰厚的财力支持。到 2005 年的上半年，农村信用社在全国范围内扭亏为盈。这一成功的经验表明：政策有着引导金融资源流动和合理分配的作用，而且政策的支持与合理引导比直接给予投入的效果更加理想。

另一方面，鼓励在我国广大的农村地区建立新型的农村金融机构。为了更好地推动农村金融的进步，切实解决好农民贷款难的问题，《关于农村金融有关税收政策的通知》规定：“自 2009 年 1 月 1 日至 2011 年 12 月 31 日，对农村信用社、村镇银行、农村资金互助社、由银行业机构全资发起设立的贷款公司、个人机构所在地在县（含县级市、区、旗）及县以下地区的农村银行和农村商业银行的金融保险业收入减按 3% 的税率征收营业税。”上述政策到期后，经国务院同意，财政部和国家税务总局又联合发文决定将财税［2010］4 号文规定的“对农村信用社、村镇银行、农村资金互助社、由银行业机构全资发起设立的贷款公司、法人机构所在地在县（含县级市、区、旗）及县以下地区的农村银行和农村商业银行的金融保险业收入减按 3% 的税率征收营业税”政策的执行期限延长至 2015 年 12 月 31 日。此外，为鼓励农村新型金融机构发展，很多地方政府也出台了税收优惠政策，如根据《江苏省省政府办公厅转发省财政厅关于促进农村金融改革发展若干政策意见的通知》（苏政办发［2009］32 号）的相关规定，对经金融监管部门和省政府授权部门批准组建的村镇银行、农村小额贷款公司以及农民专业社等新型农村金融组织，省财政要按照已经到位的注册资本的2%给予一次性奖励。这些措施极大增强了各类资本进驻农村的积极性。

2. 定向减免涉农金融服务的税收

国际上非常通行的做法是对涉农金融机构给予税收减免的政策支持。为了有效减轻新型农村金融机构所担负的财务压力，财税［2010］4号文明确：自2009年1月1日到2013年12月31日，针对农村金融机构当中的农户小额贷款利息收入，免征营业税；针对农村金融机构当中农户小额贷款的利息收入，在计算应纳税所得额时按照90%计入收入总额。与此同时，其中也界定了能够享受上述优惠的农户以及小额贷款的限额。这项政策实质上针对的是所有开展农户小额贷款业务的金融机构，与之前颁布的相关政策进行对比能够发现，新税收优惠不再将金融机构是否真正做到服务三农作为标准，而是将业务作为标准，只要是为农户小额贷款提供服务的机构，都能够享受相关的优惠。地方政府为推动本地农村金融发展，也出台了很多涉及农村金融服务定向税收减免的政策，体现出对于国家政策的积极响应。

3. 定向补贴农村金融业务的费用

农村金融风险大、成本高、收益低的特征，和金融商业化存在冲突。这就需要给农村金融机构一定的利息补贴，使得他们能够积极主动地为三农发展提供服务，而这也能够真正发挥出市场和政府相结合在农村金融业务发展当中的巨大作用。

例如，美国、法国、印度等都建立了类似涉农贷款的贴息机制。在贴息机制构建完成并且得到广泛落实后，金融机构会更加积极主动地为农村提供贷款服务，支持农业的发展，有效缓解农产品价格幅度较大的现实问题，确保农民的权益，提高农民的收入水平。另外，除对利率差进行补贴外，发达国家还对农业保险的保费以及保险业务费用进行补贴。不少发达国家会选用立法手段建立起农业保险，在法律上确立其重要地位。初期美国私营保险公司提供农业保险服务，但是农业保险担负的风险极大，进而导致农作物保险以失败告终。目前美国的农业保险管理部门是联邦农作物保险公司，在实施具体的业务时会将经营和代理的权利交给商业保险公司，而在这一过程中政府给予农作物保险良好的优惠扶持，而且普及费用和推广费用都由政府负担。由于得到了政府的支持，农业保险成本以及风险水平降低明显，而且保险公司的运营效益得到明显提升。在看到其中的利益之后，不少私营保险公司纷纷表示乐意承担这样的保险业务。日本政府也采用债务担保的方法来吸引商业资金在农业领域的投入。待进一步市场化后，可以由金融机构根据具体贷款业务的风险和收益自行选择利率。近年来，我国政府也积极采取涉农金融补贴措施，农村金融

定向费用补贴机制主要涵盖两大领域：

一是给予新型农村金融机构定向费用补贴政策支持。积极响应十七届三中全会精神，为了保障新型农村金融机构试点工作的稳定和可持续发展，最大化地发挥支农功能，在《中央财政新型农村金融机构定向费用补贴资金管理暂行办法》中明确实施定向费用补贴政策。从 2009 年到 2011 年，中央财政根据上年末贷款余额的 2% 给予定向费用补贴，并且将其纳入机构当年收入，通过这样的方式使得这些金融机构的风险防范能力以及自我发展能力得到有效提升。与此同时，有效引导各地政府坚持因地制宜的原则，并在此基础上实施扶持政策，为新型农村金融机构的发展营造和谐良好的环境。

二是对保险公司为种植业、养殖业提供保险业务的定向费用的补贴政策。2007 年中央财政首次对农业保险给予补贴，这在很大程度上为农业保险在我国的建立和持续推广提供了巨大动力。2008 年，国家正式出台的《中央财政种植业保险保费补贴管理办法》，规定财政部可以给予保费补贴的种植业险种的保险标的是种植面广，能够解决三农问题的大宗农作物、油料作物以及国务院有关文件当中涉及的其他农作物。

2008 年国家还出台了《中央财政养殖业保险保费补贴管理办法》，关于养殖业险种的保险标的，财政部向饲养量大、对保障生活和提高农户收入有重大意义的养殖业品种提供保费补贴。除此以外，财政部还可以根据地区财力、具备的农业特色等提供保费补贴支持。实践中，除上述品种外，各个地区还从实际出发，实施了林木、烟叶等具有地方特色的险种，也在很大程度上促进了农业保险服务范围的扩展。

4. 增加农村地区的金融总量

近年来，国家通过综合性的运用多种货币政策工具来加强了信贷政策方面的指导，有效指导了金融机构恰当安排信贷增长，优化信贷结构，创新金融产品，不断增加农村地区金融服务总量：一是采取差别化准备金率。将村镇银行和农信社存款准备金率进行有效调整，大力扶持“三农金融事业部”改革试点，给予涉农贷款投放较多的县支行优惠存款准备金率，增加了农村金融机构的可贷资金量。二是加大支农再贷款规模。人民银行为了更好地支持实体经济和推动三农服务水平的提升提出并且实施支农再贷款政策。随着时间的推移，人民银行对于这项政策的实施力度进一步增强，同时也不断在管理方面改进，促使农村金融机构积极主动地应用支农再贷款来加大农村信贷的投放量。三是办理涉农票据再贴现。人民银行利用票据选择明确再贴现支持应该将核心锁定在哪些内容，优先为涉农票据等办理再贴现业务，调增再贴现限额，较好发挥了引导信贷投向、支持扩大“三农”融资的作用。有了优惠政策的支持，农村金融机构的发展水平逐步提高，尤其是在支农资金实力方面提升明显，在解决三农问题和发展县域经济等方面做出突出贡献。

二、加强财政与货币政策支持农村金融的建议

当今世界有着一个非常普遍的难题，那就是要求高度市场化的商业金融为小农经济提供金融服务。从很多推行市场经济的国家看，构建与市场经济相一致的农村金融法律制度有着共同特点：充分考虑到农村金融的特殊性，并且将特殊性作为根本依据，构建单独的法律制度和相应的政策支持体系。在法律制度和政策支持体系建立起来后，我国农村金融市场也会逐步被培育和迅速发展起来。不得不说，农村金融是我国金融服务的短板领域，我们应借鉴有关国家的成熟做法，牢牢抓住两条主线，即健全农村金融机构体系、为农村金融业务发展提供支持，加大对财政政策和货币政策的应用力度，提高政策应用的灵活性，最大化发挥财税杠杆作用，完善和扩大农村金融服务的整体规模，优化服务结构，切实建立起金融支农长效发展机制。

（一）推动农村金融市场主体的多元化

提高农村金融机构改革的活力和深度，核心内容是要提升其服务能力。农村金融市场主体建设应围绕支持“三农”发展作为根本宗旨和目标，将缩小城乡差距和实现城乡统筹协调作为基本任务，将市场作为导向，发挥政策的引导作用，对农村的金融机构进行科学恰当的布局，加快完善农村金融体系的改革步伐，切实实现农村金融市场主体的多元化和提升主体服务水平，增强整体在金融服务领域的竞争实力，使得农村地区的金融福利得到改善。

第一，借助财政和货币政策工具大力扶持农村新型金融机构发展。2006 年，银监会将农村地区银行业金融机构的准入政策进行全面调整，全面推行“资本”“机构”放开的改革工作，其中一个重要举措就是引入农村新型金融机构。截至 2013 年底，全国范围内组建共 1 005 家新型农村金融机构，但是，在农村网点布局方面，我国仍然还存在很多“零金融机构乡镇”，这些乡镇主要集中在西部地区。没有主体，没有分支机构，农村金融服务无法落脚，在这些“市场无力”的地方，迫切需要“政府出面”，采用“财政出资”或者政策引导等方式，改进农村金融服务的现状。政府要注重发挥自身的引导作用，激励金融机构在金融服务空白以及经济发展水平较低的乡镇地区开办金融服务工作的网点，并且将其纳入到地方政府招商引资的优惠范围当中，努力提高其工作热情。农村新型金融机构属于新生金融机构，主要工作任务是服务“三农”，并且在服务“三农”方面具有灵活决策和贴近市场的优势，但是其

规模较小，经营范围受限，抵御风险能力不足，因此应保持对新型农村金融机构的费用补贴，缓解其财务压力，使其商业化经营具有可持续性。

第二，运用财政和货币政策工具继续支持和发展农村的存盘金融机构。农村存盘金融机构是农村信用社、国有商业银行、农业发展银行的农村分支机构。相对农村新型金融机构而言，这些机构资产规模较大，但离农倾向不断加强，不愿在农村开设网点或分支机构。在很多经济发展水平较低和欠发达的地区，金融机构数量极少，即使存在少数的金融机构在持续运营当中也存在较大难度，因此，政府可以积极实施网点补助、税费减免等支持措施，激励金融机构在这些地区设立网点，并且有效降低他们的运营发展成本，探索商业化支农的路径，保障其可持续经营，以满足这些地区对基本金融产品的实际需要。提高财政政策支持的针对性，增强农村金融发展成效，建议国家采取差别化支持政策：在我国的西部地区实行全免营业税的措施，在我国的中部地区实行3%营业税优惠政策，针对东部县域经济较为发达的情况，可以不予减免营业税；在对应纳税所得额进行计算时，可以扣除农户小额贷款当中的利息收入。政府逐步加大对农村金融机构在三农金融服务方面的优惠力度，给予合理恰当的优惠政策支持，能够进一步鼓励和吸引大量的金融机构以及资本流向农村地区，切实解决三农问题，推动三农全面发展。

（二）健全农村金融服务激励制度

目前我国的农村金融体系是以商业金融作为主导的，这样的农村金融体系存在两个突出问题：一是政策性金融业务范围狭窄，无法满足“三农”急需的、多层次、多方位建立的金融服务需求；二是金融法律制度尚不完善，金融机构没有发展起来，农村信用社有名无实。针对这种现状，应进一步加强对商业机构三农金融业务补贴，有效引导商业金融机构积极主动地展开与三农金融服务相关的业务，具体措施可考虑以下三个方面：

1. 建立财政奖补制度，鼓励金融机构加大涉农贷款的发放

要想逐步扩大县域金融机构在涉农贷款方面的试点范围，出台专项贴息规定，对符合条件的金融机构发放的农户贷款给予项目贴息。坚持“多予少取”的公共财政原则，通过完善相关制度，将农村金融的各项税收优惠政策以及财政方面的补贴政策变成一种制度，切实发挥财政政策的杠杆效应，起到四两拨千斤的效果。通过实证分析可以看出，财政资金有着显著的杠杆效应，而且通过杠杆效应的发挥能够为三农工作的全面实施提供有力保障。将农业担保作为实例，财政每投入1元，能够推动约30倍也就是30元的金融资本投入到三农领域当中。所以财政支持下的杠

杆功能可以形成对金融资源巨大的吸引力，并且引导这些资源和资金投入到三农领域，为三农问题的解决和发展提供有力支持。

2. 健全货币信贷政策调节制度，增加农村金融总量供给

货币信贷政策对于农村金融总量的供给有着极大的调节作用，同时要求在工作实践当中灵活应用多种政策工具，包括支农再贷款以及差别准备金率等，为了扶持农村金融的发展，全面实施倾斜货币供给政策，促进支农资金来源渠道多样化。政府使用货币政策支持农村金融发展，最主要的手段就是央行的“三大货币政策”。对照世界范围内各个国家的经验，通过货币政策体系的建立和健全为农村金融机构发展提供支持有以下几个策略：

（1）将差别化存款准备金率的制度作为根本依据，采用降低或者减免存款准备金的方式来为涉农金融机构的改革发展提供支持，确保其资金充足和全面发展。例如，美国、日本等国的中央银行对于农村金融机构采用的就是低于城市金融机构的差别化的存款准备金率。另外，还有泰国为了鼓励和引导金融机构加大农业投入，国家的中央银行在制度当中规定农业银行可以不上缴存款准备金。

（2）实施信贷优惠政策来对涉农金融机构发展提供支持，这些政策包括：合理制定再贷款利率，并且恰当延长再贷款的期限，逐步提升再贷款额度和使用面积；如果有特殊需要可以向中央银行借入数额大、利率低、期限长的资金；涉农金融机构可以发行政府担保下的债券；支持金融发行农贷债券等。

（3）在我国的广大农村地区积极推进利率市场化的工作进程，贯彻实施适度宽松利率政策，有效保障涉农金融机构商业化的可持续性。全面实现利率市场化，并且加快利率市场化的进程，能够有效增加涉农资金的投入，更是增强农村金融市场稳定性不可缺少的措施。市场化均衡利率水平相对较高，这就需要政府能够及时运用财政贴息等多元化方法来有效缓解这一局面，让广大农民能够获得低于市场利率的农业贷款，或者补贴市场利率与实际利率的差额部分，将货币政策与财政政策的功能较好地结合在一起。

3. 健全农业发展银行制度，增强政策性金融的支农价值

农业发展银行属于我国的政策性金融机构，也是国家政策性金融支农的力量支撑，逐步成为财政和货币政策推进农村金融市场建立和金融事业发展的依托。就当前而言，农业发展银行提供的主要政策性贷款类型是农产品的收购和扶贫贷款，业务比较单一，支农政策领域及效果十分有限。在农业发展银行的今后发展和运营当中，必须增强对其功能的准确定位，并对功能定位进行恰当调整；明确农业发展银

行应该担当起政策性金融的任务，并在完成任务中恰当安排关于农村基础设施和社会事业无息或者低息贷款的事宜，其中尤其要关注欠发达地区的金融业务。此外，可借鉴美国、法国等国农村金融制度建设的经验，发挥农业发展银行在农业金融领域的“准央行”功能，利用其自身信誉、地位发行“政府支持农业金融债券”，面向广泛的资本市场募集资金，并将筹集的资金转贷给新型农村金融机构或农村信用社发放小额农户贷款。这样做可以有多方面的益处：

（1）可以利用国家信用、政策性金融机构的高信用降低农户贷款的筹、融资成本，并通过这些贷款零售机构转贷间接让农户受益，帮助农户获得低成本的贷款；

（2）从整体上增加农户贷款的可用资金规模，增加其获取贷款的机会；

（3）增加资本市场投资品种，为各类机构投资者增加具有稳定收益的投资渠道，如养老金、住房公积金等；

（4）分散信贷风险，巨额资本金经由信贷零售商而分散为无数小额贷款，避免了贷款集中度高的风险。

（三）健全农村金融风险补偿制度

农村金融整体上看是高成本、高风险、低收益的行业，农业金融服务在成本以及风险方面较高，这就使得大量的农村金融机构在三农的资金支持方面缺乏动力，如果其中的交易成本和风险完全由农村金融机构来负担的话，金融机构的持续运营就会得不到保障。要想解决好农村金融机构支持和发展三农以及分散风险之间的矛盾，必须要充分发挥政府的引导作用，积极推进有效财政政策的实施，通过采用政策性保险、担保等方式，合理补偿涉农金融机构交易成本以及经营上面的较大风险，彻底解除他们的后顾之忧，增强他们对三农信贷投放的动力和积极性。

一方面，应建立健全农业风险转移机制，进一步扩大关于农业政策性保险工作的支持范围和覆盖面积。立法先行是各国发展农业政策性保险的重要经验，为稳妥起见，应以部门规章形式对政策性农业保险涉及的农业保险的目标、保障范围、保障水平、组织机构与运行方式、政府的职能作用、参与各方的权利义务、会计核算制度、财政补贴标准及计算方法、税收、监管等内容给出明确规定，使得农业政策性保险在执行过程中有所依据和保证，推动其制度化的工作进程。在这样的基础上，要坚持从国家财政收支状况的实际出发，有效扩大保费补贴资金的规模，扩展保费补贴品种范围，从整体上扩大农业政策性保险的覆盖面积和影响范围。与此同时，要加强对农业再保险和巨灾风险分担机制构建的分析和探究，探索建立政策性农业再保险机构，为商业保险公司开展涉农保险业务提供再保险服务，增强普通保险机构涉农保险能力，增加农村保险产品的供给保证。

另一方面，积极构建系统全面和科学的政策性农业担保机制，有效拓宽农业担保的相关业务，完善与农业担保相关的资金补偿以及风险分担方面的机制。有效发挥政府的主导作用，同时引导多方参与，再加上市场的运作来形成一个完善的发展模式，通过发挥财政资金的引导作用来有效引导金融机构包括民间资本投入，设立区域性政策性农业担保机构，推动政策性农业担保公司持续发展。进一步发挥融资性担保机构的作用，采取政府招标采购等手段，发展多种多样、适应农村需要的信贷担保组织和形式；采取税收优惠、费用减免等措施，积极引导农业担保机构发展，动员农村体系内部力量增强自我保险能力。此外，为了有效满足防范以及化解农业担保风险的需求，需要根据实际构建担保风险金补偿机制，在具体实施中将农业信贷担保机构的提取风险准备金作为主要内容，将中央以及地方财政风险的补助金作为有效补充。

（四）创新农村借贷法律制度

根据调研，农户借款很大程度上属于非生产性借贷，如建房、婚丧、上学、看病。如果关于非农生产性用途的农村贷款数量过多或者所占的比重较大的话，农村信贷对于农村经济发展和金融市场推动方面的作用就会大大减弱。现在存在着一定的利息负担，如果农村的信贷难以全面推进农业人均产出的提升并且农户又必须承担利息成本，农村金融机构信贷率与农业增长极可能呈负相关关系。农村发展的一大软肋就是公共产品的提供，同时这也成为影响土地制度改革的障碍。在没有完善合理的社保体制的基础上，农村土地的有效流转可能性会大大降低，也会因此影响到城乡统筹发展和一体化进程。在现阶段公共产品供给不足的情况下，如何结合财政和金融的力量，在教育和医疗两大“花钱”的领域为农民提供保障，笔者设计了如下制度结构：

原制度（单方法律关系结构图）：对于非生产性借贷，目前政府不可能提供充足的公共产品，主要是教育和医疗领域。可以设计四方主体之间的制度结构：农户、学校或医院、农村各金融机构、各级政府及其部门。传统的做法是：农户到学校交纳学费之后需到医院缴纳医疗费用；农户向金融机构申请贷款并在资金使用完毕后还款。这样的行为都属于单方法律关系，在全新的制度设计当中修改成四个主体，多方法律关系。具体实施方法为：农户首先依据真实的事由从医院或者学校拿到证明文件，并将其提供给金融机构，或者是金融机构依据医院或者学校的申请将一定比例医疗费或者学费打入对应账户当中，建立三方关系基础上，政府财政将另外比

例的学费或者医疗费用打入到对应账户当中。这样的做法能够充分体现出财政支农，而具体的比例安排可以依据实际自行确定。

这样的制度安排从表面上看与传统农户直接借贷没有实质区别，因为在借贷关系当中，债务人都是农户，法律行为是贷款还款，但是实际上二者差距明显，具体体现在：第一，切实保障依据真实原因的借款，在实际的借贷过程中有着相应的证明文件，能够有效避免在贷款之后挪为他用。第二，能够切实解决农户贷款难问题，对于医疗以及教育方面原因导致生活困难的农户借贷国家给予相应的特殊制度支持，可以按照快速审批放贷的机制实施。第三，切实将政府财政支持纳入到法律关系过程中，而后续存在的法律义务又能够分别落实到不同主体身上，能够有效减轻农民负担。总而言之，有效发挥财政和货币政策的价值，改革财政和货币政策的支持方式和手段，增强二者的配合程度，恰当发挥财政政策的杠杆作用，发挥货币政策调剂作用，引导农村金融机构增强对三农支持力度，建立健全完善的农村金融体系，满足农民多样化金融服务需求，解决好农村金融失灵的相关问题，是财政政策和货币政策支持和推动农村金融进步以及农村市场建立的政策着力点，同时也是前进方向。

为此，应积极整合现有财政与货币政策支持农村金融的各类措施，通过立法建立健全农村金融的激励机制、涉农贷款风险补偿等多个方面的扶持奖补制度，强化法律制度供给，实现财政政策与货币政策支农的常态化、制度化，给各类主体提供一个稳定的市场预期，降低农村金融经营成本和风险水平，最终实现在财政和货币政策引导下，广大金融机构积极将资金投入三农，切实保障农村金融服务水平的提升和服务质量的优化，让三农发展所需资金和资源得到保障。

第七章　农村金融监管法律制度革新探究

在国家的整个金融监管体系中，农村金融监管内容是其中的重要工作任务，也是推动农村金融组织规范化发展不可缺少的。对农村金融的监管涉及的主要内容是使得农村金融机构在建立和发展的过程中能够按照规范的指引和相关制度来依法构建和实践。农村金融监管必须充分发挥自身职能，并且达成以下几个目标：阻止农村金融市场操纵，鼓励农村金融机构之间竞争，保护农村金融客户取证投诉，维持农村金融市场的信心，减少违规行为。世界银行专家指出，要想保障好整个金融市场的稳定运行，强化监管并且建立完善的监管制度是不可缺少的条件。在全面推进农村金融市场发展的形势下，能否建立起切实可行和科学的金融监管体系是影响农村金融市场构建，关系到农村社会经济最为核心的要素，体现出金融监管的核心要义。农村金融和城市商业金融监管特点不同，而且侧重点也有着极大的差别，那么要建立起农村金融监管体系就需要考虑到农村金融的特殊性，积极思考目前农村金融监管制度建设当中存在的缺陷，切实从实际出发，建立契合农村经济发展需求的农村金融监管制度，并且真正体现出制度建设的紧迫性和现实性。

第一节　农村金融监管理念创新和发展研究

一、坚持民生理念，确保实现农村居民生存权和发展权

发展权以及生存权都属于人权的重要组成内容，无论是哪一种法律都必须将维护好和切实保障公民的生存权与发展权作为根本性的价值追求，并且为这一目标的实现进行法律的完善。塞内加尔的卡巴·穆巴依提出“发展是所有人的权利，每个人都有生存的权利，并且，每个人都有生活得更好的权利，这项权利就是发展权，发展权是一项人权”。发展权可以说既是国际人权，又是国内人权，国际人权的发展

权最终也会转化成国内人权，并在国内的立法当中确定为个人平等拥有的人权。《关于发展权的决议》提出："发展权是一项人权，平等的发展机会既是各个国家的特权，也是各国国内个人的特权。"《发展权利宣言》也指出"发展权利是一项不可剥夺的权利，发展机会均等是国家和组成国家的个人的一项特有权利"。

从发展权的角度来对农民金融权进行分析，并且探究如何更好地保护农民金融权最为核心的内容就是要分析国家运用怎样的手段来合理地对金融资源进行分配，并且在分配当中考虑到农民发展权，使得他们的权益不受到损害。换言之，就是更加注重解决广大农村居民的民生问题。而且金融的本质内涵就是要让民众在生产和生活当中的资金需求得到满足，让民生得到根本性的保护。从这两个方面看，有效坚持和落实民生观念是保护农民发展权以及生存权的有力武器。随着市场经济的展开和深入发展，利益多元化以及主体多元化都成为十分明显的发展方向，也促使更多的公民投入到金融市场中，积极展开相关的经营活动，以期获得更大的经济效益。那么要想保障经营活动顺利实施，就必须要具备资金支持。农村经济发展水平较低，融资更是成为公民生存和发展的基础条件，而且公民的生存权以及公民的发展权都必须将融资的权利作为其中重要部分。例如，印度私人借贷占农村融资额18% ~ 20%。我国并没有在这一层面进行过较为细致的统计工作，仅仅是从估计上看，民间融资占到农村经济活动总额的70%以上。大量的理论和实践证明，拥有获得贷款的能力虽然不能够决定农户能否有效增加收入，但是能否有足够的资金投入生产却是农户增加收入必不可少的条件。因此，推动农村经济的发展和农民的增产增收就必须要重视农村金融，而农村金融也就具有更为突出的解决基本民生问题的功能。从这个角度上看，在监管制度的设置当中给予非正规金融机构严厉的限制和禁止，在很大程度上会压制农村资金的自由流转，并对公民生存权和发展权的实现产生直接影响，并让他们的权利得不到保障。因此，农村金融监管制度在本质上是要做好安全保障工作，使得各项融资活动得到监督和保护，不能够异化成排斥和抑制资金流动的错误行动。

农村金融法律制度的构建以及完善的工作长时间以来不能够把握正确的方向，错误地将金融问题归为经济发展和资源配置方面，在错误方向的指导下各项法律规章制度的安排都忽视了民生问题这一核心的内容，也使得民生得不到有效保障，更是会为了维持金融稳定，损害到广大民众的自由融资权，为金融制度建设带来很多隐患，同时也可以说是制度缺陷的根源。国家以及政府在多年的实践当中总结经验教训，也在分析当中看到这一问题，并且积极采取有效调控和引导措施来增加农村资金的供给，以期能够满足三农发展的需求，但是这些措施在很大程度上都属于手段层面改革，没有从根本上转变农村金融监管制度的设计理念。因此，我们必须从根本上树立正确的农村金融监管理念，并对农村金融的监管制度进行重构，使其更好地符合现代农村经济的发展，推动农村金融制度的现代化发展进程。一方面，要彻底改变单一注重金融稳定和经济发展从而忽视公民金融权利保护的理念，将关注和保障民生作为基本目标，并且切实将融资权纳入到公民的发展权范围，采用制度规范的方式进行保护，承认和尊重广大农村民间融资的客观存在和正常需求。另一方面，在整个价值体系当中，农村金融监管制度需要将基本价值目标锁定在促进公民实现生存权和发展权的方面，并将其作为稳定金融和发展金融的方向，以此为基础确定与之相对应的融资权利类型，并且为公民融资权的实现提供法律保障。

二、坚持协调发展理念，确定金融效率优先的目标

从国内外的大量制度改革实践看，金融监管目标价值往往摇摆于金融安全和效率之中，无法确定金融监管所要追求的最终目标价值。金融安全指的是货币资金融通的安全和整个金融系统的稳定，这也是金融活动开展的前提条件。金融效率指的是金融方面的投入和产出比。

纵观我国的金融业监管，崇尚安全是一直以来的目标，那么我国农村的金融监管同样如此。从打击非法金融一直到亚洲金融危机爆发之后关闭大量农村基金会等行为方面看，就能够清楚地发现政府限制民间金融的意向。抑制民间金融发展的做法在很大程度上能够降低农村金融市场存在的巨大风险，但是金融安全本身意味着一种动态的、发展的安全观，长期实施金融约束的政策在实际结果上，并没有让我国农村的金融市场走向繁荣和发展。商业金融机构的大量撤出以及农村信用社在整个农村金融市场当中垄断严重的问题反而使得我国农村金融的效率大大降低。与此同时，大量的民间金融组织不断发展和扩大，大量不受监控的借贷行为在边缘流动，能够积聚大量风险。还有很多学者提出通过实现农村金融自由化的方法来保障效率和公平的实现。为了为我国农村的金融市场注入活力，监管部门开始用非常规的速度来大力发展农村地区的新型金融机构，也有一些地区的地方政府为了实现经济发展的目标大量组建小额贷款公司，一时间效率至上的呼声甚嚣尘上。监管部门对于农村金融机构设置的市场准入标准正在不断降低，这也推动了大量新型金融机构的出现，农村金融市场竞争水平逐步增强，大量市场主体的积极性也被激发出来。从发展的角度分析，保持农村金融的适度自由是恰当的，金融监管立法应当从遵循农

村经济社会发展的现实要求和规律出发，把握好金融自由与管制的关系，重视农村金融的效率。

金融安全和金融效率是基本价值范畴的组成部分，同时二者也是永恒矛盾，如果在实际当中过分强调和追求其中的一种价值，那么另外一种价值就会消减。当价值冲突出现时，监管部门如果不能够在价值选择当中做出理性的判断和考量，就很容易陷入管理怪圈当中。就我国目前农村金融监管制度而言，长期偏重于追求金融安全的价值目标，同时也带来了巨大的负面效应。因此，在实施农村金融监管的过程中，在理念方面必须要将传统的单一追求金融安全转到安全和效率并重。从表面上分析，安全和效率的价值存在诸多冲突和矛盾：追求安全价值可能会造成监管制度和措施过于严厉，从而降低市场效率；追求效率价值可能会造成放低市场准入、内部控制制度建设等风险因素。实质上看，安全价值和效率价值有着一定的互补性：一方面，确保金融市场安全能够推动效率的提升。在牺牲安全价值追求的基础之上追求金融发展的高效率只能是昙花一现，无法持久。另一方面，金融效率过低或者没有效率存在的金融市场，即使整个市场十分安全，那它也是不健康的，最终会出现垄断，让整个市场失去创新活力。因此，最佳的选择是构建金融安全和金融效率统一的农村金融监管制度，通过发挥行政和市场在金融资源优化配置当中的作用，在金融效率和金融安全之间寻求平衡，用一种艺术性的监管手段来增强农村金融的监管效果，避免价值冲突的两难境地。在某些情况下，农村金融市场的复杂性决定了安全与效率的取舍很难协调。尤其是对于农村的民间金融，在对其进行监管时需要优先考虑到安全价值，将制度的构建作为基础，在打好基础后再追求效率。

长期以来，我国在农村金融的监管方面都属于一种过度监管，出现这一问题的原因是将金融安全作为主要的价值追求，在对待金融风险方面所持有的态度是非常强烈的担忧。在大量不发达的地区和国家，制度以及政策方面的落后和不合理问题，会使得市场主体在面对金融风险时不能够有效地应对和处理，从而加剧风险的不良影响和不良后果。由于金融压制和歧视等相关政策的颁布和实施，金融市场的主体开始创设多样化民间融资组织，跳脱出非正规金融体系，形成系统较为完善，并且在业务操作上十分便捷的民间金融机构，为农村地区中小型企业和农户提供金融支持，满足他们的迫切的资金需求。在很大意义上说，农村金融能够有效纠正正规金融市场失灵的问题，这也是农村金融制度改革当中收获的可喜成果。

这里还需要强调，无论是金融安全还是金融市场当中的自由竞争都是金融法制建设当中的价值追求，纵观我国的金融体系，处在绝对优势地位的是正规金融，而其他的部分往往是被抑制，进而出现金融市场结构不平衡的问题。因此，涉及民间融资问题时，最为有效的处理方法是需要借助自由竞争，而不是绝对意义上的管制。农村金融监管法律制度的建设必须将适当地促进金融的自由竞争作为价值目标追求，在对农村金融法律进行管制时也需要尊重市场规律，放开民间金融组织的权限，使得他们能够自由选择，也让广大融资者在一个和谐的自由竞争氛围当中享受到应有的成果和收益。按照这样的目标追求，国家以及政府在农村金融监管实践当中要重点监督运行过程，并对其中的违法乱纪行为予以查处和打击。采用这样的价值目标设定方法，并且采取相应措施能够有效地活跃农村金融市场，刺激金融制度的创新，推动农村资源的优化配置。

三、坚持统筹与均衡发展理念，实现建立公平保护价值制度目标

要想让权利资源配置更加高效，就需要确保实际配置当中的公平，使得整个金融市场当中的主体能够被放置在平等的地位上来公平对待。如果从当代法治建设、市场经济建设的角度出发，农村金融改革以及制度建设并没有将公平作为目标追求，那么在错误目标追求指导之下建立的金融市场，拥有巨大的缺陷，也不是完全意义上的现代金融市场，同时也不是我国现代化法治国家建设希望看到的现状。社会资本包括民间和国有资本，他们同属于社会资本的一部分，那么就应该共同地享受平等待遇。从农村金融发展的现实状况出发，我国当前的农村金融监管必须清楚地体现推动农村整体经济的统筹协调，不能够单纯地服务于部分市场主体，尤其是不能够将金融监管变成某些金融机构获得自身利益和政府调控金融市场的工具。我国还没有建立起完善的金融体系，在这样的情况之下监管制度的建设要突出公平保护的追求，使得金融主体的利益差额进一步缩小，并且平衡弱势以及强势金融主体之间所承担的风险。在我国范围广大的农村地区，农村金融和一般意义的金融交易有着极大的差别，金融资源的获取以及条件也各有不同，这就需要国家以及政府充分担当起监管职能，矫正事实差别，让农村地区各个金融主体都享有公平融资权。对此，我国在全面推进农村金融法律制度的构建当中，需要有意识地消除与统筹协调发展理念相悖的内容，在法律以及体制层面为农村金融营造平等氛围提供平等发展的机会，让他们也能够获得丰富金融资源的支持，使得各个金融主体之间能够做到自由和公平的竞争，形成一个和谐的竞争循环体。

经济快速增长会推动金融的飞速发展，而金融监管也是在这样的条件下产生，金融监管存在的目标在于推动经济发展，其中目标也是维护金融业的安全。从这一

视角出发，之所以要展开金融监管工作，最终的目标是要满足金融行业发展需求，用金融行业的飞速发展来带动经济的进步，进而从整体上提高社会福利。农村经济结构有着自身的特殊性，不属于完全意义的商业金融，那么在确立与之对应的金融制度时需要确立自己的主要目标，那就是让农村居民平等地享受发展机会和成果。对此，我国农村金融监督必须将公平作为自身的价值追求，而且在具体的实践当中必须要有明确的体现：第一，让农村的中小型企业以及广大农户拥有公平融资权，获得平等的融资机会。农村金融监管制度在实施当中如果造成的结果和影响是金融资源的不平等分配，那么就不是金融监管设置的初衷，就需要对其中的条款进行调整。第二，农村金融实施管制时需要将立足点放在提升金融资源配置的公平方面，通过多元化的监管手段来保障整个金融行业的效益水平，并不是让一部分人富起来，出现明显的分配和贫富不均问题。对此，农村金融监管制度必须要确保金融行业的公平方向，同时强调制度设置要维护社会资源公平分配，而不是让公平分配的局面被打破。第三，民间金融法律管制必须要清楚地体现和落实公平价值追求。

因此，要从制度层面着手来对我国农村金融监管的相关制度进行衡量和检讨，从而检验制度的设定是否和公平目标相背离。

第二节 农村金融监管法律体系的模式构建探究

一、建立多层次农村金融监管体系

金融监管应该具有不同层次的监管主体，还需要将多元化的监管措施整合起来，最终形成一个科学全面和立体化的监管体系。多层次监管体系应该包括国家监督、行业自律、被监管机构自身内控体系、社会监督四个方面。这四种类型的监管必须要分清楚主次，在地位设置上也要做到科学性。国家监督应该处在整个监管体系的核心地位，更是弥补市场缺陷和调整市场失灵问题的重要方法，能够为市场秩序的维护提供保障。行业自律属于整个监管体系的重要支撑，也是连接政府和被监管主体的桥梁与纽带，能够增强双方的和谐互动水平。被监管机构自身内控机制的建立和完善能够有效减少外部监管成本，推动自身可持续发展。社会监督属于监管体系的补充，可以弥补上述三类监管的漏洞和不足。立体化的监管体系也是确保农村金融安全发展必不可少的条件，而且这四类各有优势和不足，必须将各方协调起来，形成强大的合力，最终形成对农村金融的全面监管。

1.农村金融与政府监督

政府对金融监管的理论基础是庇古的福利经济学及“代表”假说构成的，然而在经济的现实发展当中频频出现金融危机的问题构成了政府金融监管的现实基础。我国农村金融尚处在起步时期，整个农村金融市场的发育还不完全，缺乏相应的规范和支持，必须依靠政府的监管来为其保驾护航。

首先，政府必须将国家金融的现实发展状况作为根本出发点，有效管理和监测民间金融活动，最大化地防范金融风险的发生。银监会应当采取如下措施：一是树立支持农村金融和经济发展的理念，因为现行的金融理念往往将重点放在对金融机构利益和存款人的保护方面，而相对忽视经济发展利益。二是放宽市场准入门槛，增加农村金融机构数量，通过鼓励竞争来改善消费者福利。三是制定宽严相容的监管规则，采取针对性措施加强对农村金融机构的监管，防范非法吸储、非法集资、金融诈骗等农村金融活动中易于产生的问题，防范局部风险的发生。中国人民银行要注意处理好以下几个关系：一是处理好和银监部门、省级政府（省联社）在监管范围、监管权限和职责上的分工，避免重复监管和监管空白问题，降低农村金融机构的监管负担；二是处理好服务以及监管之间的关系，切实了解到民间金融机构的特殊性，采用差异化的监管手段来提升监管有效性；三是处理好严格监管和知识创新之间的关系，将推动企业创新发展作为前提条件。

其次，发挥政府部门和政策性金融机构在我国农村金融监督管理工作当中起到的作用。农村金融政策性的特点符合农村的实际发展状况，并且与农村经济息息相关，也因此使得农村金融监管要充分发挥政府部门的作用，这样在贯彻国家农业政策时会更加的机动灵活，也能够让信贷活动得到规范，也使得大量的金融资源和资金能够引入农村地区。另外，有效发挥政策性金融机构的特殊职能，运用多元化的金融活动来弥补农村金融市场缺陷。

第一，农业部门积极推动政策引导。农村金融具有显著政策性，而且农村金融的发展离不开农业政策的配合和支持。农业部门负责制定相关的农业政策，同时也需要对农业政策的执行情况进行监督，因此农业部门是重要的金融监管主体。我国目前农村金融监管体系当中，没有突出农业部门的作用，也没有体现出农业部作为金融监管重要主体的价值。“中国总是把农村金融机构当作一般的金融机构看待，仅仅要求投入金融资源，没有足够认识到农业作为产业的独特性而由此产生城市和农村金融之间的显著差别，其实农村金融要与国家的产业政策紧密结合，其本质主要是贴近农民，而不是贴近金融机构”。农业部必须承担好监管主体的职责，只有这样才能够逐步推动农村金融机构和国家农业政策的接轨，有效达成服务发展三农的目标。农业部的政策导向功能要得到最大化的发挥，需要对农村政策性金融组织实施产业政策指导，在很多国家地区的农村金融发展当中都占有重要地位。例如，美国农村的金融体系当中，农业部要管辖农村政策性金融机构，并为其提供政策支持。

第二，确立政策性金融机构地位，并发挥其巨大作用。农村金融具有弱质性特点，这一特点加大了农村金融市场培育和资源配置的难度，那么政策性农村金融组织在克服不良影响方面起着重要作用，其含义是和政府存在某些经济职能上的联系，为了有效落实政府的经济政策，跳脱出商业性目标，在农业相关领域展开资金融通活动，有效推动农业发展，提升国民整体经济发展水平的特殊性金融活动。这样的定位直接决定了政策性农村金融能够形成对政府的辅助，使得政府机构可以根据实际需要来落实农业政策。另外，利用委托贷款的方法还可以充当起农业贷款批发机构，形成对商业金融的补充，有效弥补在农业信贷领域的不足。

政策性农村金融的调控职能表现为：第一，政策性和商业性农村金融相互协调，互为补充。在传统的金融发展领域，商业性金融是提供金融服务的主体机构，但是商业性金融的趋利性特点显著，这也是它的本质特征，那么在迫切需要得到政策性支持的农村领域就不能够发挥效用，甚至是带来不良影响。由于商业性金融在农村金融发展当中会造成市场失灵，此时要解决这一问题，需要政策性金融介入其中，并且把国家信用作为根基来使得原本的趋利性本质进行一定程度的淡化，也让大量商业性金融机构不愿给予支持的农业领域得到资金以及金融资源的支持，极大地降低农村金融发展当中遇到的风险。如“在美国，农村政策性金融机构提供的贷款是提供一些商业银行和其他贷款机构不愿提供的贷款，在贷款对象上的侧重不同”。再者，“政策性金融不是地区经济增长的结果，而是实现地区经济增长的先导因素；已不是简单地、被动地满足、适应经济活动对它的需求，而是通过供给超前，不断开辟新的投资领域和扩大投资去主动地创造这种需求”。因此，政策性金融要发挥自身应有的扶持价值，有效推动经济发展，在切实满足和迎合商业性金融机构盈利需要的基础上来激发商业性金融机构的热情，使得资金能够逐步地流向农村地区。第二，对农村金融形成的引导和推动作用。在对世界上很多国家的农村金融发展过程以及改革的成果进行分析之后能够发现，政策性农村金融要想得到巨大的突破，必须要具备政策性金融的引导。

鉴于此，我国在构建农村金融监管体系时，需要做到政策性金融机构和农村金融的完美融合，并且充分发掘二者的共同点，构建协调互补机制。比如，农发银行可以利用出资入股等方法来对农村的金融机构进行治理，并且在其重组当中给予一定的干预；加大对农村金融机构的信贷扶持，使得农村基层金融机构可以有效承载相关的扶贫贷款，并充分发挥农村金融机构的优势，有效监督和确保涉农款项的回收和合理利用。

2. 农村金融与行业自律

政府给予政策上的干预能够在很大程度上使得市场缺陷得到弥补，但是政府同样存在管理失灵的问题，此时需要另外一种监管力量来起到补充和协调的作用。在市场经济飞速发展的情况下，大量非行政性的监管主体涌现出来，并且在政府与市场互动的架构中的地位和作用越来越突出，并且已成为“小政府—大社会”格局中“大社会”的重要组成部分、现代市场经济体制中经济民主实现形式。考虑到农业发展的阶段会直接决定农村民间金融的规模和发育的水平，与此同时，农村金融的政策性特点明显，运行中出现风险的概率较高，受到农业政策的影响力较大。而行政性监管主体力量有限，因此，有必要对农村民间金融实行以社会中间层为辅助的行业监管模式，即充分发挥农村民间金融组织行业协会的自律监管作用。自律性监管有着非常显著的特点是监管的主体和受制主体存在带有契约性质的组织隶属关系，并且将特定的协议或者团体上的章程作为监管的重要依据。行业协会协助行政性金融监管主体对农村民间金融活动进行监管，制定行约、行规，并监督执行，维护国家金融安全。非行政性金融监管主体可以方便地根据市场条件变化做出适当调整，而且可以实施灵活的、高标准的道德规范和行为准则。与此相比，行政性金融监管主体应努力提升监管活动的稳定性和连续性，在一般情况下规定最低标准。所以，加强对我国农村民间金融行业自律组织的发展以及培育工作，并且注重发挥行业自律在金融监管当中起到的作用，能够和政府的监管形成和谐互动。

基层监管机构受到条件以及地域的限制，在人员配置方面非常有限，而且金融监管的整体力量薄弱，如果单纯地依靠发挥政府的监管作用，是难以切实保护好农村金融发展环境的，也不能够有效发挥其监管效用，而行业自律组织却能够成为其中不可缺少的补充部分。行业自律组织非常具有专业方面的优势，和政府监管相比也具有一定的预见性，能够有效规避风险，维护行业的健康发展环境。这种行业自律机构与监管职能部门相互配合以形成良好的金融秩序的做法已成为学术界和实务界的一种共识。2005 年，我国成立中国银业协会农村金融工作委员会，并且确定将农村信用业作为主要的监管对象，但是其中没有涉及关于新型农村金融机构的内容。

因此，需要将中国银行业协会农村金融工作委员会在现有基础上进行扩充，真正把它规范和完善成为推动农村金融发展和为农村广大金融企业服务的自律性组织，而且各地也可以从自身出发，在地区政府和监管部门的指导下建立行业自律组织，通常意义上是金融工会，并且通过多种措施的实施来协助政府的监管工作。

从我国农村民间金融发展历程中看，很早就存在某些潜在的行业自律规则，可以说这些都是我国农村地区民间金融行业自律管理的基础。就当前而言，很多地区自发组建关于民间金融行业的联盟，对于行业自律水平的提升以及行业管理有效性的提高起着重要作用。因此，要重视培育以及发展我国民间金融行业的自律组织，注重发挥行业自律组织在金融监管当中所处的积极作用，并增强政府监管和行业自律之间的互动水平。在制度的设置和安排当中，要大力倡导和激励农村民间金融的行业自律组织，并且为行业自律组织的发展，营造健康和谐的平台和环境。与此同时，要加强指导和监督，使得行业自律组织能够起到桥梁和中介作用。农村经济发展水平正在不断提升，在这一过程中大量的民间金融组织涌现出来，但是质量方面却良莠不齐，呼吁整个行业的规范。在法治建设以及监管体系构建当中存在缺陷，导致民间金融业内矛盾层出不穷，为地方金融的安全和稳定发展带来极大威胁。行业自律协会一方面可以通过共同的合作和商讨来形成同业公约，极大地提升行业的管理水平，增强同行业金融机构的交流沟通，营造一个开放性的金融发展环境。另一方面可以担当起政府监管和我国农村民间金融组织之间的纽带和桥梁，极大地增强监管的有效性，并对国家的监管机构起到协助作用，便于宏观金融管理的实施。

3. 农村金融与机构内控

无论是政府还是行业自律都属于外部监管的范围，而外部监管主要是对金融以及农村的发展营造和谐的外部发展环境，任何组织和行为仅仅从外部进行规制是远远不够的，只有从机构内部的组织管理制度入手，才能从根本上达到有效监管的目的。机构内部自身的内控机制是行业进行有效的“生理循环”，进而得到更好的生存和发展的重要因素。农村金融机构要建立起完善健全的监管体制，其关键在于积极推进内控制度构建。农村金融的可持续进步，必须要重视内部组织的建设和内部管理制度的建设。科学完善的内控制度能够切实提升经营者管理效率和质量，保障各项经营活动稳定运行，对可能出现的金融风险起到防范作用。我国农村地区的新型金融机构往往规模不大，人员设置较少，而且没有设置专门机构和配备完善人员的条件。就当前而言，国家在这一方面的立法引导存在明显不足。另外，因其自身的脆弱性，及其所处环境的复杂性，适当的符合其发展模式特征的机构内部自律机制的建立就显得更为迫切。要对制度建设的程序进行规范化管理，从源头上着手来增强内控制度的可操作性和操作的效率。提高对违规行为的惩罚和整治力度，有效增强内部控制制度的威慑性和严肃性。加强其信息披露义务，同时给予风险监管的辅助支持。从根本上提高内部治理和控制水平，自下而上地对农村金融的力量进行培育。内部治理在农村金融监管当中所起到的作用主要是在金融机构内部，引导广大成员优化治理结构，表达意愿和参与管理的决心。与此同时，基层成员能够全面了解到融资状况，并且十分贴近金融需求，那么在具体的实施资金发放、贷款回收等业务时能够切实起到监督管理的作用。除此以外，在培育农村本土的金融力量时，要让农民掌握选择权，加强实践和探索，自下而上地探索符合本土金融发展的组织形式，充分挖掘和切实满足当地多样化的金融需求。

首先，构建农村民间金融组织信用制度。信用对于民间金融来说至关重要，也是民间金融机构展开多种金融活动的命脉所在。受到这样的影响，农村地区的民间金融机构需要努力提高信用度，保障业务处理的透明性，还可以对能够按时还款的企业或者个人定时进行公布，以鼓励那些企业和个人能够重视自身信誉的培育。我们还可以借鉴探索格莱珉银行的小额贷款联保小组制度，如果小组中有一人违约，那么整个小组都将失去贷款资格，这样一来小组成员之间便可以互相监督，形成一种社会压力，使贷款可以顺利地运行下去。

其次，完善农村民间金融组织管理制度。按组织控制方法，建立相应的咨询决策机构，并且对各自所要承担的职能进行明确划分，形成一个权责明确和相互牵制、补充的整体。在建立咨询决策机构时，必须将相互协调和平衡制约作为依照原则，合理设置部门以及岗位人员，同时也要不断地完善绩效审核制度，其中尤其要关注重要岗位和要害部门之间相互制约和监督，最终建立起系统完善的资产负债比例管理、财务管理等多个方面的制度，努力提升制度的科学性和可操作性。

最后，完善农村民间金融组织业务制度。农村民间金融在制定经营方针时必须坚持稳健的原则，从市场经济的原则出发，恰当地组织和实施业务发展的战略工作。

4. 农村金融与社会监督

政府、自律组织和金融机构都属于经济人的范畴，并且有着自利倾向，那么就需要全社会的联合来对其展开共同监督，尤其是会计、审计等专业性强的机构。社会监督与其他形式的监管有着较大的不同，其主要特点是独立性和全方位性，可以说社会监督是无处不在的，除了能够实时监督金融机构以外，还能够监督政府和行业自律组织的监管行为是否恰当。社会经济生活的各个方面都会有金融活动的涉及，

那么金融风险的诱发因素也是多个层面并且非常复杂的，为了更好地对金融市场进行监管，有效防范金融风险的发生，金融监督活动的实施需要全社会共同参与进来。受到多种限制，社会监管的作用往往得不到有效发挥，再加上信息交流和披露机制有待完善，更加大了社会舆论监管实现的难度。

努力建立新型农村金融机构应该将基层政府作为核心，建立起包括各职能部门、社会中介机构、社会公众等在内的社会联合监管防范体系，从而创设完善监管的有利环境。一方面，在对条件成熟而且发展水平较高的农村金融机构实施监管过程中可以委托会计师事务所等介入，就其财务报告、资产质量等展开全面和细致的审计工作。另一方面，要提高农村金融企业资信评估工作的力度，并且努力在向社会公布的基础上健全信息披露以及风险预警的相关机制，以社会底层监督督促金融机构加强和完善农村金融服务。

二、建立包容性的农村金融监管模式

我国当前的农村金融机构数量较多，分布范围很广，往往设置在县或者县以下的区域，这些特征使得金融机构和监管主体不能够形成顺畅的连接，信息的反馈也不及时。随着新型农村机构的兴起和发展，农村金融市场日趋复杂和多元，同时也加大了金融监管的难度，也为企业带来极大挑战，只有通过监管模式改革创新的方法才能够满足实际需求。农村金融具有较高的风险，有着天然的弱质性，并且容易受到自然灾害的影响，这就需要针对现实情况来采用恰当的金融监管方法，在实际监管模式的构建当中要关注以下问题。

1. 准入监管和日常监管相结合

要想增强农村民间金融的稳定性，保障企业和谐运转，其中重要的条件就是要做好程序控制，而在程序控制当中完善市场准入和退出制度是重中之重。市场准入规则指的是监管部门对新设民间金融机构和由非正规向正规改制的民间金融组织的管理规则。金融体系有着外部性和脆弱性的特征，这两个特征也直接决定整个金融行业的稳定和健康。因此，对金融机构实施市场准入的限制非常关键，必须要保障金融机构符合相应条件，遵循相应准则和规范，同时也要达到资本充足；要具备综合素质高和专业能力强的经营管理层以及工作人员；要建立完善科学的内部组织机构，健全管理制度和相关章程；要拥有固定经营场所和相关配套设施。具体来说，新设农村民间金融机构可能存在组织结构不健全、风险控制机制不完善、员工队伍素质普遍不高、注册资本金不足或存在虚报注册资本的机构不予批准等问题。依据当前我国农村经济发展的现实状况，农村地区的民间金融组织往往达不到金融机构设置的标准，但是在制度设计过程中必须遵循相应的规范和原则，最大化地减少由于农村民间金融进入而对整个市场带来的风险，使得民间金融能够在一个和谐稳定的环境中发展。从金融监管的层面分析，控制市场准入能够有效预防金融行业的风险，为金融行业的稳定、健康进步提供保障，同时也可以把可能会为金融体系带来危害的金融机构拒之门外，为国民经济的发展提供有效保证。

与此同时，我国要积极推进消除民间资本参与金融壁垒的进程，将市场准入的规则进行恰当调整，适当放宽准入规则，使得民间资金活跃的地区能够由民营企业建立发展民间金融，要把准入的标准和准入的程序以法的形式加以明确，保证准入过程的公开和公平。这就要求监管部门要建立健全相应的登记和备案制度，为农村地区的民间金融机构颁发相应的执照，对这一机构展开详细的登记和备案。与此同时，为了极大地提升农村民间金融市场的透明度，有效减少违规操作的问题，监管部门可以从当地实际出发，在网络上统一公布具备相应资质的农村民间金融机构名称，同时也将没有资质并且可能会存在违规操作或者诈骗的金融机构名称公布出来为交易方提供依据，使其能够在金融交易环节对这些信息进行核对。这样的做法可以让我国农村的民间金融活动从地下转到地上，改变过去它们逃避监管而风险增大的局面，同时也使得监管部门能够切实把握农村金融市场的整体动态，有效预防和控制风险。虽然当前银监会对于村镇银行的监管采用的是低门槛和严监管的方式，低门槛的实质意义是允许各类产业资本主导发起设立村镇银行，以便最大化地激发其进入农村地区金融市场，增强农村金融市场活力的热情。规定当中指出村镇银行的最大或者是唯一股东必须是银行类金融机构，可以说是把民营资本等作为发起人的金融机构排斥在外。在市场化经济飞速发展的今天，资本是永远不会缺少对某一先进领域快速适应能力的，在专业知识等方面的缺乏可以通过其他要素流动来弥补，那么政府需要真正做的是制定严格监管标准，要求和引导村镇银行展开规范性经营，而不是对银行的主导发起人进行限制，这样才是低门槛应该有的意义。

准入监管只是在农村金融机构成立的初期对其成立条件的合规性起到监控的作用，但金融机构成立以后，在运营的过程中，资产和信贷状况是时刻变化的。因此，为了防范其在成立之后违背初衷，疏于对自身经营状况的注意以及保护贷款人的利益，我们有必要对其进行日常经营的跟踪审查，密切关注农村民间融资以及贷款的去向，积极开展活动信息的收集工作。当前我国很多的人民银行分支机构在地方建立地方性的民间借贷市场监测系统，定期或者不定期地对利率以及专题进行监测，

这样的方法能够为民间融资利率水平的稳定提供有效依据。金融监管部门必须充分承担起自身的职责，完善监测指标体系，对监测的网点进行扩展，从宏观层面实施把控，特别是对新型农村金融机构要提起高度重视，更要审慎地进行跟踪监管。因为这些机构本身十分活跃，风险性要比传统的金融机构大，业务范围涉及很多新型领域，随之而来的风险隐蔽性很强，只要是风险没有被发现的话，一般情况下是不会受到严格监管和检查的。这就加大了风险的不确定性以及贷款人对其经营信息的难掌握性。当一些金融机构通过积极开展金融活动而获得非常明显的收益时，由于整个市场上有着显著的示范效应，那么其他农村的民间金融机构或者是农户就会效仿，那么也会引导资金流动，让流入农村地区的资金规模得到扩大。在发生意外事件后，单个储户往往会选择加入挤兑行列，这也会促使金融风险直接爆发，而且爆发的规模越大产生的危害越大。因此，要加强对农村民间金融活动相关的内外部信息的掌握，这样才能够及时有效地对风险进行识别、评估、控制和化解，建立完善的法律风险防范体系。这就更加要求监管机构在其日常的营运中加大监督检查的力度，及时地了解其运营信息，以便适时地分析其风险指数。使其保持为农业金融服务的本质和初衷，适应农业季节性和地域性变化的特点，更好地完成其辅助农业发展的目的和自身有序持久盈利的目标。

2. 合规监管与风险监管的结合

合规性监管主要是通过发挥行政手段的作用，重点对银行在法规、制度、规章等方面的执行情况展开监管工作来对银行的经营行为进行规范，确保银行业内秩序的稳定。合规性监管将着眼点放在维护国家政策法规的严肃性方面，属于一种静态和刚性的监管方法，这样的方法难以实现对金融企业风险的动态化追踪，与当前的农村金融监管形势不相符。当前合规性的监管理念由于不能和新形势相适应，受到下面几个因素的冲击明显：我国在农村金融监管法律法规方面存在非常落后的问题，现有的制度规章在规范农村金融市场方面存在明显的不足，再加上新型农村金融机构不断涌现，这使得相关法规的不完备性十分突出。多个部门有意识地加强农村金融制度供给，但是由于农村金融非常复杂并且具有特殊性，仍然出现脱节问题。因此，在农村金融迅速发展的新形势下，单靠合规监管已经跟不上金融发展的脚步，不能够迅速防范金融风险。鉴于此，我们需要把合规监管和风险监管结合起来，动静结合地跟踪农村金融的新发展。

风险性监管建立的基础是合规性监管，属于合规性监管基础上的审慎性监管，将风险防范作为关键内容，属于一种动态化和积极的监管方式。监管机构目前应该注意做好以下几个方面的工作：

第一，合理制定风险权重系数，建立系统化的风险评测体系，从多个指标出发来对农村金融机构进行实时监控，从而有效提升金融机构的资产质量，最大化地减少呆账问题。对于机制相对完善，以及规模较大的农村金融机构，可以和商业银行的五级贷款分类制进行对照。

第二，将现场监管和非现场监管结合起来。现场监管有着真实性和指引性，这是现场监管的优势，但是现场监管同样具备强制性以及应急性的不足。为了完善农村金融的监管，还需要发挥好非现场监管的价值。农村金融机构是为服务农村经济发展而存在的，那么设立的位置往往距离农村地域很近，如果是按照目前监管资源的分布格局来实施监管的话，农村地域分散，分布范围较广，要想将监管机构和金融机构实现无缝衔接是十分困难的，单纯依靠现场监管的方法是不能够切实满足监管需求的。对此，在监管方法的运用方面，要将非现场监管放在主要地位，做好监管数据的跟踪管理以及分析工作，更加客观科学地对农村金融机构的运营状况以及可能出现的风险进行评估，这也能够让现场监管的实施具备有效依据，保障监管效率和可操作性的提升。

第三，健全信息披露制度，涉及重要数据和事件必须做到及时披露，同时要将这些信息呈报给监管部门。为了做好农村金融的信息披露的各项事宜，需要监测和收集软信息。"所谓'软信息'，通常是指难以量化的信息、无形资产和非法律形式的约束，如人与人之间的血缘关系和贸易关系，借款人的工作能力、借款人的经验和信誉，左邻右舍之间同辈的压力、关联博弈等。"农村金融的特殊性还有另外一个层面的体现，那就是必须依赖软信息来对农村地区的金融主体信用状况进行判断，在此基础上判断和衡量金融风险。对此，在全面实施金融监管时，要全面收集和准确地分析软信息，形成对金融风险的合理判断，并采取相应的风险防控措施和监管措施。

第四，构建完善的农村金融风险预警机制，做到防患于未然。在对农村民间金融机构实施监管时，需要建立起完善的预警和风险评估机制，也就是事前的风险防范机制，同时这也是确保民间金融稳定的基础。内部以及外部条件都会影响到农村金融发展，也使其出现信用风险的可能性极高。因此，在对农村金融实施监管时，采用的监管方法不能像商业金融监管当中的事后化解一样来进行处理，更为关键的是要加强事前预警，全面推进动态性监管，对金融风险展开持续跟踪，以便能够对可能存在的风险提出有针对性的预防措施和应对措施。可以设立相关的危机评估机构，使企业能够和监管部门形成密切的互动和配合，对内部和外部的各种风险、危

机进行监测，并且建立警报发布机制，评估金融危机的危害和影响程度，从而提出针对性解决策略，为决策层提供有效参考依据。政府要坚持从国家金融实际出发，在农村金融活动的管理和监测当中加大力度，提高风险防范水平。当地的政府部门需要密切关注农村融资的动向和发展，并将相关的活动信息收集起来进行分析。金融监管部门需要建立起完善的监测指标体系，对监测的网点进行进一步扩展，宏观把握民间金融的融资规模、流向、利率变动情况等。

3. 统一监管与分类监管相结合

一切事物都有着共性和个性的本性，而且二者同时兼具。农村金融是金融行业的一部分，和很多其他金融机构的监管有很多共性特征，那么监管部门就对农村信用社采用了比照商业银行监管标准的统一监管的理念。尽管这一做法具有相当合理性，反映了农村金融作为金融共性的一面，但由于农村金融（再如小额信贷）自身的特殊性，越来越倾向需要专门的监管对待，随着金融监管实践的发展，这一需求在国际上得到了很多国家政府和国际组织的响应和落实。

首先，三农的弱质性是与生俱来的，受到自然环境和市场价格波动影响较大，银行业金融机构在为三农发展提供服务时能够清楚地发现涉农业务有着风险成本高以及收益低的特点，和金融的商业化运作之间进行对比能够看到其中的差异和矛盾。如果单一化的依照商业银行的监管标准照抄照搬地来按照相关指标监管农村的银行金融机构是不客观和不科学的。其次，我国地域辽阔，而农业经济的发展又呈现出不同的特征，所需的金融服务各不相同，这在客观上要求金融监管措施的实施必须具备差异化特征。再次，农村金融机构在地域、类型、管理、业务等方面存在很多不同，那么就形成了类型化和多样化的农村金融机构，它们在目标要求和发展路径上有所不同，因此对于这些农村银行金融机构的监管标准也要做到区别对待。最后，外来金融企业向农村渗透的情况逐步增多，如果运用统一性的监管模式是很难确保外来金融企业和谐发展的。

在对农村民间金融实施监管时，监管当局必须从根本上转变监管方式，明确选择恰当的标准，采用分类监管手段，做好区分监管工作。民间金融有着广泛的外延性，因此更加需要在监管上做到有效区分。在针对农村民间金融展开监管制度的设计时，必须区分好黑色金融和农村民间金融这两个概念。黑色金融会为整个社会的发展和金融进步带来严重危害，威胁到市场化经济的发展进程，必须予以取缔；农村民间金融在市场化经济的深入发展中不可或缺，那么就需要继续发挥其优势和推动价值。对此，必须对民间金融监管对象进行分类，考虑到不同地区的农村民间金融活动的表现形式各有不同，考虑到这些因素可以按照下面的标准来进行分类：第一，依照经济发达程度的不同来进行分类监管，主要分为东部、西部和中部区域；第二，按照机构性质不同分类，即存款类和非存款类金融机构，政策性商业性金融机构，银行、证券、保险机构；第三，按照金融机构风险状况、管理水平分类；第四，分类监管省联社和基层社。

三、农村金融监管制度完善的具体建议

（一）明晰农村金融监管主体职责

我国农村金融市场的主体多元化，且呈现出独特的发展特点，基于这种现实情况对于农村金融监管体制的设立必须要突出监管主体多元化，主要包括行业监管部门、货币政策部门、地方政府、省联社等多方主体，但是各自之间存在监管交叉或模糊地带，导致农村金融监管职责不清，机构监管负担较重。为此，应在我国现有的农村金融监管框架下，合理规制各监管机构的监管职责。省级政府采用金融监管联席会议制度等多样化的方法来切实协调和解决好不同监管机构存在的监管遗漏或者交叉问题，担当起综合监管的责任，实现信息共享和密切配合，切实保障农村金融监管效果。行业监管部门必须考虑到农村的特殊发展需求制定针对性强的金融业务经营规则，对农村金融组织加强合规风险监管，切实维护好农民群众的金融权益，实现我国农村金融事业的长效发展。

（二）降低农村金融市场准入门槛

有效的市场准入制度对整个金融业健康发展起着重要的作用。一方面应当树立发展的、动态的金融安全理念，使得金融安全和金融效率能够达到一个有效平衡。农村金融机构点多面广，但是由于其规模较小，发展层次较低，一般很难构成系统性风险，因此可适当放宽其市场准入标准，引入更多农村金融市场主体，丰富农村金融产品供给，通过不同机构之间的市场竞争改善消费者福利。另一方面金融监管可借鉴电信服务业的交叉补贴机制，采取各种措施鼓励各类金融机构通过在农村开设分支机构、创新金融产品供给手段（如发展手机银行）等方式，对农村金融市场主体的结构和形态进行改变，适当地提升金融服务的供给水平，使得我国农村地区的金融服务实现均等化和普遍化。

（三）构建农村金融机构信息披露制度

金融机构信息披露制度不仅方便利益相关群体和广大中介机构查阅分析和比较研究金融机构信息，有效提升市场约束力水平，还能够起到对金融机构发展的督促

性作用，增强其自律水平，自觉主动地接受社会监督和市场的约束，形成强大的社会公信力。农村金融影响利益群体的范围较大，那么就需要用信息披露制度尽快明确信息披露的义务主体、信息的内容和形式、信息披露的原则和标准。在具体操作中，各金融监管部门应当在制度设计上制定一套农村金融机构的信息披露范式，详细列出信息披露的格式和要求，防止信息披露流于形式；加强农村金融机构信息披露执行力度，监管部门应当定期对其披露内容、格式、准确性、及时性、完整性等要素进行监控，发现问题后应责令其改正；对于披露信息不完善和怠于披露的行为，制定必要的惩罚措施并严格执行，真正发挥信息披露制度在风险防范和保障公民知悉权方面的作用。

（四）完善农村金融风险防范机制

由于各种因素作用，金融风险在农村金融领域多发，而且农村金融风险有着以下内在特征：信用风险和操作风险占比较大，因而其在风险监管上也应配置与其相应的防范机制。农村金融风险虽不可完全免除，但是我们完全可以构建风险评估和预警机制，最大限度地防范风险。监管部门应与各个部门配合，监测地区内外各种风险因素变化，关注区域经济发展变化对本地区内农村金融机构的影响。在对上述因素进行分析判断的基础上，加快风险警报发布机制的构建。为了强化对农村法人金融机构的风险管理水平评估，监管部门可根据审慎监管的需要，以农村法人金融机构风险管理能力为基础，结合机构市场竞争力和合规管理水平，对农村法人金融机构进行综合性评价，评估其合规经营、财务稳健和风险控制的整体状况，并将评级结果作为农村法人金融机构开设分支机构、缴纳监管费用、享受有关优惠政策的基本依据。

（五）建立农村金融市场退出制度

如果农村金融市场退出制度非常顺畅的话，农村金融系统的风险累积问题就能得到避免，而且债权人遭受的损失和政府的负担也会减少。总体上，农村金融机构点多面广，总资产规模一般较小，各类风险较为集中，内控管理相对松弛，经济案件时有发生，风险分散、防范和抵御能力不足，客观上迫切需要完善市场退出制度，及时清除这些不稳定个体存在，防止风险的交叉传染。为保护存款人利益和社会公共利益，应加快农村存款保险制度的构建以及金融机构破产制度的完善进程，及时启动破产程序来处理严重资不抵债的机构，防止风险累积、扩张，防范引发区域性金融风险。

第八章　金融发展权视角下农村金融法律制度立法缺陷探析

第一节　金融发展权视角下农村金融法律制度立法缺陷分析

在对以上问题进行梳理后能够发现诸多问题，目前农村金融立法建设方面涉及的农民金融发展权内容较为缺乏，造成的最为直接影响是农村金融机构在运营管理和实际发展当中违背发展性原则。继续按照银监会改革思路来推动农村金融机构改革工作的话，这些机构会真正改制为农村商业性银行。我国的新型农村金融机构在主体法律形态上存在模糊的定位，产权界定不清晰，缺乏政府相应的政策支持，外部监管方面过于严格等，严重影响到我国农村金融法律制度的完善和发展。

一、《宪法》对于经济认识偏颇，导致融资权认识不准确

经济的发展需要具备较为坚实的经济基础，而我国的经济基础十分薄弱，同时人们对于信用的认知水平较低，在经济发展进程中往往依靠政治运动来推动。之所以会建立农村金融组织，并不是要为农民便捷融资提供有利条件，实际上是想要通过这样的方法来让集体得到金融资源控制权，并依据集体意志来进行金融资源分配，为工业化发展注入资金。1982年，《宪法》把各种类型经济等同于社会主义劳动群众集体所有制经济，金融属于集体性的经济组织形式，而且这样的认知持续了很长时间，甚至于成为民众根深蒂固的观念。《宪法》当中这样对所有制进行性质的定义造成的一个直接后果是，金融被异化，与初衷相违背，逐步变成集体金融组织，并且方便国家来进行金融资源的配置，真正沦落为一种工具，这与金融原本的“自愿、民主、互助、扶弱”原则是相违背的。在这一过程中，农民没有获得预期收益，这一结果导致农民对融资权的认识出现偏差。

二、专门性金融立法不足，难以保护农民金融发展权

从确立一直发展到今天，农村金融在业务上都是把《商业银行法》当作规范，监管方面将《银行业监督管理法》作为依据，但是缺少专门立法来切实为农村金融的发展提供制度支持。农村金融机构和商业金融机构在本质上是截然不同的，前者属于人合性组织，而商业性金融机构属于自合性组织；前者将服务社员作为根本目标和宗旨，商业性金融机构将追求利益最大化作为根本宗旨；农村金融机构服务的人群是弱势融资群体，而商业性金融机构在服务对象方面没有设置任何限制，也不指定为特殊的人群服务；农村金融机构兼具经济组织和社会组织的性质，而商业性金融机构属于单一经济组织。在对农村金融进行立法时采用商业银行化的立法模式没有综合考虑到农民金融发展权存在特殊性以及农村金融机构存在特殊性，这就会造成金融机构在实际的运营管理当中将重心放在利益的获得方面，没有切实满足广大农户的金融服务需求，影响到农村金融机构的发展，也无法真正维护好农民的金融发展权。可以说，在我国农民金融发展权仍然局限在理论的研究过程中，尚未进入实战阶段，在现实发展中需要得到认可和保护。在发展农村金融时，仍然沿着商业化银行立法方法给予企业制度上的保障，会直接改变农村金融发展方向，逐渐偏离合作之精神和轨道，更是会让农民离金融发展权越来越远，使得广大的农村金融机构最后彻底变成一个商业性银行。

三、农村金融主体法律形态定位与农民金融发展权冲突

《农村信用社管理规定》《农村资金互助社暂行规定》都把农村信用社以及农村的资金互助社定位独立企业法人。这样的规定以及采用的立法技术有着非常显著的问题，分别体现为：第一，资金互助社、农村信用社等都在法律上被认定是企业法人，这样的规定和金融法律性质存在明显的冲突。二者都属于农村金融机构，那么在具体的工作实践当中，就必须将服务广大社员以及提供资金互助作为根本宗旨，不能够将追求利润最大化作为目标。如果在性质上认定其为企业法人之后，企业属于追求经济利益最大化的金融主体，并且以实现利益最大化为重要目标，这明显有悖于金融本质。第二，在立法上将二者的主体法律形态定位成企业法人和《公司法》的规定相悖，在实际的运行当中也会出现困扰。如果是公司的话，按照相应的法律规定在构建组织时就无法依照一人一票原则展开表决，社员没有办法自由退股，只能够进行转让股权的操作等。由此可见，这两款规定在农村金融主体法律形态的定

位方面有着突出冲突。从上面的规定当中能够看到，国家对于农村金融机构性质的认识非常模糊，一方面要求农村金融组织要给予农民丰富的支持，让他们不再处于弱势地位。另一方面又鼓励农村金融机构注重自身利益的获得，从而实现更大发展。这样矛盾性的做法会带来严重问题：定位模糊导致农村金融机构在处理各项金融业务时非常盲目，甚至会违背初衷以及为广大社员服务的宗旨，从中遭受巨大亏损不仅仅会让国家和政府承担巨大的压力，对于农村也会带来不可估量的损失。

四、农村金融发起人条件限制造成农民金融发展主体权异化

农村信用社发起人包括自然人、境内金融机构、境内非金融机构、境外金融机构以及银监会认可的其他发起人。《金融机构行政许可事项实施办法》对不同类型发起人必须要符合的条件进行规定。关于农村金融发起人立法缺陷问题十分显著，并且突出体现在以下方面：

一是《金融机构行政许可事项实施办法》仅仅对境内非金融机构和自然人发起人给出限制，而且限制方面侧重于地域，这与金融组织的人合性以及地域性的特征相符合。但是规定当中，对于境内外的金融机构发起人没有给出地域限制。出现这一问题的原因是非金融机构发起人和自然人发起人都是农村经济主体的角色和身份，那么它们通过入股的方式进入到农村金融市场，实际上是出于服务三农的目的。而境内外金融机构发起人在目的方面则不够纯粹，更多关注的是在农村金融市场当中看到的利润潜力，想要从中获得巨大收益，这样的营利性目的也和农村金融互助性的目的有着明显冲突。

二是对发起人持股比例给出限制，造成的直接结果是境内以及境外的金融机构发起人牢牢把握控股权。我国在立法方面对不同发起人的持股比例给出了明确的规定，而且规定当中提及的发起人往往资金雄厚，他们要想在农村金融机构当中拥有超过一半的股份是轻而易举的，那么就会成为占有绝对优势的控股股东，即使难以达到一半的股份比例，由于自然人发起人持股有着分散和小额的特点，他们想要达到实际控股的目的同样能够实现。如果最后境内外金融机构发起人真的成为金融机构的控股股东之后，就会让我国农村的金融机构走上商业化发展的道路，一味地追求盈利，违背服务三农的宗旨和目标。

三是关于农村金融机构发起人的规定当中，没有指出农村经济组织属于特护的主体类型。那么在具体的实践当中，农村经济组织由于没有在法律上规定赋予法人资格，不能在农村信用社当中参股。《农村资金互助社管理暂行规定》规定“符合入

股条件，承认并遵守章程，向农村资金互助社入股的农民及农村小企业。章程也可以限定其社员为某一农村经济组织的成员”，十分遗憾的是，农村经济组织并不在以上范围中。

五、农村金融产权界定不清，造成农民金融发展主体权利无法落实

首先，在理论上农信社产权关系清晰，规定归社员所有，在实践当中却忽略社员的产权主体地位，甚至是将其异化成模糊的集体，出现相当严重的产权主体错位。出现这一问题的原因是当前的法律规定存在缺陷，具体体现为：一是自然人股占有极大的比例，持股比例不能超2%，法人股占有较低比率，有着明显的股权分散问题。在这样的情况下，搭便车的问题十分突出，使得社员的民主管理作用得不到发挥；二是在名义上社员在入股之后可以获得分红，但是事实上只能够得到固定的收益，不管农村信用社的经营状况如何都和社员没有关联；三是农信社在发展和改革进程中有多次增资扩股的行动，但是没为社员分红，付息，这就使得资产积累数额在信用社的所有权权益结构当中占有较高比例。这部分资金的产权主体并不明确，表面上看属于公积金，也就是归集体所有，但是集体具体指谁却没有在立法上说明。社员不能够对这部分公积金享有知情权和控制权，而且这部分资金会怎样运用也不会为社员所熟知，主要的控制权力是农信社的管理层。

其次，《农村资金互助社暂行规定》在界定产权上说明“农村资金互助社是独立的企业法人，对由社员股金、积累及合法取得的其他资产所形成的法人财产，享有占有、使用、收益和处分的权利，并以上述财产对债务承担责任。”如果只是从字面上看，产权关系有着明确的定位。但第6条指出“社员对外承担责任的基础是社员股金和在本社的社员积累。”26条指出“农村资金互助社社员的股金和积累可以转让、继承和赠予。”29条规定“社员资格终止后股金和积累的处理：按照农村资金互助社章程规定的方式、期限和程序，及时退还退社社员的股金和积累份额。”以上几个条款可谓是非常矛盾，从上面三条规定当中能够看到社员对股金积累享有最终所有权，但是和上面对于农村资金互助社的产权界定形成直接矛盾。

综上，农村资金互助社对于法人财产有着极其不完整的限制，和《公司法》当中的法人财产权有着极大区分。在实际的立法当中，很多次提及的积累的概念十分不明确，其中的积累可以有两个方面的理解，一个方面是公积金积累，另一方面则是社员股金积累，还是十分不明确的，尤其是对于这部分的产权界定不清晰，在实际当中出现产权主体错位以及越位问题。

6. 立法对社员退社自由的限制导致农民自由融资权实现受阻

《农村信用社管理规定》第 19 条和《农村信用社章程（范本）》第 15、19 条规定，农村信用社的社员如果想要退股首先需要用书面申请的方式向理事会提出，在征得理事会的同意之后才能够退股。社员是否可以退股其决定权在于理事会，但是理事会会在怎样的情况下同意社员提出的退股要求，却并不存在非常客观公平的标准，属于一种主观性判断，实质上，社员并不享有非常充分的退社自由权。《农村资金互助社管理暂行规定》第 27 条对社员退社给出限制："社员要想退社需要用全额退股的方式进行申请；社员所在的农村资金互助社当年属于盈利状态；社员在退股之后，农村资金互助社的资本充足率水平不能够低于 8%；提出退社申请的社员不存在逾期没有偿还的贷款。"上面给出的限制说明社员在符合一定条件的基础上可以退股，但是前提是要受到诸多立法上面的限制，而且在一些立法条款方面有着不合理的地方。例如，只有在当年农村资金互助社保证盈利基础之上，才能够同意社员的退股申请。之所以会给出这样的限制，主要是想保护债权人权益，因为如果社员退股的话，债权人权益必定受损。事实上，无论农村资金互助社是否处在盈利的状态，只要其中不存在没有弥补的亏损就使得债权人的权益得到了保护，而在这样的条件下就不应该对社员的退社申请给出干预；限制条件提出社员在资金互助社当中不存在没有偿还贷款或者是没有按照规定期限偿还贷款等行为才能够退社。之所以会给出这样的限定，是因为考虑到社员退社之后原本和金融组织的利益共同体关系也就终结了，如果存在未偿还贷款的话，在今后的贷款本息追缴和催收过程中会出现障碍。但是对于这方面的限制应该采用立法方式还是用章程或者理事会的方法是十分值得考量的。总而言之，采用立法的方式，对社员的退社自由权给予限制，难以从真正意义上保障农民自由融资权的实现。

7. 农村金融法人治理结构不合理设置导致农民金融发展权难以发挥

根据相关立法要求，农村信用社以及农村的资金互助社在设置法人治理机构时都需要按照"三会一层"原则建制。这样的治理结构在设置上是非常科学合理的，但是在具体的立法当中却有着以下几个方面的问题：

（1）从理论上看，农村信用社的最高权力机构是社员大会，掌握着重大事项决定权，但是对于社员大会在表决、召集等方面的立法不完整，而且立法缺陷的问题十分明显。在选举产生社员代表时，并不是由广大社员通过民主参与和选举方式来进行，更多的是要遵照管理层意志。

（2）在农村资金互助社当中，最高权力机构是社员大会，这个大会是全体成员

组成，并且在重大事项上享有决策权。但是在《暂行规定》当中规定如果社员大会要举办会议的话，先要知会当地的银行监督机构。给出这样一个规定实际上要说明的是银行监督机构拥有参会权，而且是社员大会召开的先决条件。其原因又是什么呢？这条规定在很大程度上体现出对农村资金互助社的不信任，也就是怀疑其自制能力，同时这样的举措也没有尊重广大社员的切身权益，让社员大会本该享有的自决权以及自治权得不到充分发挥。

（3）《中国银行业监督管理委员会金融机构行政许可事项实施办法》规定金融机构当中要选择理事和高级管理人员必须要满足行政许可的相关要求，尤其是高级管理人员的任职必须严格遵照行政许可的程序进行。在这样的规定当中让原本属于社员大会职责范围内的人员任职权利变成银监部门的工作内容，并且同时指出人员任命也要遵循行政化的规章章程。这样的人员选拔以及任命形式剥夺了社员能够通过平等选举的方法来选拔与金融机构发展需求相适应的管理人员，那么金融机构原本应该享有的自治权利得不到发挥。这样的选举方式是一种非民主手段，而且是按照银监部门确定和认可，这在很大程度上会使得选择和任命的高级管理人员在参与到金融机构的管理和运营当时会将上级部门的工作任务当成重点和核心，一味听命上级的部署，形成较为强大的行政干预力量，这对于金融机构的进步和稳定来说都是极其不利的。

（4）农村信用社的监督机构是监事会，在农村信用社的运行中承担内部监督职能，而实际上，内部监管的职责更多的是由职工兼任。在立法上面规定，监事会的成员组成需要包括社员、捐赠人、提供融资的金融机构等，这些成员都属于利益相关者，在这一条款当中，规定的设立监事会的目标和理论之间不相符。监事会属于内部监督机构，那么监事会就需要由社员组成，但是捐赠人和提供融资的金融机构是债权人的一部分，如果在监事会成员当中包含这部分人群，和法理依据是背离的。另外，公司法当中指出监事会成员要有一定比例职工，那么职工就需要成为其中不可或缺的一部分。如果在监事会人员设置方面存在不合理的问题，那么内部监督的效用就得不到有效发挥，也会违背监事会设立的初衷。关于监事会职责问题，在立法方面没有给出全面和完善的规定，承担的职责主要涉及的是内部稽核审计，没有突出对日常事务的监督管理；没有明确指出应该按照怎样的工作程序来开展工作，而且也没有强调理事会成员必须要拥有并且正确地行使弹劾权，最终导致监事会的监督权力和制约作用得不到最大化的发挥。

8. 金融监管体系不完善造成农民金融发展权保障不力

我国大部分的农村信用社在实际发展当中，依照的是省联社发展模式，而且省联社在其中属于省政府的一个代表，但是这样的法律安排有着显著矛盾：省联社由各县（市）级农村信用社联合出资组建，本应受出资人、各县（市）级联社管理，但县联社人事、工资等要处在省联社指导之下，成为行政隶属关系。各县（市）联社本来属于股东但是却不能履行出资者职能；省级联社是经营者不对出资人负责。省联社原本的行业管理逐步异化成为行政管理，有着非常显著的行政倾向。省政府为省联社授权，而要想让地方经济走向稳步推进的道路，就需要对信用社当中的金融资源进行支配和控制，这与将农村信用社打造成为真正意义上的市场主体的初衷是完全相悖的。除此以外，省级政府授权于省联社，那么省联社自然对省级政府负责，并且接受它的监督，那么省联社不能够真正代表基层农村信用社的利益需求，甚至成为政府实施行政干预的工具，提供的更不是金融服务以及指导，更多的属于管理以及命令。

在对金融监管权进行配置方面，监管权的越位、错位以及交叉等问题十分明显。《关于明确农村信用社监督管理职责分工的指导意见》从表面上看，利用列举方式明确各方需要承担的监管职责，但是实际上这些监管权之间有着很多重合，降低监管效率。

第一，《指导意见》说明省政府享有对地区信用社展开监督管理的权力，并且能够对农村信用社内部的金融风险进行处理，可以说这样的指导意见让省政府承担的权利和责任有了很大程度的扩大，但是通过对相关法律制度的分析却并没有在法律层面上规定省政府拥有的以上权力。从另一个角度上看，省政府是行政机关，管理的事务热衷于行政方面，本身不具备完善的金融理论知识和专业技能，而且在金融管理方面的经验明显不足，在面对数量大和位置分散的农村信用社时，如果要对其进行全面的监管是不可能实现的，那么就会把相关的管理权限赋予省联社，帮助省政府来行使监督管理权力。在这样的行为背后，省政府虽然承担监管职责，但并不行使金融监管权，可见严重的权责不对称问题。

第二，《指导意见》强调银监会要履行评价以及指导职能，而职能范围是：省政府对于农村信用社工作的管理是否符合实际管理需求和相关规定。在这样的情况下，省政府在行使自己的职权时会更多地依照银监会给出的评价指标和工作要求来开展各项事由，尤其是在金融管理领域。省政府在金融监管中会受到诸多限制，而且一味地迎合要求也会带来金融监管的不合理问题。

第三，虽然在指导意见当中，非常明确地指出不同部门所要承担的监管职责，分工明确，并且互相配合。但在实施中，部门间的沟通机制还没有稳定地构建起来，不能够实现信息的共享，那么监管重复和监管空白的问题也就不可避免地发生。

第四，从理论上看，省联社在整个农村信用社的系统当中属于管理机构和行业自律性机构，需要协调好各个基层农信社并对企业实施科学管理。那么省联社承担的管理权力应该是基层信用社赋予的，并且需要为基层农信社提供有效的服务和保护。而在农村金融法治建设过程中，省政府对省联社授权，要求省联社对基层农信社进行管理，可见在权力的授权上已经错位。实际上，省联社不应该拥有监管权力，那么在监管权的配置方面就必须对其进行纠正，以便发挥省联社的行业自律作用，为农信社提供更加丰富全面的服务。

和农村信用社的监管制度相比，农村资金互助社有着明晰的监管制度，但是仍然存在一定的缺陷。《农村资金互助社管理暂行规定》第七章规定其监督管理工作："农村资金互助社的监管主体是中国银行业监督管理委员会，监管原则为审慎、持续、动态和差别监管。"但是这其中有着非常明显的问题：首先，农村资金互助社设置的地域是乡镇（行政村）一级，但是当前银监部门由于受到建制的限制不能够延伸到相应的领域，只是在经济发达地区设有县级监管办事处，但是在整个办事处当中的人数较少，主要负责县域内的监管工作，没有较为完善强大的监管力量，那么监管的触角要想延伸到乡镇村一级也是很有难度的，缺乏监管实现的有利条件和支撑；其次，银监会在对商业银行实施监管时设立的规定十分苛刻和严格，如果采用同样的标准来监管互助社的话是不恰当的，不仅会为互助社发展带来阻力，还不利于业务拓展；最后，在制度建设环节忽略农村金融机构系统构建的规定，而且也没有涉及关于行业自律监管的问题。农村资金互助社的规模较小而且十分分散，在这样的情况下更加适合采用行业自律监管的方法，能够极大地提高监管的效率，而且构建完善的农村金融体系也能够有效转变当前农村资金互助社势单力薄的状况，提高风险应对水平。

9. 新型农村金融机构准入标准高使得农民融资权实现困难

《农村资金互助社暂行规定》《农村中小金融机构行政许可事项实施办法》对互助社设立条件给予明确规定，提出村级 10 万元，乡镇级 30 万元，如果单独从注册资金限制方面看不能够发现准入标准较高的问题。但是在对具体的设置标准和行政许可制度安排进行研究后，就可以清楚地发现对于新型农村金融机构的准入门槛处在偏高水平。首先，《农村中小金融机构行政许可事项实施办法》规定经理、理事长必须具备高中及中专以上的学历，同时还需要当地的银监分局对其资格进行审查，最后才能够确定理事长和经理的人员。在中西部的很多村级地区，提出这样的任职资格在实践上难度极大。其次，新型农村金融机构的建立，必须要具备符合要求的营业场所、安全防范措施以及和金融业务相关的其他措施。最后，社员出资需要按照《农村资金互助社管理暂行规定》的要求给出证明文件，并且承担相应的资质验证费用。由于存在实质准入标准高的现状，出现“最有农村金融市场前景，最符合农民信贷需求，被政府高层寄予厚望”的互助社直到2012年6月底总共只有49家。作者认为，对于新型农村金融机构设置较高的准入门槛虽然具备一定的优势，也能够极大地提高安全性，但是我们仍然不得不重新对这一问题进行考虑，保证安全的基础是各项金融业务能够顺利地实施，而且广大社员能够充分地享有各项金融服务，否则的话原本机构设置的初衷就不能够保障，安全是无从谈起的。如果片面地追求高门槛，最后的结果是农民融资权得不到最终实现。

第二节　金融发展权下的农村金融法律制度立法缺陷成因探析

上面利用很大的篇幅来梳理农村金融法律制度，在前面非常详细的分析当中能够清楚地看到农村金融法律制度建设没有涉及很多有关农民金融发展权的内容，也没有明确指出对于农民金融发展权的保护。上面提到的问题更多的是在立法思想、模式、内容等方面该如何进行创新，但是其中又不可避免地出现了一些法制建设的缺陷和不足。能够有效地发现问题，才能够更好地解决问题，而且关键是针对问题出现的原因进行的研究和分析，最终提出有效解决策略，真正在我国建立起符合国情并且与农村发展相协调的金融法律制度。

1.立法指导思想偏差

《宪法》是国家根本大法，更是其他一切法律的基础，而其中对于我国经济认识方面的内容却存在一定的问题，这也使得金融立法指导的思想与我国农村金融的发展存在相悖的情况，在对金融进行功能定位时作为集体所有制的金融组织形式，这为实际工作的开展带来了阻碍。出现这一问题最为主要的原因是我国是实行中央集权经济的社会主义国家，在经济思想的设定方面更多地受到马克思和恩格斯的影响，认为集体金融和金融、集体经济和经济相同。马克思和恩格斯均认为：“在无产阶级夺取政权后，在农民个体所有制大量存在的地方，应当把农民个体所有制为改造农

民的社会主义经济形式。”我国在金融以及经济方面的认识受到马克思以及恩格斯等人的影响是非常深远的。在一个集体性的经济组织当中，如果农民扮演的是劳动者的角色，在组织当中无偿地提供各种产品和服务，那么金融市场当中又让农民的主体地位被消磨，广大农民也不能够再享有具有独立性质的金融主体权益。在这样的情形之下，金融发展赖以生存的环境和动力将不复存在。此时如果对农村金融进行定性分析，将它列入集体经营的范围，那么就和计划经济体制相符合，也与实行的经济赶超策略和目标相吻合。所以，在农村金融发展的初期是在这样的认识指导之下进行的，选用的立法指导思想非常的片面和不科学，而且把农村金融纳入到集体所有制管理中，作为国家全面实现大金融目标的手段；农村金融属于一种次要性的金融组织，是国家银行的一个助手，而国有金融组织则站在统治地位，农村金融组织只能够对其提供服务和成为附属品。国家和政府在对农村金融以及其立法价值认识方面还存在很大的不足，这也使得农村金融的优势得不到有效发挥。在这样的背景以及思想引导下，对于农村金融在发展当中的诸多问题都有着很多差错引导，由于本身在思想上已经出现了问题和失误，在错误思想的指导下展开的改革工作，也必然不会获得理想效果，而农民的融资权和自由融资权都没有得到保护，最终使得农民的金融发展权得不到立法保障和根本性重视。

2. 立法观念扭曲

肖和麦金农提出“金融抑制”是发展中国家和经济转轨国家在金融发展中普遍存在的问题，“其主要内容是政府实施过度的干预，强化对金融市场的管理以及意志，压低汇率和利率水平，原本的实体经济和当前的金融体系处在羁绊关系当中，影响到二者共同的发展和协调进步。”

在新中国成立之后，我国逐步进行金融体制的改革，而改革的根本路径是发挥政府的控制作用以及对金融资源进行恰当分配，政府已产生这样的金融制度安排，是由于我国经济体制的改革需要政府主导作用的发挥。政府为了确保经济发展目标的实现，将重点放在发展工业方面，在金融资源方面给予支持和帮助，垄断原本多元化的产权机制，会根据国家发展以及自身管理工作的需求来为特定领域提供资金的支持。在这个层面，政府对于金融的应用实际上是对于工具的应用，已经超脱出宏观调控的范围。在金融方面的制度建设当中也更多体现出对于金融资源的控制，以及对自身需要的满足。如果从这一角度出发来对我国农村金融的法律地位进行确认，对农村金融的管理体制和监管制度进行安排，忽视了广大农户的金融需求，也让大量的金融法律制度在实践当中和金融发展实际相悖，难以满足农户的金融服务需求，制度设置的相关问题逐步凸显，原本的目标和宗旨已经背离。政府运用金融抑制的政策手段将农村金融机构变成政策性工具，也使得农村金融组织发挥准财政职能，难以实现自主经营，而且如果长时间地采用这一方法进行运营的话，也会因为失去运营动力而导致破产。

如果将金融作为一种工具，并且在这样的思想指导之下进行立法的话，我国当前关于农村金融过多地强调国家以及监管部门的监督控制，忽略了农户借款人权益的保护工作，让原本的宗旨目标得不到充分的践行。在设置农村金融法制的内容时，银监会更多地会考虑到自身监督和管理工作的现实需要，并以此为基础来设置相关的规定内容，而涉及为农户考虑的制度条款内容则十分稀少。从众多法律的梳理以及分析当中能够看到，仅仅在《农户贷款管理办法》当中有体现要从农户视角出发来规范机构行为。这一管理办法与之前单一强调保护金融机构等内容在观念上是明显不同的，从中也能够看到立法观念的逐步转变。农村金融制度的立法模式要采用的是禁止以及限制的手段，而且也没有赋予金融机构自治权利，让社员本该享有的民主管理权受到威胁，而金融机构的风险也相应增加。如果政府单纯地将金融作为宏观调控的工具的话，并且借助行政方法来配置资源，农村金融的独立性和自主性就会受到损害，民间金融发展受到诸多限制，而农民的金融发展权也不会得到尊重和保障，要想实现这一权利的话更是难上加难。

3. 立法路径错位

上面对农村金融制度的变迁和改革进行了分析，从中能够看到很多的共性问题，虽然经过了较长时间的发展，新农村建设当中的金融制度改革工作与传统制度遵循的模式还是一致的，都将政策的建设作为前提条件，之后，才展开相关的制度建设工作。农村金融法制变迁会随着一定时期政府经济发展战略和政策变迁而发生改变，这些种种转变都坚持的是政府主导，带有明显的强制性特征，制度的变革形式十分单一，但是在政府的严厉管制之下，这样的制度变迁并没有考虑到实际需求，在实施过程当中和实际不符，从而产生阻碍，并且为农村金融发展带来极大的阻力。我国在农村金融法制建设时，将强制性的制度变迁路径作为主要途径有着一定的必然性，主要体现在：在国家成立的初期阶段，国家面临的外部发展环境复杂多变，各个行业都处在发展的低潮期，此时政府的作用就显得尤为关键，必须在政府的支持下建立起集中性金融管理体系；我国经济发展水平不高，而且基础薄弱，不少农户不能够正确地认识信用的重要性，这一认识的缺乏就要求政府必须担当起领导者以及推动者的职责，在金融事业的发展当中起到领导作用。采用这样的制度变迁路径

在实际实施当中优势明显，这些优势主要体现在：成本较小；速度较快；金融法制和政策的一致性极高。而同时也具备一定的劣势，这样的做法忽视了农户意愿，没有考虑到他们的需要和权益需求，而且也不能够展开自主选择，自主权应用未受到压制，制度的供给和农户金融产品方面存在的需要不能够准确对接，原本金融效率得不到保障。在强制性制度改革的道路上，政府在这一环节有着最大的获利，在推动其变迁中也有着较高的强度，这也使得立法途径有着明显的错位。无论是农村经济的发展还是金融改革有着较高的市场化程度，而且广大的农村市场主体积极主动地参与到创新改革工作中，具有导致性制度变迁的模式特点，属于农户自下而上的制度创新结果。可以说二者形成了非常强烈的对比，这也直接造成我国农村金融制度的滞后性明显，农村金融立法会随着政府利益需求而发生摇摆，不能够为农户金融发展权的实现提供有效的法律制度保障。

第九章　基于金融发展权下的农村金融法律制度创新研究

第一节　基于金融发展权下的农村金融法制域外立法经验借鉴分析

一、发达国家农村金融制度安排

（一）美国农村金融制度

美国的农业发展水平在世界范围内都是数一数二的，农业发达程度以及现代化程度普遍较高，取得这一可喜成果的主要原因是有着较为完善的农村金融制度。美国农村的金融制度坚持了以市场为导向的原则，在此基础上形成了一种多元复合型的信用型模式，其特征体现在以下三个方面：第一，为农业发展提供完善的信贷资金机构。第二，在农村金融组织体系设计当中具有完善的资金供应体系以及金融组织体系。第三，具备健全的保险机制。美国农村金融制度具有庞大的系统，在整个系统当中私营金融机构是基础，合作农业信贷体系是主导，同时还有政府的辅助作用发挥，通过共同运作来满足美国农村金融发展的需求。通过多元金融机构的共同参与和相互协作配合最终形成一个完善的农村金融制度，这也为美国农业以及农村经济的繁荣提供了必要的金融资源帮助，从中能够非常清楚地看到金融对于农村经济的发展起着引导以及扶持的巨大价值。

1.政策性农村金融制度

美国把《农业信贷法》这一法律当作基础来构建符合美国农业发展实际的政策性金融制度。在制定符合美国国情的农业政策性金融制度后，与之相关的各项活动在实际的发展和壮大过程当中都能够有效得到信贷支持，享受到丰富的资源以及资金的服务，进一步扩大了农业生产规模，同时也保障农业生产能够在正确方向指导

下推进，而且各项农业政策也能够顺利落实。组成农业政策性金融体系的机构都是在美国联邦政府的主导之下建立的，针对的是美国的农业以及农村经济的发展，其资金来自于政府支持等，这些资金都会为美国农业发展和农村经济建设提供支持，从中能够看到非常明显的政府扶持性质。可以说，美国对农业发展有着强大的扶持力度，而且无论是农业发展还是战略实施都有着政策金融制度的支持，同时也为各项工作的发展提供保障。美国政策性金融机构主要包括下面几个，它们在贷款对象方面有不同的侧重点：

农民家计局是美国农业部门的直属单位，工作的目标是让广大农户充分享受到政府的扶持，也使得农业生产活动的开展和农民生活的改善目标得以实现，并且切实为贫困地区提供帮助，使得农民收入问题得到有效解决，其收入水平得到稳步提升，也为农村经济发展注入活力。农民家计局没有将获得最大化的盈利作为根本性目标，而是真正成为政策性金融机构的一个代表，机构的信贷资金来自于政府拨款等方面。目前，农民家计局在美国农业发展当中仍然发挥着重要作用，其承担的职责主要体现在：第一，给予担保以及贷款支持。贷款类型有紧急贷款和直接性贷款，安保涉及的主要内容是为农民借款人提供保护，并且当商业银行机构为农户提供贷款支持时，为其中产生的利差提供补贴支持。第二，改善农村条件，完善各项基础设施，规范农业经济秩序，提高经济整体水平。

农村电气化管理局是农业部下属单位，成立这一单位的目的在于完善各项公共设施，逐步优化环境，提升环境质量，承担的职责是向农场、农村电影合作社等借款人发放贷款，并用这样的方式来有效提升农村电气化水平。农村电气化管理局在资金利用方面采用的是贷款以及担保形式，对于农户的贷款支持方面有着大力度的优惠政策支持，提供的担保服务也比较完备。

商品信贷公司成立于 1933 年，属于美国农业部农业稳定保护局的一个下属公司组织，设立的目的是有效应对农业危机和自然灾害，其目的在于提高农民收入水平，使得广大农民的切身权益不受到侵害和威胁，也使得农业条件得到进一步的优化和完善。为了达到这一目标，商品信贷公司会适当提高农产品收购价格，而且在农业发展当中给予补贴支持，使得农业生产的各个条件和技术等得到有效改善，保障最终目标的实现。商品信贷公司从根本上提高对收入支持和价格管理工作的重视程度，对农产品价格进行适当的管控，避免价格波动幅度扩大，或者是与市场规律不相符的情况，让消费者以及农户都能够保障好自身权益。政府国库会为商品信贷公司来提供资金的支持，使企业能够在我国农业生产方面支付补贴和贷款。

小企业管理局是联邦政府贷款机构，支持的主要对象是小企业，这部分的企业缺乏从多个渠道获得金融资源的能力，自身的融资水平较差，那么就不能够支持自身的可持续发展和运营。而且小企业大多和农业生产相关，那么小企业管理局就会给予其大力的扶持和资金方面的帮助，在从国会拨款当中获得资金之后，将资金用于发放贷款，让这些涉农小企业得到资源以及资金层面的帮助，获得可持续发展的动力。小企业管理局以及农民家计局针对小农场贷款分工较为细致和明确：借款人经济水平低，而且只要得到贷款支持的金额较小，这部分的贷款可以由农民家计局承担；造成小企业运营危机的原因是自然环境变化，而且从其他途径获得资金难度较大，那么这部分的贷款必须由小企业管理局来承担。

美国政策性农村金融机构不仅仅在金融服务和产品方面做到了有效覆盖，还注重为农户提供咨询服务，针对与金融相关的知识对农民展开专业技能的教育，使得农民的管理能力和知识水平得到提升，为他们改善生活和提高经济能力提供有效支持。另外，美国实施的是多元金融服务的方法，那么这样的方法能够为贷款的及时回收提供保障，同时也使得政策性资金的利用率得到有效提升，切实保障了贷款项目的成功运作。

2. 农村合作金融制度

从 1916 年开始，美国逐步完善农贷方面的法律制度，注重发挥政府主导作用，来积极推进信贷系统的构建。之所以要构建完善的信贷系统是利用对农业相关项目提供放贷支持的方式来扩展农业可以利用的资金来源，使得农民在实际的工作和生产方面获得多种福利，促进农民收入水平增加措施的多样化，推动农村以及农业长足进步。整个信贷系统包括三大金融机构，这几个金融机构在建立时都受到政府的主导以及出资支持。

联邦中期信用银行是整个信贷系统的关键成分，承担的是中期以及短期贷款方面的业务，通过提供这两个类型的贷款来让农民得到有效的贷款扶持。联邦中期信用银行同时也是信用合作系统的一部分，对于中期和短期贷款的期限设置为 1—7 年，在其中扮演信用批发商，属于中间层。

与联邦中期信用银行相对的是联邦土地银行系统，在内部实施股份所有制，但是下属合作社不能承担贷款发放和办理等相关业务。联邦土地银行系统发放的贷款类型是长期贷款，期限长达 5—40 年。而要获得借款资格的话，必须向其交纳 5% 股金。

合作银行系统承担的主要职责是为合作社添置设备，对营业资金给予补充和贷款等。合作银行系统向上和向下都能够进行延伸，向下为下属合作社发放贷款，而

向上可以为区域性的合作银行金融组织给予资金扶持。

3. 美国的农业保险

美国政府构建农业保险体系的原因是稳定农村经济，构建完善的社会福利体系，保障整体福利质量和水平。保险业对于农业发展的支持有着较大的投入，并且在其中发挥重要作用。早在1938年美国就颁布《联邦农作物保险法》，其目的在于尽可能地避免自然灾害和危机对广大农户带来生存威胁。在经过长时间的完善之后，美国农业保险体系初步完成，其运行模式的转变分为三个阶段：第一阶段是政府承担着办理保险业务的职能。第二阶段是政府委托商业保险公司来负责农业保险的运营。第三个阶段是由商业保险公司代理各项业务的办理。农业保险系统要想获得稳定的运营和发展，必须要在合理的运行机制指导下来开展：风险管理局负责制定农业保险险种，并且要有效履行防控风险职责，为私营保险公司提供再保险帮助；私营保险公司和风险管理局签订相关协议，承诺执行其制定的各项规定；后者负责具体业务的落实以及实施。在美国农业保险体系的构建过程中，除了商业保险公司发挥其积极作用以外，政府的大力支持也是必不可少的。

在经过多年的发展和实践后，美国的农村金融完善程度大大增强，建立起层次分明、制度完善以及有着明确分工的金融体系。这一完善农村金融体制的基本特征是拥有商业性金融机构以及个人信贷的支持，能够有效发挥农业信贷系统的价值，也能够通过发挥农业保险作用来实施全方位的农业发展保障。最终通过多层次农村金融机构的相互配合，而且分工明确，并根据实际需要构建金融发展体系，对于经济繁荣有着明显推动作用。

（二）日本的农村金融制度

日本的整个农村金融体制包括三个层次的机构，分别是政策性、合作性以及其他金融机构三个类型。三者在整个运行机制当中是通过协同配合和有效运作来切实为日本农村发展提供保障的，这也是日本农业发展水平较高的直接性原因。用整个大的农业金融体制做导光板，同时划分农业、林业以及渔业系统。政策性金融机构和合作性金融机构的协调配合让日本农业发展富有巨大的生机与活力，前者会将政府的农业金融政策、目标和措施等进行具体化，而后者负责实施和操作具体的业务。可以说在日本的农业金融制度体系当中，合作金融占据主体地位，政府负责提供强大后盾。

1. 日本政策性金融制度

比较而言，日本在政策性金融发展方面有着非常悠久的历史，而且在发展当中的各项体系都比较健全，整体实力相当雄厚。也正因为政策性金融在日本的飞速发展，让日本的近代历史出现了持续的经济腾飞现状，也为日本跻身于发达国家奠定坚实基础。

经过第二次世界大战后，日本农业大受打击，受到的创伤也十分严重，无论是生产效率还是质量都出现下降明显的问题，缺乏粮食和工业品的有效供给，整体经济一度陷入瘫痪。为了有效地挽救国民经济，将其拉入正轨，提高农村经济的恢复水平，日本开始实施土地改革。在 1953 年 4 月份，日本农林渔业金融公库建成，不仅仅在当时发挥了重要作用，还一直延续到今天，成为整个政策性金融机构当中的领导者以及佼佼者。农林渔业金融公库资金来源是预算资金、借入资金、自有资金，这些资金主要用于支持农村地区的基础设施建设，而各项金融业务的实际实施采用的是农协代办或者是直接放贷的方法，如果委托代办的话会支付相关费用。贷款类型属于长期贷款，而且贷款的利息水平较低，一般情况下期限设置是二十年。由于日本农业经济发展速度较快，而且发展质量较高，使得金融公库对于贷款的利用也在进行相应调整。在日本农村经济的实践，主要是把公户的资金用来为农村基础设施建设提供支持，之后，工商业发展水平逐步提升，甚至远远超过农业发展。在这样的背景下，公库改变资金运用的方向，将其投入到农业领域。随着日本农业现代化进程的加快，农产品市场化的程度逐步增强，公库开始将资金用来扶持日本农业金融的发展，积极构建农村金融市场，在提升农业竞争力水平以及可持续发展能力等方面发挥出巨大作用。

2. 日本农村合作金融制度

农协系统是日本支持农业发展的主要合作金融机构，在 1947 年成立，属于农民合作经济组织，是由日本农村的弱小经济个体组成的，其目的是最终实现共同富裕，而在实际的运营过程中奠定了较为坚实的公平平等思想基础，也推动了小农经济的发展。日本农协也对小农经济占优势的日本做出巨大贡献。

农业合作金融具备独立融资的功能，在设置机构时，往往将行政区域作为主要的划分标准，主要由农协、都道府县的信用联合会和中央的农林中央金库组成。对于组织机构的安排，为了保证组织设置的合理性，运用逐步推进的方法：有效引导和激励农户利用入股的方法加入到农协，而农协同样利用入股的方法加入到新农联，以此类推，而且三个机构在行政上并不存在隶属的关系，属于独立经营和核算，在职能上是相互配合和关联的关系。

基础农协是基层机构，由广大农户和居民团体通过入股的方式组成，该机构的

性质是非营利性组织。农协的职能体现在：发放贷款以及吸收存款。发放贷款的对象是生产生活当中缺乏资金支持的会员，而吸收的存款都是会员存入机构的款项。这些资金最后都会依照一定比例上交信农联。信农联是专门从事信用业务的联合会，在整个农协系统当中处在中层位置，连接着基础农协和农林中央金库，扮演纽带角色。信农联开展各项金融业务针对的是会员，涉及存款以及贷款，并通过调节的方式来弥补资金空缺，并引导和规范基层农协的各项工作。资金来自于基层农协的尚存资金，那么余下的资金需要上交中央金库。其中对信农联提出的一个要求是不能兼营与信用无关的金融业务。中央金库是最高机构，负责对全国信农联的资金活动进行统一调度和协调，并按照国家法定要求对资金进行运营，同时向信农联提供咨询服务，更好地指导其展开相关工作。

3. 农业保险

为保障日本农户的自身权益不受威胁，维护经济发展的稳定环境，日本政府着手建立农业风险防范机制，并重点扶持农村金融，使他们能够免受损失。1947 年日本颁布《农业灾害补偿法》规定："日本农业保险采用共济组合形式，由市、村的农业共济组合，都、道、县的共济组合联合会和全国农业保险协会构成。"通过三者的紧密联合和相互配合，形成了当前日本的农业保险组织体系。日本对于农业保险的设置采用的是自愿性和强制性组合的方法。其中对于采用何种保险方法都有特殊的限制，会对国家经济以及农业发展带来直接影响的大宗农产品适用于强制性的保险政策，并且严格按照相关的法律规范来顺利地参加农业保险。在农业保险的发展过程中，日本政府逐步强化财政扶持的相关工作，为农业保险体系的构建和完善注入了源源不断的动力。首先，由于农业保险工作的实施会涉及大量的费用，这会加大农户的成本，同时也会影响到农业保险政策的落实。对此，日本恰当地设置农业保险的补贴比率，而且费率和补贴率呈现正比。其次，农业保险公司的运营者会得到来自于财政部门的业务补贴，从而极大地减少企业的运营成本。最后，共济组合会执行和发展的各项费用全部由日本政府承担。

日本农业保险制度从整体上看比较完善，各个组织机构的设置较为合理，而且不同的组织机构之间的配合度较高，能够实现相互配合和协调，这也使得日本的农业保险模式得到了巨大的肯定，并且在很多国家都进行了推广，为多个国家的农业保险建设提供了宝贵经验。

日本农村金融制度最为显著的特征就是做到了政策性和合作性的完美融合，这也使得政府的职能得到充分发挥，让农村地区大为受益。日本在相关制度建设方面非常的完善和健全，这其中很大程度得益于政府扶持，而且政府的扶持力度极大。不仅仅会在优惠政策方面不断根据实际来进行调整和增加力度，强化税收以及财政上的支持，也会运用直接出资来保持合作金融发展的优势。

（三）法国农村金融制度

法国是西欧农业最发达国家，这其中与法国农业金融有着悠久的发展历史紧密相关，从中也能够看到农村金融对于农业经济的巨大影响力。法国在农村金融制度的设置方面，带有明显的国家控制特点，其特色体现为：第一，政府极其关注农业资金问题，并且为有效地做好跟踪调查工作，通过数据统计和综合分析的方法来积极运用多元化的措施拓宽资金，切实解决资金问题。第二，政府极其关注有关农业保险的事宜，能够最大化地发挥农业保险优势，让广大农户享受到保险支持，形成对农业的全方位保护，降低自然灾害对于农民造成的损失。

1. 法国政策性金融制度

法国很早就注重对农村金融制度的建设，而且制度建设的开始时间较早，其中非常明显的例子是法国成立的农业信贷银行是世界上第一家政策性农业银行，开拓了建设银行构建的先河。随后由于农业信贷中央银行的构建，并且得到了制度上的支持，逐步发展成为全能银行，而且在发展过程中联合了民间金融，具有较为完善的农业信贷保护。

法国政策性金融组织有着悠久历史，而且由于建立的时间较长，在发展过程中做到了结合实际发展情况的创新改革，因此会在机构组织等方面的设置提起高度重视，注重分工以及完善体制，并且在法国地区的银行业地位当中十分显著，在后续的发展当中也在进行着创新和创造。这些都属于法国政策性金融机构的特征以及巨大优势。此外，法国政府注重运用多种扶持手段来形成对政策性金融机构的全方位保护，从而增强农业发展动力。

法国政策性金融制度有着明显的政府控制色彩，政府在其中起着领导作用或者是控制作用，而且机构设置有着极强的专业性，在政策和规章引导之下来专门为农村金融发展提供扶持。

2. 法国合作性金融制度

法国合作金融管理体制的突出特征是垂直性，也就是受到政府的直接领导，而政府直接性给予合作金融组织扶持和保护。法国的三大农业合作金融机构及其在管理体制当中的发展情况如下：农业信贷互助银行是整个合作金融体系的主体，在性质方面属于商业性的行政机构，直接受到农业部门和财政部门的领导，在实际的运

行当中发展速度极快。资金来源是政府的财政性拨款，负责对农业信贷银行的经营政策等方面进行审议，采用为省互助银行以及地方的互助银行提供预付贷款的方法来对贷款的投向和规模等方面进行控制，同时负责监督协调省农业互助信贷银行。在整个管理体制当中，省农业信贷互助银行是第二层，属于半官办机构，领导地方农业互助银行。一方面，省农业互助信贷银行处在总行的控制之下，而另一方面，负责对基层营业所的直接领导，负责基层互助银行的管理，并且对管理资金进行恰当分配，同时也涉及投资转账等业务类型。如果对法国的农业信贷银行进行性质分析的话，从中可以看到明显的互助合作性，并且严格按照合作制的原则进行经营。

农业信贷互助银行属于混合式的运营和发展模式，这一银行的金融业务与政府与国家政策有着密不可分的联系，可以说这一体系是为政府政策服务，只要是与国家政策以及发展规划相符合都能够得到农业信贷或互助银行的优先支持。另一方面，无论哪个层级的合作银行实际运营和发展当中遵循的都是合作经济准则，并且重视业务范围划分，能够切实做到自负盈亏和财务独立。无论处在哪一个层级，这些合作银行都拥有独立核算的地位，并且在银行内部全面贯彻民主监督和管理机制。站在整体的角度分析，混合体制模式的影响之下，政府干预力度较大，实际上导致金融机构独立性不高，在经营效率上也较低。

3. 法国的农业保险

法国在农业保险方面有着非常悠久的历史，第一家地区性的农业保险公司是在1840年成立的。1990年，法国在农村金融制度建设当中将农业保险制度的内容明确地写到法律条款当中，随后又出台农业损害保证制度，并且确定成立国家级的农业灾害基金会，赋予基金会补偿农民损失的工作职责，而支出的资金当中由政府支出50%作为受灾基金。1982年，法国政府在决议上通过自然灾害保险，并在立法上面将其法制化。法国针对农业保险设置的是补贴和汇率调整的政策支持，注重提高对农户的补贴水平，有效降低汇率，其中农民只需要承担20%—50%的保费，政府将承担剩余部分。由于法国建立起了系统性的农业保险制度，并且通过政策支持和政府干预的方法让广大农民享受到保险支持和对他们生活带来的改善，极大地刺激了农民的生产积极性，使得他们积极踊跃地投入生产活动，为农业生产进步以及整个农村地区的经济繁荣注入了动力。

法国农业保险是独一无二的，因为农业保险制度以及制度的创新改革都有着本国特色，悬挂着法国的标签，建立起完备的机构和体制，让各项保险业务的实施都能够在一个健全体系当中稳定运行。另外，法国是政府主导型国家，因此无论是商业保险机构还是农业政策性的保险机构都是在政府的帮助和支持下建立的，体现出政府主导，而且政府对于这一机构实行直接财政补贴的方式，法国每一年都会全面性地展开保险预算工作。设置的这部分基金主要是在国营保险公司最为困难的实际应用，上面的这些措施为农业保险机构开展各项业务提供了有力支持。除此以外，为了让保险行业在一个稳定和谐的环境下得到发展，法国成立农作物保险集团，这一集团集合了政府以及社会的力量，当然按照法国国情的话政府是控股的主体，社会的各方力量运用入股方式来参与其中，最终构建起股份公司。通过成立保险集团的方法来发展农业保险，为农业生产提供保险业务的支持，对于农村经济规模的提升有着重要意义，而且能够起到减少成本和整合优势的作用。农业合作保险组织同样也是法国农业保险体制当中不可缺少的部分，属于民间性的农业保险组织，在其中能够有效发挥农民的主体作用，确保农林各项权利的实现和有效保护。

纵观法国农村金融制度，最为突出的特征是受到较为发达农村的合作金融和政府的大力支持，可以说，法国农村金融制度是政府支持和主导的成果，可以被称作是国家控制型金融发展模式。法国农村合作金融机构有着健全的规章制度，在机构设置和组织安排方面科学合理，各项金融业务运行良好并且呈现逐步扩大的趋势，在实际运营当中能够做到多样化发展，这些成果都得益于政府政策，可以说综合了法国国情，能够兼顾对农业的政策性信贷支持，同时还能够保障自身盈利。

（四）德国农村金融制度

1.德国合作金融制度

德国早在19世纪50年代就建立了第一家信用合作社，为农村金融服务问题的解决提供了有效保障，而且信用合作社在实际运用当中坚持了民主管理的原则，也使得其能够沿用至今，在发展和创新当中逐步形成合作银行。纵观德国的合作银行体系，可以形象地将其比作金字塔，而这座金字塔总共有三层。金字塔的底层也就是根基部分是基层合作银行，中间层次包括德国的三家地区性合作银行，而顶层位置是中央银行，负责整体的协调。无论是哪一个层次，都属于具有独立意义的企业法人，在共同为德国农村金融服务的过程中形成了良好的合作关系。

（1）自下而上入股、自上而下服务的合作银行体系

在整个合作银行体系当中，主要资金来自于基层的合作银行，地区合作银行提供了80%的中央合作银行股份，政府持有的股份比例极小，剩余股份是由实业部门以及相关企业持有的。

第一层次是德意志中央银行，同时也是信用合作金融制度的最高机构，有着全

面拓展各项业务权利，而且能够形成统一调度和协调。德意志中央银行不承担行业管理责任，主要涉及的是支付结算、资金融通等业务。

第二个层次是地区中心合作银行，起着金融中介的作用，负责处理基层合作银行的相关业务。例如，地区中心合作银行可以向基层的合作银行提供资金、结算服务、短期融资等。除此以外，地区中心合作银行可以通过介入外部资金的方法来实施证券投资等业务，从而有效壮大自身的实力。

第三个层次是信用合作社和合作银行，可以说它们遍布德国的城乡各地。

合作银行几乎涉及德国的所有金融领域，可见其经营范围之广泛，这些合作银行的性质带有商业银行特性。在整个合作银行的内部，无论是风险防范系统还是保护系统都非常的完备，同时也对于每一家合作银行提出了要求，要求它们能够按照比例规定共同构建特别专项基金，这部分资金主要是用来处理成员财务危机问题，而且可以由基金会全额补偿。这样的方法能够为合作银行体系资金以及效益提供良好的保障，也能够形成对其的良好规范。不同层级的合作银行必须认真履行各自的职责，给予相互支持并通过全方位的合作来恰当地做好资金的调整和融通。这样的方法能够在很大程度上确保合作银行资金的安全和有效流动，降低多种风险，同时在风险防范和保护系统作用的发挥之下，合作银行的合作以及改革之路会更加的稳定和谐。

（2）信用合作联盟与其他合作社融合的行业自律体系

全国信用合作联盟是行业自律组织的一个重要组成部分，其成员包括不同性质和处在不同层级的合作金融公司，它们都属于自律组织的成员。各个成员需要为信用合作联盟支付会费，而信用合作联盟也会为会员提供多元化的信息支持，做好合作银行以及政府部门的协调，帮助合作银行树立良好的形象，为银行处理各项公共关系提供支持。除此以外，德国地区还建立全国性的合作社联合会，联合会承担着培训和审计的主要职能。德国各州都根据自身实际需求设置行业自律组织，以便更好地推动德国金融行业的发展。

（3）相互协调的综合监管机制

德国是综合监管和金融混业经营的一个代表，合作银行是中央银行以及金融监管局采用分工的方式来分别监管，形成了一种综合监管体系。德国在金融监管方面单单设置一级机构，下属没有监管分支；采用非现场监管方式对合作银行实施监管，联邦中央银行以及分行、审计联合会负责做好日常监管，另将从中获得的信息向金融监管局报告，最后由金融监管局做出最终决定。这样的综合监管机制设置方法极大地节约了监管资源。在对农村合作金融进行规范和发展的过程中，德国主要依托行业审计的监管体制以及联邦中央银行的风险防范系统。

2.德国的农业政策性金融

德国农业政策性金融有着非常悠久的历史，其设立的目的在于对农业提供保护和扶持。德国农业政策性金融机构不会追求最大化的获取利益，而是要通过自身的运行和协调来支持农业，使得农业发展拥有资金以及生产资料等方面的注入。德国农村地产抵押银行在德国的整个农业政策性机构当中占有重要地位，并且有着特殊功能，主要是为农林各业以及食品行业提供信贷资金服务。这其中需要强调的一点是德国农业地产抵押银行主要提供四个特别信贷项目，其中最为突出的是种养业和青年农民特别信贷项目。种养业特别信贷项目面对的是缺乏财政资金支持的农村种养业项目，主要为其提供最为优惠的贷款利率，范围涉及所有农村投资领域。青年农民特别信贷项目支持的是从事农业不超过五年，而且年龄低于四十岁的青年农民，其目的在于鼓励德国大量的农村有志青年主动地参与到农业经营和生产活动当中。这一项目正式开始是在1985年3月份，而且在这一项目的优惠设置上条件更加优越，利率比种养业特别信贷项目更低，申请贷款的额度也高。

都知道德国在农村金融制度建设方面有着非常悠久的历史，而能够证明其历史的一个突出表现就是它是世界上最早建立相关制度的国家，有着巨大的历史意义，对于德国来说也有着非常重要的内涵。因此，在德国的金融当中，合作金融占据重要地位，而且也有着诸多发展优势。合作金融整体上运行健康稳定，组织体系以及层次清晰，注重风险预警和有效防范，并且建立起统合保护系统，这也使得德国农村金融制度有着极大的优越性，并且与德国的国情相辅相成。

二、发展中国家农村金融制度

（一）印度农村金融制度

印度属于典型农业大国，农业在整个国家的产业体系当中占有重要地位，同时也得到了国家的重视和大力支持，在国情方面与我国相似，农民占到全国人口的72%。20世纪80年代以来，由于政府给予了大力支持，极大地推动了印度农村金融的发展。目前印度的农村金融制度体系十分完善，储备银行扮演着中央银行的角色，在全国范围内对各项金融活动进行统筹协调和综合管理，同时还能够制定金融货币政策，负责对下属机构实施有效监管；国有商业银行为农村金融的进步和发展提供支持，并且是主要渠道。在印度农村金融制度的整个体系当中，合作金融处在基础

地位，并且发挥其基础性保障作用，而国有商业银行提供的农业贷款成为支持农村金融发展的主要资金来源，此外政策性金融负责提供辅助支持，而农业保险形成农村金融的一项补充。

1. 印度农业政策性金融

印度是发展中国家，更是具备典型性以及代表性的农业大国，农业在整个国民经济当中有着不可替代的作用，直接决定国民经济增长水平。1960年开始，印度为了对农业发展形成强大的刺激和动力，在国内实施大范围的绿色革命，采用多种措施来推动和支持印度农业的发展。其中包括提高农业技术水平，扶持农业信贷发展，给予财政补贴等。在这样的情况下，印度政策性金融蓬勃发展起来，并且为农村金融的进步起到关键作用。

印度农业政策性金融机构包括：第一，印度国家农业和农村开发银行扮演中央银行的角色，承担监督检查职能，同时要重点在商业银行提供农村信贷的领域给予资助，鼓励商业银行积极主动地为农业生产注入资金支持，而同时为了避免这一过程中商业银行受到较大的损失，选择为其提供资助的方法来保持其持久的生机活力；另外还负责掌控全国范围内的信贷活动，也就是负责农业金融领域的最高机构。印度农村经济和金融市场的构建有着十分强烈的资金需求，如果缺乏资金支持的话，各项工作都得不到有效实施，而且一旦出现资金严重匮乏，会造成农村经济系统的崩溃。那么为了避免这一情况的发生，该行从诸多金融领域进行资金的筹措，可以说是对农业投资开发公司执行职能的解体，还在很大程度上继承印度储蓄银行在农业信贷方面的功能。也因此不仅为推动印度农村经济发展提供现代服务，还对其他金融机构提供贷款支持，对金融机构的信贷发展进行协调。第二，地区农业银行属于政策性银行，在实际经营当中，不以营利为目的，主要职能是吸收存款，并且向农村地区提供贷款支持。第三，印度农业中间信贷、开发公司负责中期以及长期贷款的发放，除了发放贷款的职能以外，也负责管理贷款援助资金，并将这些资金准确地落实到农村发展中。这两个机构在贷款方面做出了突出贡献，支持了大量农业基础项目建设，其中在水利方面的贷款比重最大，支持力度也最大。

2. 印度农村合作金融

印度农村信贷机构包括两个系统，其一是初级土地开发银行以及中心土地开发银行，这一系统提供的是长期信贷，其中主要涉及的是土地开发银行；另外一个系统包括农业中心合作银行和联邦合作银行以及农业信用合作社，这一系统提供的是短期农业贷款，其中主要指的是信贷合作社。

信贷合作社的主要职能是让农民的信贷需求得到满足，因为无论是农业生产还是农民的实际生活都离不开信贷资源的支持，这也是其获得生活和经济发展保障的有效渠道。同时，农民的收入水平较低，难以支付较高的贷款费用，需要得到廉价信贷资源。那么信贷合作社就是在这样的形势下产生，并且发展成为中坚力量，让农民能够享受到廉价而丰富的信贷资源，有效支撑他们的生活以及农业的生产活动，具体包括两个层次的内容：初级农业信用社为广大贫困地区的印度农民提供短期以及中期的贷款，而且利率设置较低，期限为一年；中层信贷合作机构向初级农业信用社发放贷款，以此来解决其在资金方面存在的困难，资金的主要来源是各个成员投入的股金，除此以外积极吸收公共存款。另外国家为了支持农业发展和农村经济建设，指导邦合作银行向其提供贷款，满足日常金融活动的发展需要，最高信贷合作机构也就是邦合作银行从印度储备银行获得短中期贷款，同时也通过吸收个人存款和获得储备知识的方法来获得资金，然后提供给其他成员，充分满足其在信贷方面的需求。

3. 商业银行

印度商业银行是农村信贷活动当中的骨干力量，按照法律当中规定的指标在农村地区设置机构和投放资金。印度商业银行将 40% 比例的信贷资金投放到农贷部门。商业银行在印度农村地区的建立和发展时间并不长，但是发展速度极快，业务扩展速度不断增加，主要分为直接和间接信贷。直接信贷是将融通资金提供给农民，使得他们能够将这些资金用于生活和生产。间接信贷是首先将贷款提供给农村的金融组织，再由这些农村的金融机构将资金支持给广大农户。随着商业银行的飞速发展和在农村金融当中所处地位的提高，商业银行已经成为印度的第二重要金融机构，位置仅次于农村合作金融组织。

印度农民数量极多，而且普遍贫困，无论是日常的生活还是参加农业生产都需要资金的帮助，而其中最为有效的渠道就是从金融机构获得贷款支持，但是无论是何种形式的贷款都设置相应的利率，要求农民能够偿还相应的贷款利息。商业银行是为农民提供信贷支持的主要机构，运营和发展把提高盈利作为主要目标，如果单一地采用这样的形式会让广大农民的负担加剧，并且制约农村经济的发展。此时就要求印度的政府能够出面协调，对商业银行提出一定要求，规定企业要加强对农村经济发展现况的了解，切实了解农民的发展需要，并坚持从实际出发来实施差别利率，让广大农民能够享受到最为优惠的利率支持，而为了让商业银行的利益不受损，政府也要实施利率补贴政策，来最终实现商业银行和农村经济的共同进步。

从整体上看，印度农村金融机构结构合理且制度完善，有着非常明确的层次划分，尤其是可以准确地定位政策性金融，相关的政策性金融机构，能够有效履行自身的特殊职能对农村金融活动进行统一协调，充分发挥其引导和支撑职能；国有大型商业银行在印度农村的经济发展当中能够最大化地发挥自身职能服务作用，有助于提升印度农村金融服务水平，同时也极大地推动了印度农村经济的发展。点多面广能够有效概括印度合作金融机构的优势，并且正因为这些优势的发挥使其成为推动农村金融建设的主力军，贡献了巨大的金融力量。此外，领头羊计划在印度的农村金融市场当中正在稳步的推行，也就是要优先发展关系到农村金融市场构建和经济发展的行业和企业，让其享受到多元金融服务，并在支持之下提高发展效率和质量。印度农村金融完善的体制是多个渠道和系统共同发展的结果，不同性质的农村金融机构在整个金融体系当中，能够发挥各自优势，并做到优势的整合，来加快现代流通，为金融事业发展注入动力。

（二）孟加拉小额信贷

小额信贷的主要内容是为处在中低收入水平的人群提供额度较小的短期金融贷款支持，通过对其定义的理解以及实践的分析都能够证明小额信贷提供了一种有着可持续性特征的金融发展新模式，也极大地促进农业生产的进步，有助于改变农村地区的贫困现状。同时也可以将小额信贷归纳到新型融通体系当中，为低水平收入者的农业生产提供支持和服务，从而有效改善低收入阶层的生活现状和经济生活条件。小额信贷能够让广大农民享受到丰富的福利，也让他们的生活得到有效改善，获得了广大农民的支持和响应，也因此获得快速发展。

在多个国家的多元化小额信贷模式当中，孟加拉国的乡村银行可以说是领头羊，并且拥有丰富经验。孟加拉国乡村银行在农村地区积极推行小额信贷业务，并且切实为穷人摆脱贫困做出了突出贡献。孟加拉国乡村银行这样的小额信贷发展模式不仅仅在孟加拉国获得了飞速的应用和推广，也因为成功的经验和收获的可喜成果扩大了国际影响力，不少国家纷纷效仿，让很多贫困的农民走出了困顿的生活。在孟加拉国的全国范围内，积极推行小额信贷使得 58% 的孟加拉国穷人摆脱贫困，成为直接受益者，因此推动了孟加拉国农业金融的发展。

1976 年，穆罕默德 · 尤努斯教授在孟加拉国推行小额信贷试验，并且在 1983 年正式注册成为孟加拉国乡村银行。孟加拉国乡村银行属于非政府组织的从事小额信贷的模式，在性质上属于非政府组织，在经营结构以及组织系统方面有着独立性。

孟加拉乡村银行涉及的是综合性金融服务，是存、贷以及保险一体化的金融系统，服务的主要对象是广大农民，这些农民的生活极其贫困，而且没有土地作为根本支撑。孟加拉银行的资金主要来自外部的支持以及内部的储蓄积累。对于贷款额度的设置，总体上不能够低于个人储蓄总额的150%。如果要偿还贷款的话，偿贷的方式十分灵活，按周或者按月还款都能够实现。在整个银行运作中，在自愿原则的基础上由广大农民构成自主组织。如果其中的一个成员没有按时还款，那么整个小组为其中的贷款风险负责，同样也需要担负起还款责任。

小额贷款是孟加拉乡村银行的主要特征，也是极具特色的金融业务形式，在孟加拉国的实践应用当中也有了结合国情的突出特征，具体体现为：

1.贷款对象是穷人

小额贷款业务支持的是金额较小的短期贷款，贫困无地的农民是贷款的主要对象，而且信用额度相对较低。乡村银行明确规定，贷款对象必须属于极贫户，而且土地拥有不超0.5英亩。另外，即使贷款对象没有土地，那么他还需要满足家庭财产总值低于1英亩土地价值的条件，否则也不能够被纳入到极贫户的范畴。如果不符合以上两个条件，将无法得到乡村银行的小额信贷资金。在小额贷款的相关规定和限制当中，对孟加拉国贫困妇女给出了一定的特殊支持，而且贫困妇女也是重点的贷款对象。之所以会产生这样的现状，主要是通过日常经验的积累和实践的观照能够清晰地看到妇女在摆脱家庭贫困以及运用劳动改变命运等方面更为强烈。妇女利用提供的小额信贷资金来展开生产或者是从事其他产业经营会更利于改变家庭命运。极贫户是极度贫困农民的总称，那么他们自然不具备担保能力，那么在小额贷款当中为他们提供的是免担保贷款。如果贷款发放的形式是免除担保的话，那么贷款的偿还往往就得不到保障。为了提升贷款偿还率，孟加拉国乡村银行会将小额贷款作为主体内容来实施综合性服务，其中最具代表性的是对贷款对象进行教育，采用这样的方法，能够帮助贷款对象树立正确的还贷观念，提升其还款能力，最终使得各项贷款都能够按期按量地完成偿还工作。

2.组织结构严密

孟加拉乡村银行的小额贷款模式之所以能够在全国以及全世界范围内实施，并且获得可喜效果，其中一个明显的特征是拥有非常严密的组织结构。孟加拉乡村银行在运营和发展当中制定并且全面贯彻落实“小组+中心+银行工作人员”信贷制度，这也是构成严密组织结构的主要原因。在整个制度当中包括了三个层级，分别是贷款小组、乡村中心以及工作人员。其中前两个部分是银行运行的基础，承担着重要的工作任务。孟加拉乡村银行明确规定：“贷款小组由村中每五位穷人自愿组成，

将若干个贷款小组组成贷款中心。在总行的统一领导和统筹之下，各个地区设立分行。在分行之下，设有10–15个支行，每一个支行大约管理120–150个乡村贷款中心，支行财务运营属于自负盈亏和自主经营。”为了在处理各项金融业务时做到公开透明，银行采用中心会议手段来做好信息的公开。中心会议由乡村贷款中心负责，会议的主要内容是金融业务的处理，除了涉及金融业务以外，还利用会议的机会来对成员展开教育培训工作，培养他们的团队协作精神，提高成员的自主性和自觉性，使得他们能够相互监督和互相扶持。乡村银行的各个工作人员与组长和中心负责人需要定期进行工作对接，及时发现和解决问题。在这样的模式和制度的支撑下，组织的严密程度大大提升，每一个层级的把控度和对接程度得到了提高，除了能够缩小经营环节以外，还降低了成本支出。孟加拉乡村银行处在一个和谐良好的舆论支持之下，能够切实保障贷款使用效率，同时也在很大程度上保障了还款率。

3. 小额贷款制度贴近国情

小额贷款将一般期限定为一年，而且可以机动灵活地选择是按月还是按周偿还，进而确保借款人在期限要求之下还清贷款。如果想要获得下一笔贷款支持的话，需要在还清本笔贷款之后再行申请。孟加拉乡村银行推行的小额贷款模式以及制度都有着明显的国家性色彩，也就是贴近本国国情，考虑到贫困人口多这一现实状况。因此贷款数额设置较小，而且利率设置会依据实际情况进行恰当调整。另外，贷款资金全部应用到生产活动当中，这样的资金应用能够快速见效，同时也能够保障分期付款的顺利实现，切实为国家的发展以及农村建设水平的提高创造有利条件。

4. 建立激励约束机制

孟加拉乡村银行实施具有严密组织的信贷管理制度是其成功的秘诀。乡村银行实施的是免抵押贷款的方法，在这样的基础之上就必须具备监督约束机制来确保贷款的有效偿还，而在这样的情况下建立起约束机制，积极构建支持小组，在小组当中设立激励机制，并且落实一人无法偿贷全组承担风险，引导小组当中的各个成员做到互帮互助和互相监督，一个巧妙的制约机制由此建立，那么银行在监管方面的成本也大大降低，内部监督效用得到强化，小组成员的竞争意识和互相支持意识也能够获得提高。除了拥有支持小组以外，六个小组构成一个中心，这个中心是村里小组构成的联盟，在整个联盟内部每周召开一次会议。所有成员共同选出中心负责人，而负责人需要处理好中心的各项事由，为中心的各个成员小组解决难题，同时和银行工作人员展开配合和合作。这样的监督约束机制能够有效贯彻孟加拉国的信贷政策，也能够极大地降低金融风险，也让贷款人的自我管理意识大大提升。

5. 资金来源多元化

孟加拉乡村银行在刚刚成立时，得到了很多外部资金的支持，这些外部的支持包括国际社会、基金组织等方面对于孟加拉国银行构建的扶持。如果对外部资金有强大的依赖性后，会直接影响到银行的自主运营和稳定发展，在认识到这一问题后，孟加拉乡村银行从 1996 年开始不再吸收外部资金，并且步入到快速发展阶段。孟加拉乡村银行虽然不吸收公共储蓄，但是要求借款人以周为单位缴纳小组基金即集体、儿童教育、保险基金。集体基金以及儿童教育基金会用于小组当中成员子女教育和公共事业。保险基金主要用来进行风险储备。就当前而言，借款人持有孟加拉乡村银行 94% 的股权。消除贫困是一项艰巨任务，而且这一任务的解决并不是一蹴而就的，同时也需要通过有力的手段来艺术性地解决。孟加拉乡村银行的举措则是非常值得借鉴的，这一组织充分承担起解决贫困的重任，全面推进市场化改革，不仅仅获得了自我维持和自我发展的力量，还对于贫困问题的妥善解决有着重要意义。

6. 政府积极参与

政府的广泛参与和支持是孟加拉小额贷款模式的一大特点，而且政府政策支持和国家的重视投入让小额信贷模式能够在整个国家范围内获得飞速发展以及大力推广，获得了持续运营和发展的重要条件。从大量的实践当中能够发现，具备前瞻性特点的创新型财政和税收政策是确保小额贷款稳定发展和规模壮大的前提。孟加拉乡村银行和孟加拉政府一直保持良好关系，这也是其发展的巨大动力。政府的普遍参与和支持体现在：在态度上，政府体现出绝对的支持以及宽容，能够让小额贷款模式的应用和推广无后顾之忧，同时也能够得到来自于政府的保护。在资金上，孟加拉政府为乡村银行提供庞大数量的贷款支持。在法律上，政府在相关的农村金融制度当中指出乡村银行可以利用多种非政府组织方法实施金融活动。在政策上，孟加拉乡村银行可以享受到来自于政府的免税优惠。

三、基于金融发展权视角的农村金融立法启示

1. 实现农村金融法制化

上面利用大量的文字对很多其他国家的农村金融改革发展之路进行研究和对照能够发现，这些国家在国情方面存在着较大的差异，在农村经济发展水平方面和法律文化传统方面都有着较大不同，但是它们有着一个共性，那就是建立了专门性的农村金融法律，采用立法的方式来规范农村金融市场的发展，并且切实用立法方式来保障农民金融发展权的实现。法律制度稳定性和权威性较强，如果在法律制度当

中能够明确地把农村金融机构的地位确立下来，并指出在发展当中需要遵循的准则，那么农村金融机构的独立性和自主性就能得到保护，而农民金融发展权保护也就拥有了立法保障和根本依据。我国的农村金融已经经历了六十多年的发展，但是很长时间以来都没有形成专门立法，虽然当前有着一定立法根据，但法律位阶较低，大多属于规范性文件的层次。要想真正推动我国农村金融事业的发展，规范农村金融市场，并且为我国农村金融的发展注入可持续发展动力就必须要实现法治化，真正制定在效力上以及法律地位上能够比肩商业银行法律的制度体系。

2. 坚持法制的基本准则

无论是哪一个国家在发展农村经济，并且针对农村金融构建完善的法律制度时，首先需要从多个角度进行综合思考，主要包括：第一，本国的农村经济基础如何。如果国家农村经济基础较为稳定和深厚的，制度建设的难度就会大大降低，而且能够从商业银行的金融法律当中获得丰富的借鉴。如果经济基础薄弱，就需要在制度建设当中更加谨慎和细致全面的针对薄弱环节来制定制度条款。第二，本国农村的信用文化如何。如果国家农村地区的信用文化水平较高，那么制度的保障和执行力度都会得到增强，反之会加大立法的难度。第三，本国的农村政策导向是如何设置的。农村政策导向的差异体现在法律制度建设中会对其中的制度内容产生直接性影响。在考虑到以上问题的基础上，还需要依据经济发展现况以及农户在金融服务方面的需求变化来进行调整和修订。世界金融发展存在一个非常普遍的现象，那就是金融的异化，但是互助扶弱是制定和调整法律的核心准则，这一准则适用于各个国家的立法。例如，德国在《银行法》中规定合作社银行必须将经营目的确定为提高成员收益和确保成员有效经营；美国《农场信贷法案》指出农场信贷体系主要承担的职责是为涉农企业和广大农牧民提供信贷支持和相关的金融服务，从而有效提升企业收入和福利水平。法制的基本准则发展到现在已经伴随着金融发展出现微妙变化，而且不同的国家由于在农村金融层次等方面有着明显差别，农民对于金融产品需要也各不相同，那么在基本原则的制定当中会有不同的侧重点。未来我国在进行农村金融的立法时，同样也需要考虑到国家的国情和农村金融发展现况，恰当合理地坚持法律制定准则。

3. 确立农民产权主体地位

信贷资金真正地做到取之于农和用之于农，就必须要保障农民产权主体地位不受损害。所有国家在制度构建的过程中都将农民放在重要位置，并且努力确立其在金融组织当中的产权主体地位。例如，德国在构建农村金融体系时采用的是地方银行—地区银行—中央银行三级制；印度实施初级农业信贷社—地区中心银行—中心银行三级制。各个国家在推进农村金融体系的构建时，坚持循序渐进原则，构建明晰产权关系，并且强调不同的层级都处在独立的法人地位，切实保障自主经营权的有效发挥。按照这样的形式，基层的农业合作金融机构可以充分利用自身的优势来和农户构成直接性的金融服务关系，在这样的关系体系下农民的主体地位能够得到有效保障；上一级联合组织承担管理服务以及调剂余缺的职责，从而形成金字塔式的产权关系和完善组织体系，而金融体系化水平的提高会使得其应对金融危机和不良经济事件能力得以提高，也能够最大化地发挥国家职能。我国在构建农村金融法律体系时必须注重建立清晰明确的产权关系，确立农民在整个农村金融组织机构当中的主体地位，切实保障农民金融发展权。

4. 明确农村金融主体权利义务关系

德国、日本等国家在农村金融制度建设时都会有意识地将社员组织、金融组织以及政府之间的权利义务关系进行明确的区分。例如，日本的《农业协同组合法》明确规定政府和农协要做到彼此支持和相互促进，农协属于政府指导之下的国家农业政策方面的辅助实施机构，需要代表广大农民的利益，真正保护好农民权益。农村金融组织是政府和农户间的中间组织，需要全面贯彻落实国家的金融服务各农政策，还需要切实满足农户的金融需要。美国政府直接退出农村金融产权领域，让农村的金融组织机构以及社员拥有自主权，积极优化农村金融市场的环境，并采用立法的方式来规范农村金融的发展，实现良性循环。但是印度农村金融在发展当中却有着非常浓重的官方色彩，强调立法和行政命令并行，进而造成了产权模糊。政府对农村金融机构的运营过度干预，机构自身享有的自主管理权利受到侵害。由此观之，在制度建设的过程中，在制度条款当中明确指出金融主体的权利和义务法律关系以及法律地位是确保农村金融组织健康和发展的前提条件，也是保障农民金融发展权实现的核心因素。我国在农村金融机构的法律制度当中要明确定位机构的独立主体地位，明确不同金融主体权利义务关系，切实发挥好主体作用，那么这些举措也会反过来推动农民金融发展权的贯彻实行。

5. 健全农村金融监管法律制度

农村金融机构所处的外部环境非常的恶劣，之所以产生这样的说法是由于农村地区经济基础较差，经济发展水平较低，往往处在国家的弱势地位，在这样的外部环境影响之下，这些金融组织资金不足，而且由于人力以及财力的缺乏造成了组织结构构建不合理或者是过于分散，那么在遇到金融风险时无法拥有较大的承受力，最终会导致破产，并对农村金融产生巨大冲击。要让以上状况大为改观，首先需要

有完善的监管法律制度来提供保障，提高农村金融发展的规范性和稳定性水平，切实解决农村金融立法方面存在的难点。例如，德国在农村金融监管方面采用的是非现场监管和现场监管的方式，这在很大程度上提高了德国农村金融发展水平，而且也能够保障好社员金融权益的实现。日本在农村金融的监管方面是由专门监管部门以及专业自律机构来形成全方位的监管体系。从国外农村金融监管法律建设当中能够得到一定的启发，从中借鉴以下两个方面的内容：第一，实现监管主体多元化。在对农村金融机构实施监管时要将专门性的金融监管和行业的自律监管结合起来，同时也要融合官方和非官方监管，将社会范围内的各方力量召集起来。第二，农村金融监管必须和商业性金融监管分开来落实各项监管任务。因为农村金融和商业性金融无论是从发展条件还是目前的发展需求来说都有着极大的差别，如果实施的是统一对待的监管，那么农村的特殊性得不到保护，监管的意义也将不复存在。当前农村监管方面存在的一个突出问题是监管主体单一，那么我国在制定完善的农村金融监管法律时，要充分借鉴以上几个国家的经验，同时也要考虑到自身建设中存在的问题，从国情出发建立多元化的监管体系。

6. 构建农村金融的风险分担和补偿法律制度

农村金融市场的发展有着较高的风险，其主要原因在于农业生产的自然风险较高以及农业生产的市场风险较高，这样的情况，极大地增加了农村金融机构运营和发展的风险。农业贷款品种单一，抵押担保品无论是在内容还是在范围上都存在极大的缺陷，那么农村金融机构要想有效地应对金融风险难度极大，而且采用的方法也有局限性。农业贷款有着分散性和效果性的特征，再加上农户征信体系不健全使得农村金融机构要担负较高的管理成本。面对以上问题，各国积极构建风险分担和补偿机制，使得农村金融机构的发展得到保障。具体措施包括以下几个方面：第一，建立信用担保制度。例如，印度通过建立联保机制的方式来提升成员信用水平，并采用这样的方法来让广大农户从正规金融机构获得贷款支持，同时也减少正规金融机构的交易成本。第二，完善存款保险制度，在确保存款人权益不受侵害的同时使得社会公众能够强化对于农村金融体系建设的信心。例如，德国各级银行采用自愿投保方式加入到全国性的存款保险体系当中，有效保护了支付安全。第三，扶持政策法制化。农村金融机构有着弱质性的特点，对于政府扶持政策的支持有着较大的需求，以便更好地分担外部风险。我国在推动农村地区的金融立法时要做到取其精华，弃其糟粕，实施存款保险制度，提高对信用风险的应对能力，强化公众的信心。与此同时，要对政府的扶持政策进行规范，使其变得常态化和法制化。

第二节 基于金融发展权下的农村金融法律制度创新策略与思考

一、以农民金融发展权为根基完善市场准入和退出法律制度

农村金融市场的准入以及退出制度是金融法律制度的首要内容，在制定市场准入制度时，要把握的关键内容是合理地设置准入条件和程序，切实维护农村金融市场稳定。

（一）农村金融市场准入法律制度

农村金融市场发展的普遍情况就是金融资源不足，供给和需求之间存在明显不平衡。无论是农民还是农村的金融机构都普遍面对着资金缺乏的困境，而他们要想获得更大的发展机会可以说是困难重重。要解决当前资源分布以及供给不平衡的问题，突破口是要牢牢把握金融公平目标，并将这一价值追求作为立法思想和指导，适当放宽农村金融机构的准入制度，降低进入农村金融市场的门槛。有了这一动力的支持，各类主体会更加乐意投入到农村金融市场，建立为广大农民服务的金融机构，解决城市和农村金融发展之间严重不平衡的问题。在农村金融准入制度的建设方面，需要着重注意的问题是要合理地设置发起人以及市场准入的条件限制，而且在限制方面必须要做到灵活合理，最终在法律制度方面将其确定。

一是发起人限制法定化。农村金融法律制度当中要给出发起人范围和资格，并将给出的标准和限制体现在法律制度中。首先，发起人范围。建议取消发起人可以是内外金融机构的规定，提出这一建议的主要目的是考虑到金融机构营利性和非营利性的目标存在对立。农村金融机构建设必须要突出自身特殊性，可以改为："设立农村金融机构，应当有符合条件的发起人，发起人包括自然人、非金融机构法人、其他经济组织和银监会认可的其他发起人。国家鼓励农民、涉农企业和农民专业社参与农村金融机构的设立。"其次，发起人资格。建议对发起人给出下面几项限制：（1）地域限制：农村金融机构的发起人如果是自然人，那么就要求其在所在地拥有住所，其他发起人注册地选择要设立农村金融机构的地点。（2）资金限制：入股资金属于自有资金且资金来源合法。（3）信用限制：发起人有着良好的纳税和诚信记录，如果是法人发起人那么最近两个会计年度需要连续盈利。（4）行为能力限制：

自然人发起人必须属于完全民事行为能力人，其他发起人必须经过相关部门的注册登记认定。

二是准入条件灵活化。农村金融机构主要关心和影响的是弱势融资群体，社员的手中缺乏剩余资金，而且社员基本上属于金融需求者，受到一定的地域限制，实际筹资范围狭小，而且不同地区的农村经济发展水平有着较大的差异，那么在立法上面就需要做到灵活，在注册资本的立法限制方面尤其是要做到灵活性。作为新型农村金融机构的农村资金互助社更是需要注意的一个问题，而且农民对于农村资金互助社的了解以及农村资金互助社自身发展仍然需要一定的时间，那么在对其进行注册资本的立法限制时要实现灵活化。例如，关于农村资金互助社的建立，如果是在乡镇地区设立，那么注册资本不能够低于30万人民币；如果是在行政村建立，那么注册资本不能低于10万人民币，其中提到的注册资本必须是实缴资本。给定的注册资本规定在很多乡镇和村级都能够实现，但是对我国中部和西部的一些极为贫困的地区还是有很大的实现难度的。中部和西部的贫困地区对于金融资源的需求量极大，但是它们往往是被忽略的一部分地域，在资金方面也得不到支持，农民的生产生活在缺乏保障的情况下愈加贫困，加剧了资源配置不平衡的问题。目前，有效解决中西部地区资源支持力度不足的问题是当务之急，那么放低市场准入的标准则是其中一个重要的方面。只有这样才能够为中部和西部的贫困地区建立属于它们的金融机构，并从中获得金融资金的支持。对此，在农村金融市场准入制度的构建当中，要进行调整，提出“允许银监会根据区域经济发展状况和金融需求情况，适当降低注册资本的限制”。给出这样的法律制度支持，会有更多的农村金融机构在中部以及西部地区建立，让原本得不到资源和资金扶持的农民和中小型企业从中获益。与此同时，为了提高准入条件的灵活化，还要根据实际需求来去掉部分条件和限制。例如，有关农村金融组织管理人员资格的限制，现行相关法律法规当中要求管理人员要具备中专以上的学历水平，同时要具备相关从业经验。提出这样的法律规定，在我国农村地区来说是不切实际的，在农村地区的实现上更是难上加难，而且就农村机构目前的业务发展而言，乡镇和村级的农村金融机构在业务上涉及的是十分简单的存款和贷款金融业务，服务的是农村地区的农民和一部分的小型乡镇企业，出现金融风险的可能性极低。那么在这一方面的立法上，可以对高级管理人员的基本任职资格进行笼统规定，同时要明确指出禁止条件，另外其他具体要求可以由机构组织社员自主判断和提出。再如，相关法律要求“建立农村金融机构需要有符合要求的营业场所、安全防范措施和与业务有关的其他设施”，假如依据立法规定当中进行实施，要建设符合规范的场所和配套设施需要投入将近十万元的资金，而农村金融机构的注册资本也只有几十万元。因此，在立法上可以考虑将这一条款进行适当的修改和调整，改为建立农村金融机构需要拥有固定经营场所，并且配备必要办公条件。这样的准入条件设置更加灵活，而且能够体现出对于农村金融机构构建的支持，能够有效地推动我国农村金融事业的发展。

（二）农村金融市场退出制度

稳定的金融市场要处在一个和谐稳定的竞争环境当中，而且无论是进入市场还是退出市场，都要做到有秩序和规范性，那么除了要完善市场准入制度以外，还需要进一步地探讨市场退出应该遵守哪些法律制度以及规范，以便真正做到进退有序，还金融市场一个安全和谐的环境。关于金融机构的破产，我国在法律制度当中给出了相关规定，如《企业破产法》《银行业监督管理法》。受到理论和实践条件的限制，关于金融机构市场退出的相关规定还有很多不完善的方面，在法律安排方面过于简单，缺乏可操作性。农村金融机构需要自负盈亏，同时也要实现民主化管理，那么在具体的实践当中如果不能够有效制定合理恰当的市场退出程序，那么将无法保障农民参加农村金融机构的稳定性，也使得农村金融市场的安全性得不到保护。因此，在农村金融的法律制度当中必须要明确说明农村金融机构市场退出的条件、标准、程序、职责等内容，让农民金融发展权得到真正的保护和保障，能够平等地参与到金融市场这个大环境当中，享受平等的权利和服务。

农村金融机构要退出金融市场，而且做到有秩序的退出，就必须要对退出制度进行积极构建，而在制度建设的过程中必须要牢牢把握住重点以及突破口。通过对金融市场进行分析，并结合金融机构市场退出的实际状况展开综合性判断，需要将下面的内容作为根本突破口，牢牢把握住退出制度建设的方向：第一，金融机构要想退出市场需要遵照哪些原则，在符合退出条件后，应该怎样启动相应的退出程序，这部分内容实际上是对退出制度应该适用于怎样的情况进行明确的阐述，也使得金融机构在实际的退出过程中做到有法可依。第二，金融机构在完成市场退出的程序之后，债务清偿工作应该如何展开，在清偿债务时需要依照怎样的顺序。探讨这一问题的目的是要保障债权人的切身利益不受损害，维护整个金融市场的稳定。

将《商业银行法》的相关规定作为比照，在对农村金融机构进行终止时可以采用这样的形式，分别是解散、被撤销、被宣告破产。解散从整体上对整个金融体系以及社会不会造成较大冲击，适用于下面的情况：（一）出现章程规定解散事由；（二）因合并、分立需解散；（三）社员大会决议解散。撤销属于一种被动的市场退

出形式，采用的是行政干预的方式。撤销事由主要包括以下几个方面：第一，金融机构存在严重的违法经营问题，并且带来了巨大的损失。第二，金融机构在实际经营当中由于经营不善导致债权人的权益得不到保障，而且情节严重。第三，如果不撤销金融机构的话会严重影响金融秩序的稳定性，甚至是损害社会公共利益。立法上对于以上事由的规定还十分模糊，在具体的实施当中往往无法界定。在未来的立法方面，还需要针对撤销的适用条件以及条款内容进行进一步的明确，做到法律条款内容的丰富以及完善：首先，细化撤销条件，主要的方式是量化指标，并严格按照相关指标来进行执行，并依据撤销预警机制来规范性地处理各项撤销事宜。其次，撤销属于一种强制性的市场退出形式，而且是行政主导之下的行为，那么在实施当中需要赋予金融机构抗辩权。再次，将求助作为撤销的前提条件。最后，立法方面要对撤销之后的善后工作进行规范，明确各个部门的职责和分工。宣告破产同样也是一种被动性的市场退出形式，具体实施需要法院主持。就当前而言，农村金融机构在撤销之后主要是走非破产清算程序，可以说是一种非制度化和非市场化的市场退出方式。在金融制度建设过程中，为了保障各项退出程序的规范以及稳定，可以应用司法破产程序，并对相关条款进行补充，而且在其中对各项关系和内容进行界定。除此以外，在法律制度当中明确地指出做好行政和司法工作的有效连接，有效地实施市场退出程序。

债务清偿会涉及多方利益，包括存款人、债权人、社员权益；在债务清偿方面存在共性和个性的问题。在农村金融机构市场退出后，如果不能够恰当地处理债务清偿的问题，那么机构的退出也难以得到落实。《金融机构撤销条例》当中对被撤销金融机构的债务清偿顺序进行了明确的规定，但是这些规定都属于原则性内容，只适用于清算财产有能力支付债务的情况，但是对于无法达到兑付额度结构该如何处理工作没有给出法律支持和要求。在实际工作中，政府为了维护农村金融市场秩序，保护好和谐社会的良好局面，会由政府出面来进行本息兑付。而且从大量的案例当中也能够看到，在实际的问题处理过程中，基本属于摸石头过河的状态，没有能够借鉴的案例或者是可以援引的法律法规。目前还没有建立规范化和细致化的损失分担方案，而且也没有在制度层面给出严格的界定，在这样的情况下运用破产清算手段对于农村金融市场的秩序和社会的秩序来说都是一个较大冲击，会冲击整个金融市场的秩序，甚至对社会秩序的稳定都会带来不利影响。对此，在展开破产清算的工作时，必须要做到综合考虑，使得每一个存款人的权益都能够得到维护，保护社员股金，同时还需要维护社会秩序的稳定。立法建议农村金融机构破产的债务清偿顺序为：费用—职工工资和社会保险费用—个人储蓄存款本息—社员股金—其他债务。

二、将农民金融发展权作为根基改革农村金融产权法制

现有活动的实施和信贷关系当中，产权起着决定性作用，而且在农村金融法律制度的构建和完善当中确定明晰的产权关系是核心和关键所在。从法学角度来看，在处理农村金融组织的产权问题时，前置条件是要正确区分所有权和产权。《民法通则》规定："所有权是指所有权人依法对自己的财产享有的占有、使用、收益、处分权利。"所有权是确定最终财产归属的一项权利，指出在一个财产关系当中需要具备怎样的物质属性。而产权是一个权利综合体，这一权利的核心内容是所有权，这也是从财产存在和利用关系形成的财产社会属性。因此，可以说所有权和产权有着明显的区别，而且产权分解了所有权的几项权能，并将这些权利分配给不同主体，这也使得不同的产权主体出现，并且产生了非常复杂的产权关系。在全面推动农村金融产权制度的创新改革过程中，将金融发展权作为基础内容一方面必须要承认农村金融组织具有独立法人地位，并且正确地区分农村金融组织的产权主体身份。另一方面，必须切实保障农户产权主体地位，在此基础上可以吸收辖区内的其他主体入股，并对投资股以及资格股进行恰当的安排，明确权利、义务和责任，并对内部的产权结构进行优化和调整，有效彰显互助平等理念，真正实现权责统一。

（一）明确农村金融合作社法人属性

《民法通则》规定："法人的核心法律要素是依法成立、财产独立、组织独立和责任独立。"《农村信用社管理规定》和《农村资金互助社暂行管理规定》都在法律当中认定无论是互助合作社还是农村信用社都属于独立企业法人。但是当前这样形式的立法明显存在以下几个方面的缺陷：第一，在农村金融组织法人性质的规定方面存在立法不明的问题。《民法》规定企业法人是以追求营利为目的的机构，从这方面的对比当中能够看到与规定的农村金融组织"非营利性"和"互助性"合作制宗旨有很大出入；与此同时，把农村金融组织归入企业法人范围的话，有关政策性质以及非营利性的规定又与《公司法》冲突。《农民专业社法》第 2 条、4 条规定农民专业社属于法人，而且这里提到的法人属于一种新型独立性质的法人。但是如果想要真正了解合作社法人究竟是怎样的分类和包括怎样的内容还需要进一步的探讨，有一部分专业学者在研究当中将其分类到互益法人当中。要想设立农村金融机构，首先必须严格依照《银行业监督管理委员会金融组织行政许可事项实施办法》备好实

体要件，并进行相关程序，得到《金融机构法人许可证》之后，凭许可证申请营业执照。此时农村金融机构才成为有着独立性质的法人，并且可以参加农村金融市场，其权益也受到国家法律保护，个人以及单位都不能以任何形式对其合法权益进行威胁，而金融机构需要凭借自身的全部资产来对债务负责。二是非营利性质。农村合作社机构是弱势融资群体共同构成的信用联合，而且农村合作金融组织法人设立并不将追求盈利作为目标，其宗旨是通过提供多元化的农村金融服务来为社员提供资金帮助和支持。无论是从其他国家的农村金融组织立法还是从国际组织的相关立法上分析，在合作社的认识上都强调非营利性的目的，不能够赚取社员利润。相反的，企业法人单纯追求盈利，并且力求实现股东利益的最大化，二者有着根本性区别。三是非公益性质。合作社的法人需要服务于社员，并且为广大社员负责，并且为社员获取最大收益，从而推动自身的发展。最终社员金融需求得到满足，并且得到应有收益，整个金融机构也不断地发展壮大起来，农村的整体经济水平稳步提升，这在侧面以及间接性地让整个社会福利水平得到提高，满足了社会公共利益的需求。公益性法人并不追求自身盈利，也不会开展营利活动，而是坚持服务于多数人，服务对象是不特定的，最终确保社会公共利益的实现。将公益法人和合作社的法人性质进行对比的话，也能够看到其中的区别。四是人合性特征。合作法人的核心是社员，并且赋予社员资格，但是在相关资格认定方面有着一定的标准，尤其注重关注社员权益的保障，无论是社员的身份还是利益都始终放在农村金融组织当中的基础地位。

综上所述，农村合作金融机构有着特殊性，如果将其进行分类的话可以将其划分到有着特殊性的专业合作社当中，那么在法制设计当中必须肯定并且明确合作社法人性质和地位，以便真正确立起农村合作金融组织的独立地位，也使得它们的法人资格得到维护。由于在法律层面给出了法人明确的规定，那么就拥有了制度方面的保障，很大程度上会减少外界干预问题的发生；突出农村合作金融机构的非营利性的特征，采用这样的方式来限制农村合作金融组织对营利性扩张的追求；明确农村金融合作组织拥有自治权，能够有效倡导实现私法自治；通过明确农村金融组织的非公益性，避免让今后的农村合作金融组织在发展当中成为国家扶贫救济的工具；明确农村金融合作组织具有人合性的特征，突出成员身份以及利益在农村金融组织当中处在基础和核心地位。

（二）农村金融产权主体权利区分法律制度

“在法律上，任何法人都应当有自己独立的财产，只不过因为法人性质的不同，对独立财产的具体要求不同，但不妨碍法人财产的独立性。”农村金融机构产权结构需要做出清楚的说明，这样才能够让产权主体的权利得到有效划分，起到规范的作用。具体也可以分析下面几个内容：一是农村金融机构有着合作社法人性质，在法律地位上也是独立的。依法享有自主权和自决权，同时也对外承担责任。那么各个主体都必须切实尊重农村金融组织拥有的法人财产权，不得干涉其对于财产的各项处置权利，在法律上明确用独立法人财产权的方式指出农村金融组织有着独立的地位和资格。二是政府需要退出金融产权领域。《银行业监督管理委员会金融机构行政许可事项实施办法》当中规定农村信用社各级组织“没有地方人民政府财政资金入股”。但《银行业监督管理委员会农村中小金融机构行政许可事项实施办法》当中关于农村资金互助社市场准入条件的规定当中却并没有指出以上规定。之所以会出现在法律规定上不一致的问题，很大部分的原因来自于资金互助社属于新型农村金融组织类型，其发展正处于初步阶段以及试点阶段，政府要给出支持和资金帮助，使得新型农村金融组织得以壮大和发展。从这两项立法当中能够明确看到立法上面混淆资金支持者以及出资者这两个政府的角色，禁止政府出资入股的目的是为农村金融组织产权的民间性给予保障，避免产权国有化问题的发生，同时也避免政府的随意干预。但是政府是社会服务主体，也是公共管理主体，考虑到维护社会公平以及更好地扶持和发展弱势群体，在农村金融组织发展的初步时期或者说是试点阶段给予资金支持也是必要的。这一形式的资金支持在法律上可以被定性为政府为其提供的借款，当金融机构通过积极开展各项金融业务得到有效发展之后可以将政府的资金还清，变为真正意义的独立金融机构；还可以在法律上将其定性为国家的赠予，而且赠予的这部分资金属于机构内社员所有。总之，对农村金融产权主体进行分析，根据农村具体国情看，政府不应该介入其中，并且在今后制度建设当中要坚决指出将没有地方政府财政资金入股的规定纳入到市场准入标准。三是社员享有社员权的前提条件是要失去财产所有权，而且社员以及社员的股金都会在机构当中以社员积累为限承担责任，可以说社员属于中级所有人。现在的很多金融组织机构，为了满足自身实力扩大的需求，确保资金来源渠道的多元化，往往在设立社员资格股的基础上设置投资股，不能够参与机构的民主管理，也不对机构运营产生的收益具有请求分配权。四是，农村金融机构的经营管理层对于法人财产享有独立经营权，在立法方面应该给予其具体权利和义务的规定，从而为其经营权的保护提供法制保障，同时需要建立明确的责任以及约束机制，避免短期行为以及道德风险的发生。当然，农村金融组织的经营管理层在展开独立经营时必须要接受广大社员监督，如果其经

营权受到侵害或者是经营权的应用影响到其他社员利益时，社员有权利提出质疑或者采用诉讼的方式来追究责任。在立法方面，明确农村金融组织各个产权主体在法律上处于何种地位，强调其必须把控好权利以及义务的边界，最大化地发挥各个产权主体的职能和作用，共同为农村金融市场的打造做出贡献。

（三）农村金融产权结构优化法律制度

在农村金融法律制度的建设当中，不仅仅要突出在制度当中将产权主体的相关内容融合到法律条款当中，并最终用立法的形式确立起来，并在实践活动中予以实施，还必须要提高对产权结构的重视程度，并用具体的法律来约束结构问题，有效调节产权主体之间的权利关系，引导其展开有效的制衡和监督，让每一个产权主体都能够在市场当中发挥自身应有的职能和权利。

第一，放开发起人持股限制。《金融机构行政许可事项实施办法》规定“农信社以发起方式设立且发起人不得少于500人，法人股按照法律规定的最高限额不得超过55%，单个自然人持股比例不得超过2%，”设置这样的法律条款在具体实施中极容易导致股权分散，搭便车问题会日益突出，对于农信社内部的稳定运营会带来威胁，使得社员无法有效地行使民主权利和监督权利。另外，《农村资金互助社管理暂行规定》《农村中小金融机构行政许可事项实施办法》规定单个农民和单个农村小企业的持股比例不能超过总额10%，超5%需要相关监管部门批准。这样的立法方式以及法律规定有着以下几个方面的问题：第一，没有突出农民专业社发起人所处的主体地位。第二，立法方面在发起人持股限制的规定上，农村信用社以及农村资金互助社没有统一性的标准。第三，对于持股比例方面的限制和现实农村金融存在一定的差距。对此，农村金融法律制度建设的过程中必须在金融法律当中明确并且鼓励农民专业社能够用发起人角色进入农村金融机构，同时对农村当中占有极大的比重和发挥最大作用的通讯社以及资金互助社这两类金融组织在发起人中的持股进行最高持股比例的限制。采用这样的方法能够有效减少股离散度，与此同时，还能够引导资金充裕社员积极投资入股，不断壮大农村金融组织的实力。另外，可以适当将法人股、个人股以及职工股的最低限额进行提高，而起点金额的设置上可以按照农村金融组织的特定需求以及经济状况自行决定。

第二采用法律建设的手段划分投资股和资格股的权利以及义务，并对投资股给出权利限制，对资格股给出法律地位确立，推动股权结构优化调整的步伐。资格股是社员获得社员资格缴纳的股金，实际上进行的是身份的投入。持有资格股的广大社员能够在金融机构的运营当中获得优惠，享有良好的金融服务，同时也可以对金融机构进行民主管理和监督。在享有丰富权利的同时，只有资格股的社员必须承担对应风险，而且也要为机构债务负责。从这个层面看，持有资格股的社员和享有固定收益的债权人有着明显的分别。反观投资股则是非社员为了获得固定收益而投入的资本，和资格股有着明显的区别。关于农村金融机构行政许可方面的法律法规没有明令禁止非社员入股到农村金融组织当中，更是不注重将资格股以及投资股的概念区分开来分别设置，在权利和义务方面也没有明确区分。因此，立法建议一：对资格股以及投资股的概念进行明确区分，并且分别设定投资股和资格股的股权，并对其进行区别对待和区别管理。修改《关于规范向农村金融机构入股的若干意见》（银监发〔2004〕23号）14条3款，将其修正为：农村金融组织在实际运营当中可以对法人股以及自然人股分别设置投资股和资格股，如果金融机构存在着投资股的来源，就必须分别设定投资股以及资格股，采用区别管理和区别对待的方法处理其权利和义务关系。立法建议二：对投资股的概念以及所属的性质进行明确规定。根据《关于规范向农村金融机构入股的若干意见》（银监发〔2004〕23号），投资股指“社员在基础股金外投资形成的股金”，这一定义和《农村中小金融机构行政许可事项实施办法》《金融机构行政许可事项实施办法》以及现实都存在一定对立。在相关的法律建设当中，可以从国外研究当中获得经验和借鉴，并且需要综合考虑农村发展现况，明确指出投资股的含义是非社员投入资本。立法建议三：农村金融法律制度当中需要明确界定资格股和投资股，并且明确对权利属性和权利行使给出限制：（1）股权由投资股股东享有，和资格股股东的股权和社员权利有显著分别；（2）投资股股东没有社员资格，获得股金收益，但没有民主管理权。资格股股东具备社员资格，享有民主管理的权利和其他的社员独享权利；（3）资格股股东拥有表决权和附加表决权。立法建议四：恰当平衡二者利益分配。立法方面，需要对双方利益的先后顺序进行界定，并且强调投资股股东也不能够优先甚至凌驾于资格股股东以上，严禁不平衡分配。《关于规范向农村金融机构入股的若干意见》规定：“农村金融机构可以根据其盈利情况，按照有关规定，对社员（股东）分配红利，但不得对股金支付利息。”不过在很多立法方面并没有对投资股以及资格股在盈余分配时间、比例与方法等方面存在的差别进行区分，采用的是统一分配的方法。这样实质上是混淆了按资分配和按劳分配。对此，必须要保护好持有资格股社员在利益以及权益方面的优先性，金融机构在分配盈利时需要适当倾斜，并恰当地设置比例，让广大社员的自身权益得到保护，也体现出机构内部劳动差别，形成以及巩固利益共同体关系，让广大社员平等地享受收益分配，切实保障金融发展当中公平价值目标的实现。立

法建议五：实现权责统一，对两种股金类型的退出给出分别化的安排。在对农村金融机构的不同股金退出标准进行安排时，可以对照《公司法》当中的相关规定，除了从中借鉴以外还要与农村金融组织的现实发展情况进行综合，规定投资股股东可以把自己的股份转让、继承或者是赠予，但是不能够退股。相反的，社员资格股退股是被允许的，但是必须要满足相应的标准和条件，一般包括：（1）社员主动提出；（2）资格股持满三年；（3）理事会或经理同意申请。办理资格股退股的时间也需要做出说明和一定的安排，原则上的时间应该是退股当年年底并且当年已经完成了全部的财务决算。如果不是在这一时间的话就不能够分得当年红利。另外，农村金融机构赖以生存的核心资本必须要有稳定性的保障，如果出现大范围或者是集中性的社员退股情况会极大地冲击稳定性的资本，带来资金流动风险。那么在设置这一方面的法律制度时，还需要给出的限制是机构资本充足率不足或者是在退股之后不足就不能够同意社员的退股申请。

三、以农民金融发展权为基础完善农村金融组织管理法制

农村金融组织管理制度是在制度上面对机构、层级设计等方面给出规定，而当前对于农村金融组织管理制度的立法存在一定的问题，主要体现在：第一，在立法上只在原则上规定农村金融组织在建立的过程中要按照“三会一层”结构，但缺乏制度规范，同时也没有责任制度进行约束，最终使得这样的法人治理结构难以发挥真正作用，在实际的机构设置当中，存在着内外部控制并存，偏离机构需要优先为广大社员服务的宗旨。第二，立法上虽然对基层社和上级社的定位都是服务组织结构，但是在现实发展当中却被异化成为上下级的控制关系和行政干预的关系。我国要积极推进农村金融管理制度的创新和改革工作，坚持将社员权利的维护作为根本出发点，建立健全“三会一层”组织制度的架构，并且设置合理化的职权和议事规则；将农村金融组织自主经营权的维护作为出发点，建立科学化的组织体系，将维护其自主权作为根本前提，建立完善的信用联合体，推动农村金融制度的彻底改革。

（一）农村金融民主管理法律制度安排

首先，由社员大会享有农村金融重大事项的决策权。《农村信用社管理规定》《农村资金互助社管理暂行规定》对社员大会的表决机制以及职权范围进行明确规定，但是表决机制的规定方面存在立法不一致以及相关的立法缺陷。因此，立法建议一：对社员大会合法出席人数比例进行规定。在农村金融机构的现实运行和发展当中，社员或者社员代表参加社员大会所占的比例极低，缺席现象十分普遍和严重，

因此，在立法方面，要对出席人数比例进行合理限制，使得广大社员能够积极主动地进行民主参与，确保重大决策的民主参与广泛性。可以规定在农村金融机构召开社员大会时，整体出席人数需要达到社员总数的2/3以上，要求广大社员能够充分行使民主参与的权利。立法建议二：针对农村金融组织当中社员在金融知识的掌握水平、金融意识、民主管理和参与能力等方面存在差距的现实状况，应该允许社员首选其他社员来代表其参加社员大会，有效行使民主管理的权利。但是为了避免少数人控制决策问题的出现，立法当中应该明确指出并且限定一名社员只能够同时代表两名社员参会。立法建议三：对社员大会表决机制进行修正。当前的立法对于社员大会决议通过条件采用的是传统一人一票的表决机制，依照全体代表比例展开相关决策的表决。但是，现实中我国农村金融组织当中存在着附加表决权，而且社员有缺席的问题，在实际的表决当中应该将实际出席的社员表决权总数作为基础。

其次在立法当中明确将理事会作为社员和广大股东的代理人，由农村金融组织机构当中的社员选举产生代理人并且为社员负责，强调社员对理事会的监督以及有效约束。《中国银行业监督管理委员会农村中小金融机构行政许可事项实施办法》当中具体规定理事会及其成员的确立和相关程序，但是将其作为银监部门行政许可内的事项，导致社员选举权落空。因此，在立法上建议要改变当前依照行政许可程序来进行人员选择和机构设置的方法，将任职资格的审查权交给社员大会，同时也可以在章程当中明确指出相应任职资格的条件，重视发挥广大社员的选举权，也使得农村金融组织的自治权得到实现。立法上规定监事会是农村金融组织必须设置的机构，同时要充分发挥监事会的监督职能。《农村信用社管理规定》《农村资金互助社管理暂行规定》当中指出监事会职权，但是对于职权的规定不全，缺少罢免权的相关规定。立法建议一：在对农村金融组织中，监事会的职权进行明确时，选用立法列举的方法，完善职权规定的内容，并且对罢免权进行明确规定：（1）对违反法律、行政法规、章程或者社员大会决议的理事、高级管理人员，可以向社员大会提出罢免建议；（2）如果理事以及高级管理人员的运营行为直接损害到农村金融组织，或者对农村金融组织当中的社员利益产生威胁，必须要求其予以纠正；（3）在特定情形下，对于高级管理人员损害金融机构以及内部社员利益的行为，可以提起法律诉讼。立法建议二：对监事会的成员构成进行合理安排和设置。监事会负责对农村金融机构内的各个事项进行日常监督，确保经营活动和社员利益以及监督金融组织的运营需求相符合，并且能够落实相关的法律制度。在监事会成员的设置当中，人数上应该不少于三人，在组成方面要包括社员、投资股股东和职工。

（二）农村金融组织体系法律制度安排

民主社会坚持的一个非常重要的原则是有限政府原则，对我国农村金融组织的管理制度进行合理安排和设计是为了能够维持金融组织的独立性，推动农村金融组织的体系化发展。创新和改革我国农村金融组织管理体系方面的法律制度需要从以下两个方面着手：第一，采用立法的方式来优化农村金融体系的整体层级结构。第二，采用立法的方式对每一个层级关系进行重置。

1. 优化层级结构

当前，农村金融体系层级主要划分成三个层次，分别是基层农村信用社、县联社和省联社。在以上三个层次基础之上，农村金融组织体系在层级结构方面发生异化问题，如把信用社和县联社改变为统一法人，将农村信用社以及县联社作为基础成立农村商业银行以及农村银行。这实际上使得基层农村信用社的独立法人地位被取消，同时也造成了我国农村金融组织体系当中层级的减少；让原本已经发展较为成熟的农村金融组织向着商业性金融机构发展，违背了我国农村金融发展的初衷和宗旨。

用立法的方式对层级结构进行优化，必须要考虑到以下问题：第一，是否需要将县联社以及基层的农村信用社进行统一法人的改造。第二，随着农村金融机构的成熟和规模扩大，是否应该将其转型为商业性金融机构。第三，是否需要在农村金融市场当中建立全国性农村金融机构。

首先，在我国整个农村金融体系当中，基层的农村金融组织处在基础和核心位置，同时更是保障农民金融发展权实现的载体和关键。在立法方面必须明确确定我国的三级层次结构，使得基层农村金融组织的独立法人地位和享有的主体资格得到确认和法律上的保障，而且不应因为基层农村金融组织的规模、业务、地域等存在的限制而将其改造成统一法人，要切实保障一乡一社的结构设置，确保金融组织之间的信息对称，有效节约运营和发展的成本，通过发挥基层金融组织贴近农户和能够更加深入了解农户金融需求的优势，来使得农民的金融发展权得到保障和切实实现。其次，除了要确立基层农村金融机构的独立法人和主体资格以外，还可以在此基础之上建立上一级联合组织，其目的在于为基层金融组织的发展提供多元化支持，如教育培训、业务指导、信息咨询等，使得金融组织整体优势得到最大化的发挥。最后，为了形成对我国农村金融组织的协调和有效领导，可以根据农村金融组织的发展现况以及现实需求建立全国性的农村金融机构，真正站在国家层面来成为我国农村金融组织的发言人和代表。在我国构建起农村金融组织全国性机构可以选择两种方式，一种方式是通过省联社入股的方式来组建全国性农村金融机构，另外一种方式是将其划归中华全国供销总社来领导。通过二者的对比，将其划归为中华全国供销总社的领导相对来说现实可行性更强。从整个历史上看，信用社曾经属于中华全国供销总社系统领导，而且供销社在实际发展当中也在逐步地探索推动农村金融发展的新型经济思路。从现实发展趋势来看，各类社发展速度极快，那么对其进行统一规范管理，并由此构建全国性经济联合组织是尤为必要和关键的，实现生产销售以及信用的三位一体更是现实发展趋势的要求。因此，可以考虑由中华全国供销总社来担当起全国性农村金融组织机构职能。

2. 重置层级关系

农村金融体系不同层级有着非常复杂的关系，在立法的层面要求下级入股上级，而上级为下级提供服务，成为下级的股权人以及法人。在法理层面，每一个层级都是独立法人，彼此之间不存在隶属关系。但是在实际当中由于行政级别上移问题，使得管理权限逐步递减，层级之间出现被领导和领导的关系。《农村信用社县级联合社管理规定》对县联社组成进行说明，同时也对县联社的法律性质进行确定，其中提及的县联社对农村信用社的管理和服务职能并没有将管理的性质进行明确的说明，难以清楚地区分属于行政管理或者是行业管理，而在接下来的条款当中又在立法上赋予县联社指导权和管理权，在现实中将管理权变成了行政管理权。随着《银监会关于农村信用社以县（市）为单位统一法人工作指导意见》的颁布，把县联社和农村信用社改成统一法人，这也使得基层的农村信用社成为县联社的分支。《农村信用社省（自治区、直辖市）联合社管理暂行规定》对省联社的组成部分、法律性质、具体职能等进行明确说明，而且将省联社的管理职能划定为行业自律管理的范畴，强调淡化管理，将指导协调以及提供服务作为主要内容。但是上面提及的这些权利在法理角度上分析应该来自社员社授权，而从立法上看把权力归于政府，也就是省政府授权省联社，那么原本的管理权也有了行政的特征，服务的对象也从原来的社员异化为省级政府，使得省联社带有非常浓厚的行政色彩，让我国农村金融组织体系的层级关系设置出现严重问题。

要想健全和完善我国农村金融组织管理体系的法律制度，需要将保持金融组织的自治和独立作为根本基础，使得金融组织当中上下级之间存在的是法人以及股权人关系，而不是领导与被领导的关系。当然，法人和股权人关系具有特殊性：（1）股权人入股的目的并不是为了实现盈利的最大化，实质上是要获得组织以及服务方面的支持。（2）股权人寻求的服务有着准公共品的属性，那么为了有效避免搭便车行

为的发生，在立法方面必须明确要求想要接受服务的金融组织要采用入股方法来组建上一级金融联合组织，从而有效分担服务成本。（3）上一级金融组织应该是下一级金融组织的联合组织，需要将服务好下级金融组织作为根本责任。

四、以农民金融发展权为基础健全农村金融监管法律制度

我国农村金融监管法律制度是保障农民金融发展权得到落实的根本性保证，更是避免农村金融风险，为农村金融可持续发展提供动力的支撑。在完善我国农村金融监管法律制度的过程中把农民金融发展权作为根本基础需要将《金融法》以及其他具体金融监管法律法规和细则作为有效依据，建立系统化的监管法律制度，将行政化监管转化成专业法制化监管，而监管主体也要逐步实现多元化。

（一）确立银监会为基础的金融政府监管

《农村资金互助社管理暂行规定》第七章指出了农村资金互助社的监管法律制度，由中国银行业监督管理委员会担任监管主体，并且在监管过程中坚持审慎、持续、动态和差别监管原则。《关于明确农村信用社监督管理职责分工的指导意见》规定农信社监管主体包括银监会及其派出机构、中国人民银行及其分行、省级政府和省联社。从中能够直观地看到农村信用社的监管主体较多，那么在监管权的分配方面就会存在一定的交叉和模糊的问题，在监管目标以及职能方面也会存在一定程度的冲突，会在很大程度上弱化监管的效能。因此，我国农村金融监管法律制度的创新和改革工作需要对政府监管体系理顺清楚，对监管职责进行合理化的分工。立法建议一：《金融法》当中指出银监会，中央机关及其派出机构负责从整体上对农村金融机构进行监管，在立法上确保其监管的优先性和权威性。立法建议二：对银监会以及派出机构的监管职能和监管范围进行明确的规定，其中必须突出指出对于农民金融发展权的保护，加强对和农民金融发展权相关领域的监管。立法建议三：对商业性金融机构的监管进行差别化处理，根据农村金融机构监管需求，恰当地降低监管目标，让农村的金融机构能够充分发挥自身的选择权和自治权。立法建议四：由于我国农村地区的金融机构有着点多面广的特征，同时监管资源方面较为缺乏，那么银监会及其派出机构选用的监管方法需要坚持将非现场监测作为主要内容，并且发挥现场监管的辅助作用。采用这样的监管方法能够切实解决在基层监管过程中存在监管力量不足的问题，合理地进行监管资源的优化配置，发挥监管效能。立法建议五：银监会在行使金融监管职能时，必须依照属地监管原则，同时可以恰当地下放监管权限，将其延伸到银监部门的县级以下，使得基层的银监分局能够承担起相

应的监管工作，强化基层监管工作的范围和力度，有效提升基层监管水平，扩大监管的覆盖面积，提高监管的全面性和有效性。立法建议六：对其中的一些行政审批手续进行简化，设置能够由农村金融组织章程自主决定的事项，切实满足广大农户的金融服务需求，有效控制金融监管的风险。立法建议七：在对我国农村金融机构实施监管时考虑到我国监管资源十分有限，而且农村金融的监管有着特殊性，那么可以在其中尝试政府组织和非政府组织的金融监管，将一部分的监管职责委托给第三方，强化金融监管的力度，扩大监管范围，增强监管力量。

总而言之，政府监管和金融存在内生性的冲突问题，而且金融自治性的特点又决定政府监管存在有限性。由于需要对农民的金融发展权进行有效的保护，切实维护金融的安全和稳定，需要发挥政府的监管作用，在当前我国农村金融监管法律制度的创新和改革过程中，我国必须明确确立银监会的监管主体地位，同时可以将银监会对于农村金融机构的监管职能进行适当缩减，将基层银监会派出机构的监管权限进行下放，彻底改变传统的金融监管方法和原则，满足农村金融监管创新改革的现实要求。

（二）立法方面对金融行业自律监管进行重塑，将省联社作为监管核心

关于省级政府负责金融监管并没有十分明确的法律授权，而且和银监会的金融管理职能存在很多方面的交叉，应该将其废除。为了避免政府用公共管理名义或者其他任何方式来干涉金融组织内部的各项事务，可以将政府肩负的对农村金融的促进和管理功能进行区分。除了要废除省级政府金融监管权以外，需要对省级联社的身份以及职能进行重新定位，使其能够回归到行业监管当中。立法建议一：明确指出，省联社是省内农村金融组织通过自愿入股的方式加入并购潮的省级联合组织，而且在省联社内部实行民主管理，将工作宗旨确定为广大社员提供金融服务，促进社员权益的实现，充分履行行业自律管理以及相关的服务职能。需要注意的是，省联社履行行业自律监管职能的过程中要注重为基层农村金融组织提供指导和帮助，避免命令式和控制式的管理方式，切实处理好发挥基层农村金融组织自主权以及强化行业自律监管水平之间存在的关系。立法建议二：我国农村地区的金融组织有着多样性以及分散性的突出特点，而这也直接决定行业自律监管存在的必要性。除了要发挥以省联社为中心的行业自律监管功能以外，同时还需要社会中坚层力量的发挥，并以此建立起自律性行业协会，通过发挥行业协会的作用和优势来形成对我国农村金融机构监管的密切配合。通过这样的方式，能够极大地减轻政府在监管方面的负担，有效弥补政府监管力量不足的问题，同时还能够使得农村金融机构的自主

性和自主权得到发挥和保护；行业自律有着专业性以及中立性的特征，能够和监管机构形成密切的配合，从而极大地提高监管效能，同时也能够推动金融的整体发展。

（三）突出社员和监事会为主体的金融内部监管

我国农村金融一直是一个崇尚自制的金融组织，那么在关于农村金融监管法律制度的创新和改革必须要突出体现内部监管的作用，注重发挥农村金融组织当中监事会的监督职能以及社员的监管职能。立法建议一：实施强制性的信息披露，严格规定农村金融机构理事会定期向广大社员披露金融相关信息，同时要保障披露信息的真实性和完整性。针对农村金融机构当中的年度报告和关于重大事项的报告都必须通过内部审计以及表决，并且保障为广大社员公开。在立法上明确规定，信息披露义务属于农村金融组织经营管理人员必须履行的法定义务，并将其纳入到履职评价体系当中。对于没有履行义务或者是存在其他形式的违法违规现象的行为，要根据实际情况以及情节来追究相关责任。立法建议二：在立法方面确立农民金融发展权，为农民金融发展权的保护提供立法保障，并且赋予社员社员权，有效激励和引导社员利用司法力量来切实维护自身权益，同时也允许广大社员对农村金融机构当中经营管理的相关行为提出质疑，要求其说明相关情况，或者是启动审查、起诉等，全面提高内部监管力量，增强内部监管的权威性以及执行力。

五、以农民金融发展权为基础构建社员权益保障法律制度

社员权指的是投资创办或者是加入某个社团法人，基于社员地位或者资格在团体内部拥有权利的总称。就当前农村金融法律制度的相关规定而言，关于社员权的规定过于原则化，社员权的相关规定不清晰，缺乏社员权受到侵犯时的救济制度保护和责任制度等问题还是十分普遍存在的。为了在农村金融组织法律制度的建设当中突出对社员权的保护，并将其作为法律制度的核心内容，必须要明确社员权包括的具体内容，并在法律制度上做出相关的安排。

社员权有着综合性特征，主要体现在既包括人身性权利，也包括财产性权利；既包括经济性权利，也包括社会性权利。《农村信用社章程（范本）》《关于规范向农村金融机构入股的若干意见》《农村资金互助社管理暂行规定》都规定农村金融机构社员权的相关内容，并且指出社员权主要包括以下几种权利：（1）民主管理权；（2）盈余分配权；（3）股份处置权；（4）监督权；（5）获得本社金融服务的优先权和优惠权，下面将逐一分析每一种权利在今后《金融法》当中应该怎样进行具体法律制度安排。

（一）社员民主管理权法律制度安排

社员权当中的民主管理权包括选举与被选举权、表决权。之所以将民主管理权赋予每一位社员是为了更好地鼓励社员主动积极地参与到我国农村金融机构事务的管理环节，参与到金融组织的运营当中，有效降低运营成本，使得农村金融组织的目标和宗旨能够得到充分的践行。社员享有的民主管理权法律制度的安排应该将核心放在对社员民主权资格行使和限制层面。从法理的角度看，农村金融组织当中的每一位社员都应该平等享受民主管理权，但是社员的民主管理权有着一定的决策和经济意义，会直接影响到社员权益的实现，也会对金融组织的运营产生直接性的影响，一些国家和地区在金融立法当中对社员民主管理权的行使资格以及限制给出了特定的条件。那么在我国未来的农村金融法律制度的立法当中，要有效区分社员和股东，准确区分社员权和股东权，正确认识附加表决权以及一人一票权，确保社员的民主管理权利得到充分的保护和实现。

民主管理权是社员通过出资获得社员身份，并基于这一身份享有的权利，但是在农村金融组织当中，并不是所有的出资者都可以拥有社员身份，也不是所有出资者都能够享有民主管理权利。享有民主管理权的社员，不仅具备了社员资格，还需要投资入股到农村金融组织当中。非社员出资者被称为股东，享有股份收益权利，不能够参与决策以及管理。社员行使民主管理权一般是依照一人一票原则来展开，而现在金融组织为了确保风险和收益以及权利和义务之间有效对称，让出资较多的社员拥有附加表决权。在我国今后关于农村金融的立法当中需要将投资股和资格股概念进行区分，准确划分这两种身份，明确指出非社员投资股股东没有社员的身份，那么也不享有民主管理权，可以享受股金收益权；社员依法享有民主管理权，而为了更好地激发社员入股的主动性和积极性，在立法方面可以按照相应的入股份额，让部分社员享有附加表决权。需要注意的是附加表决权的条件限制等方面也需要进行明确的规定，并利用章程方法来对其进行规范。采用这样的方式，能够正向激励社员投资入股，也能够避免资本对于社员民主管理权行使的蚕食。

（二）社员盈余分配权法律制度安排

农村金融机构属于合作性金融组织，不以营利为目的，但是必须依据社员出资给予必要回报。社员享有的盈余分配权以及股东享有的分红权有着明显差异，社员的盈余分配当中包括资金和劳动的回报以及股金分红和其他形式的利益分配，而且社员盈余分配的时间、顺序等需要得到法律法规的限制。首先，农村金融的相关立法需要将社员盈余分配权的顺序进行明确规定，立法当中要强调农村金融机构存续

期间，社员盈余分配权应该在提取准备金、贷款损失准备金和特殊准备金等之后才可以按照社员大会决议或者章程当中的规定来提取，这样的方式能够有效禁止出现社员遭受不公平待遇的问题，提高分红管理水平，运用立法的方式来对社员的分红权利进行规范。其次，农村金融在立法方面要将资格股分红按照按劳分配原则进行恰当比例的分配，而对于投资者的分红需要依据按资分配的原则来确定相应比例分配。采用这样的方法，不仅仅能够避免股金异化，让不同筹资水平的社员都能够分享到劳动收益，还可以加强社员和金融组织之间在金融交易和利益方面的互动水平。

（三）社员股份处置权法律制度安排

在我国农村金融机构的存续期间，社员能够将自身持有的股金进行转让，赠予或者退出，这也是社员享有的股份处置权的内容。关于社员股份处置权法律制度的安排能够对我国农村金融机构资金的安全提供保障，并且确保金融机构的稳定发展。

1. 社员股份转让的立法限制

首先，农村金融组织具有封闭性以及人合性的特点，那么为了避免农村金融组织机构共同纽带不落空，在实际的金融立法当中就需要明确地指出农村金融机构当中的社员在进行股份转让时只能在农村金融机构当中的社员之间进行。

其次，社员在转让自身股份时需要按照特定程序进行。社员在转让自身股份时，会涉及受让者和转让者在股权和社员权方面的变化，那么在程序的安排上必须要经过经理理事会批准才能够生效。

最后，由于股份转让的形式能够让受让的社员在持股数额上出现明显增多的问题，但是在我国农村金融机构当中对于单个社员持有股份有着最高限额限制。而在股份转让完成之后，受让社员的持股总额不能够超过立法上的最高限额。

2. 社员股份继承与赠予的立法限制

社员能够对自身的股份进行继承和赠予的处理。社员持有股份和社员的一般性财产有着明显的不同，和股东股份也有着极大差异，那么社员股份的继承和赠予就必须在立法方面给出特殊的规定。第一，规定受益人的范围可以是社员近亲属，同时也可以是其他人员。第二，受益人可以是一人或者是多人，但是必须明确指出每一个受益人应该继受的份额。第三，受益人继承的只能是社员股份中的财产性权利，不能是身份性权利。如果想继受社员身份，则必须符合法律中的相关规定。

3. 社员退股的立法限制

国际社联盟在确立的原则当中明确将入社自愿和退社自由作为十大原则之一，但是这样的原则规定并不是说明社员可以随意和不加限制地退出金融组织，否则会严重威胁农村金融组织的资金稳定和金融安全。从这样的角度进行考虑，各个国家在农村金融的相关立法当中都对社员退社权做出限制。投资股可以转让、继承以及赠予，但是不能够退股。社员的资格股可以实现退股，但是必须要满足下面的条件：（1）社员向农村金融机构提出退股申请；（2）社员的资格股持满三年；（3）理事会或经理同意社员提出的退股申请。社员资格股的退股按照原则，应该在当年年底财务决算之后进行办理，如果之前办理的话当年股金红利将不予支付。与此同时，农村金融组织的核心资本需要具备稳定性的特征，为了确保核心资本的稳定性，在出现集中性和大范围的退股之后会直接为金融组织带来流动性方面的严重风险，那么在立法方面就可以授权农村金融机构设立相关的章程，在章程当中明确指出金融机构的资本充足率达不到规定要求或者是在社员要求退股之后难以达到资本充足率要求的情况，不能同意退股请求。

（四）社员监督权法律制度安排

监督权是社员享有的基本权利，但是当前立法在社员监督权实现方法和具体操作当中没有明确规则的要求，这也直接导致监督权实效性得不到发挥。在社员监督权法律制度的安排方面，必须把握住监督权的几个核心内容，而笔者将重点就监督权的核心内容制度安排进行论述。

1.农村金融社员知情权法律制度安排

社员享有知情权这一基础权利，同时也是保障社员能够行使自身监督权和民主管理权的前提条件。社员能否有效地行使自身的知情权，会直接关系到其权益的实现，同时也会关系到农村金融的规范化发展。知情权包括的主要内容是农村金融机构的财务状况、经营情况、重大事项等，具体需要涉及以下三个方面的问题：第一，社员有权获知社员大会年度会议、临时会议召开的相关情况以及其中涉及的重要决议。在农村金融立法当中要明确指出在年度会议召开之前，需要将与此次会议相关的内容至少提前七天告知社员，确保社员获得充足信息。第二，管理人员必须要担负法定信息披露义务和责任，除了关于社员大会会议召开以及内容方面的信息以外，对于农村金融组织当中重大决策和事项，也需要进行充分的信息披露，保障社员的知情权，并且引导社员能够充分发挥管理权利，理性客观地参与其中。第三，广义上的社员知情权需要包括查阅权。在立法方面，需要对社员查阅权的具体形式方法进行规定：第一，在社员大会的年度或者临时会议当中依法行使查阅权。第二，在金融组织的日常运营发展当中利用监事会或者社员联合来行使查阅权。而用这样的社员查阅权行使方式不仅保障了社员权益的实现，还能够形成对经营管理层的约束，

保障农村金融机构经营管理活动的有序开展。

2. 社员对管理层罢免权的具体法律制度安排

从法理层面看，农村金融组织机构当中的高级管理人员是社员民主选举产生，那么就需要在实际经营当中为社员负责，接受社员的广泛监督。与此同时，社员可以罢免严重违规或者失职的高级管理人员，从而保护社员民主管理权利以及监督权利的实现。但是当前农村金融立法当中，没有细致地对社员的罢免权进行规定，并且缺乏相应的罢免程序，让社员罢免权的行使陷入困境。在现实当中，在面对违法违规的高级管理人员时，社员主要是寻求上级金融机构或者政府部门的帮助，而这样的方式和农村金融组织的独立自治和民主管理相悖。因此，立法方面可以把社员对于农村金融机构当中管理人员的罢免权纳入到和社员权相关的法律法规和章程当中，并且制定具体罢免的程序。

3. 农村金融社员决议撤销请求权的法律制度安排

社员的决议撤销请求权指的是如果社员大会、理事会的相关决议违反法律法规以及农村金融组织的章程，并且直接侵害社员合法权益时，社员有权利请求人民法院撤销决议。

新《公司法》在股东决议撤销权当中具备较为详细的立法，但是在农村金融法律法规当中，却没有涉及，这也使得当社员的合法权益受到侵害时，难以从法律救济当中获得保护。第一，现实中，一般情况下是社员选代表组成社员大会，从而对农村金融组织当中的重要事项进行决策。但是现行社员代表的产生以及选举都缺乏具体法律的规范，从而无法保证社员代表是通过民主选举方式选举出来，并且能够代表社员利益的。第二，存在一些社员通过行使附加表决权的行为影响到金融组织重大决策的情况。第三，我国农村金融组织当中的管理人员在素质方面有待提升，而且监督不到位，很可能会导致社员大会以及理事会的决议当中出现违背法律法规和章程的情况。因此，在未来的农村金融立法当中需要对社员行使决议撤销请求权给予明确的规定，使得他们的权益得到保护：（1）社员大会或理事会决议内容违反法律法规或章程；（2）社员大会或理事会会议召集在程序、表决方式等方面违反法律法规或章程。

（五）社员金融服务优先和优惠权法律制度安排

农村金融机构属于弱势的融资群体，社员在获得金融服务时拥有一定的优先和优惠权是一项核心和基本权利。《关于规范向农村金融机构入股的若干意见》当中最早出现关于社员金融服务优先和优惠权的表述，但是其中涉及的具体内容却没有进行详细的描述，进而导致制度设计的初衷无法有效实现，下面将对其进行具体的分析和研究。

1. 社员贷款优先和优惠权的法律制度安排

农村金融组织在制度和市场基础等方面都有着一定优势，主要体现在社员如果需要从中获得贷款的条件比从商业性金融组织更为优先、更为优惠、更为便捷。正是这种优先性和优惠性，要求社员获得贷款时要受到一系列条件的约束。这些约束条件实质上是为了保障真正有信贷需求的社员能够获得贷款，并使尽可能多的社员能够享受到信贷支持。

（1）贷款目的的立法限制

农村金融组织对社员的贷款服务并不是一项慈善事业或政府行为，而是一项理性的金融活动，对此，不少国家以及地区在积极开展金融立法时会明确规定社员贷款目的。爱尔兰《信用社法》第 35（1）条和美国《联邦信用社法》第 1752（1）条都规定了信用社对社员的贷款应当基于援助或生产的目的。对于社员贷款除了生产性贷款，是否包括生活性贷款，上述国家或地区的立法并没有予以明确规定。立法建议：结合我国农民的贷款实际需求情况，农村金融组织发放的社员贷款应当以涉农生产性贷款为主，也应当包括社员的生活性贷款，如求学、就医、婚丧嫁娶等生活性贷款，以保障社员家庭生产和基本生活需要。但同时需要明确农村金融组织社员贷款的非救济性、非扶贫性和非政策性。

（2）贷款利率的立法限制

社员金融服务的优惠权主要体现在农村金融组织对社员的贷款利率要具有竞争力，这是农村金融组织巩固其社员基础以及实现可持续发展的必要条件，也是农村金融组织的制度优势和竞争力所在。金融立法对贷款利率的限制可以通过两种方式：一是可以对社员贷款利率的上限做出特殊的规定；二是比照基准贷款利率优惠一定的比例。笔者认为，农村金融组织社员贷款利率上限的确定需要综合考虑很多因素，包括当地的农村金融市场环境状况、金融机构的数量和竞争情况、金融需求情况、农村金融组织的资金实力等，不能单一衡量同等条件下社员从商业银行获得贷款的利率或者同等条件下社员通过民间借贷获得贷款的利率。立法建议：立法对全国范围内的金融社员贷款利率上限做出统一的规定比较困难，可以考虑比照基准利率确定对社员的贷款利率，可以在基准利率基础上优惠 10%。

（3）社员贷款比例的立法限制

农村金融组织基于风险管控的考虑，需要通过立法的方式来规定社员贷款比例。

其中的一种方式是控制社员贷款总量，另一种是控制单个社员信贷量。立法建议：立法应当明确社员贷款在整个金融机构信贷总额的最低比例，可以考虑金融组织的社员贷款不得低于金融组织贷款总额的50%，以确保金融组织以服务社员为主。对于单个社员贷款最高额，立法可以考虑限制在信贷总额的10%以内。至于农村金融组织是否具备向非社员贷款的能力或者是金融组织向非社员发放贷款有怎样的比例限制，金融立法可以授权理事会根据农村金融的章程来具体决定。

（4）管理人员贷款权的立法限制

农村金融组织的管理人员也可以基于其社员身份，拥有贷款优先和优惠权，但同时管理人员基于其管理者身份，可能在农村金融组织中拥有实际的控制权，会自觉或不自觉地利用其管理身份和职务便利获得相对于普通社员更为优先和优惠的信贷服务。为了避免管理人员在信贷发放上的内部人控制，解决管理人员金融服务权与普通社员金融服务权之间的冲突，立法应当对理事、高级管理人员、监事会成员的贷款优先和优惠权进行更为严格的限制。立法建议：一方面，指出农村金融组织当中无论是普通社员还是其中的管理人员都一样享有贷款优先和优惠权。第二，在规定当中明确指出单个管理人员能够获得贷款的最高限额。

2. 农村金融社员金融教育权的具体法律制度安排

按照坎普森和韦利提出的金融排斥的六个维度，弱势群体之所以会不可避免地面对金融排斥的问题，是因为存在地理排斥、营销排斥、条件排斥、价格排斥、自我排斥等。自我排斥是指农民由于缺乏信用的意识和能力，从而远离金融市场和金融机构。“没有教育就没有信用社”曾经是信用事业的开创者所信守的原则。现代金融的社会化和社会的金融化，也迫切要求社员金融教育权作为社员的一项基本权利。我国现行农村金融相关规范性文件中尚没有社员金融教育权的明确规定，也缺乏有关组织机构、资金来源等方面的保障措施，现实中也鲜有农村金融组织为社员提供金融教育服务的实例。立法建议一：明确规定社员享有金融教育权，为社员提供金融教育是农村金融组织的法定义务之一。新西兰《互助协会和信用社法》第101条和爱尔兰《信用社法》第6（2）条（d）项均规定了信用社对社员提供培训和教育的义务。立法建议二：农村金融组织在理事会下，应当设置专门的机构——金融教育委员会，对社员进行专门的金融教育。农村金融组织的理事会有权从每一年获得的净收益当中提取不超过5%的资金，将这些资金用来设立专门社员金融教育基金，以便更好地为社员金融教育权提供资金上的保障。

本部分在金融立法现状、存在的问题及出现问题的原因分析和对比基础上，依据当前农村金融特点以及我国农村金融现行立法，把农民金融发展权作为根本基础，将金融公平价值目标追求作为导向，就我国农村地区金融法律制度的核心内容安排和设计提出相关立法建议，具体如下：

第一，建议在建立健全我国农村金融市场准入和市场退出制度时要将农民金融发展权作为根本基础。关于市场准入法律制度构建内容必须强调要实现准入条件灵活性、发起人资格确定法定化，真正明确发起人的范围，对发起人的资格予以立法限制，灵活注册资本的立法限制并且尽量剔除不必要的准入条件。市场退出法律制度部分包括明确农村金融市场退出的三种方式：解散、被撤销（或关闭）和被宣告破产。健全《金融机构撤销条例》，并且在《破产法》基础上出台《金融机构破产管理条例》，在此基础上细化退出条件，并且明确农村金融机构破产债务在清偿方面要遵循的顺序。

第二，建议在推进农村金融产权法律制度的创新改革时将农民金融发展权作为根本基础。

（1）明确农村金融组织具有独立合作社法人属性和定位。

（2）区分农村金融产权主体；农村金融组织可以依法享有和行使法人的财产权；社员可以依法享有社员权；投资股股东享有股份收益权；经营管理层享有独立的经营权。

（3）放松立法对发起人的持股限制，对自然人股、法人股和职工股进行整体持股比例的合理分配，使农村金融组织股权分布均匀并相互平衡。

（4）通过立法的方式使得资格股和投资股不同权利义务区分开来。

第三，建议在健全农村金融组织管理的法律制度时将农民金融发展权作为根本基础。在积极构建农村金融民主管理法律制度时需要采用立法的形式，推动组织架构的完善和健全，并且对其中的职权以及议事规则进行明确和科学化的设置。

（1）运用立法修改表决机制，限制社员大会“合法出席人数比例”、社员代表权，为社员在重大事项方面的决策权的实施提供保障。

（2）改变目前农村金融机构高级管理人员的产生机制，使高级管理人员真正由社员大会（社员代表大会）选举、监督和考核。

（3）明确监事会为必设机构，强化监事会的职权。农村金融组织体系法律制度包括：采用明确立法的方法来确定农村金融体系的三级结构，与此同时，考虑设置全国性农村金融机构；自下而上建立持股、服务的农村金融组织层级关系，切实做到利益相关和风险共担。

第四，建议在完善农村金融监管法律制度的过程中将农民金融发展权作为根本依据。

（1）在金融监管法律制度当中明确将银监会作为主体，确认银监会的权威性与优先性；按照属地监管原则，适当下放监管权限；确立有别于商业性金融机构的监管原则、方法。

（2）省级政府不再享有金融监管权，对行业自律监管法律制度进行重新构建，发挥省联社的核心作用。

（3）充分发挥社会中坚层力量，构建科学化和专业化的行业自律协会，利用其专业性和客观性，配合监管。

（4）突出农村金融组织的内部和自我监管。

第五，在建立健全农村金融社员权益方面的保障法律制度时将农民金融发展权作为根本基础。社员权需要包括民主管理权、盈余分配权、股份处置权、金融服务优先和优惠权等多个方面的权利。关于社员享有的民主管理权，在立法上明确要求只有社员才能够享受民主管理权；肯定社员一人一票的表决权，并在此基础上规范附加表决权的行使。关于社员享有的盈余分配权，立法上要求就社员在使用盈余分配权的时间、原则、条件、顺序等方面给出明确规定。关于社员享有的股份处置权，立法上要明确指出股份处置权涉及的内容以及需要受到的限制。关于社员享有的监督权，立法上要求明确社员知情权涉及的范围以及实现的途径。关于社员享有的金融服务优先权和优惠权，在制度安排方面必须要明确指出贷款目的、比例、利率等相关立法规定，确保社员的贷款优先和优惠权。同时，明确社员享有金融教育权，并设置专门机构和基金，用以保障社员金融教育权的充分享有和实现，并且为他们提供组织机构以及资金方面的保护和支持。

参考文献

[1] 李建胜 . 新型农村金融法律制度研究 [M]. 北京：法律出版社，2015.
[2] 丁宁 . 中国农村小型金融机构发展模式与管理研究 [M]. 北京：科学出版社，2016.
[3] 高雄伟 . 农村信贷风险研究 [M]. 北京：经济管理出版社，2014.
[4] 王曙光等 . 普惠金融：中国农村金融重建中的制度创新与法律框架 [M]. 北京：北京大学出版社，2013.
[5] 姜庆丹 . 金融发展权视角下农村合作金融法制创新研究 [M]. 北京：法律出版社，2016.
[6] 束景明，施一飞 . 金融法原理与应用 [M]. 上海：立信会计出版社，2013.
[7] 李洁 . 农村合作金融法律制度问题研究 [M]. 北京：法律出版社，2013.
[8] 林乐芬 . 农村入地制度变迁的社会福利效应：基于金融视角的分析 . 北京：社会科学文献出版社，2015.
[9] 高桂林，陈昊博 . 中国农村金融法制创新研究 [M]. 济南：中国法制出版社，2015.
[10] 徐世平 . 社会主义新农村建设中的金融法律问题研究 [M]. 北京：人民出版社，2012.
[11] 岳彩申，张晓东 . 新农村建设中的金融法律制度改革与创新研究 [M]. 北京：法律出版社，2012.
[12] 王怀勇 . 中国农村金融法律监管问题研究 [M]. 北京：法律出版社，2012.